▶前沿技术领域专利竞争态势分析丛书

钠离子电池及其关键材料

专利技术竞争态势分析

北京理工大学技术转移中心
中国专利技术开发有限责任公司 组织编写

陈柏强◎主编
冀小强　韩兴杰◎副主编

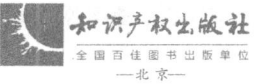

图书在版编目（CIP）数据

钠离子电池及其关键材料专利技术竞争态势分析／陈柏强主编；冀小强，韩兴杰副主编．－－北京：知识产权出版社，2025.8．－－（前沿技术领域专利竞争态势分析丛书）．－－ ISBN 978-7-5130-9769-7

Ⅰ．TM912

中国国家版本馆 CIP 数据核字第 2025ME0546 号

内容提要

本书是钠离子电池及其关键材料产业的专利技术竞争态势分析报告。报告从全球专利状况、中国专利状况、主要竞争对手、技术发展及热点、专利运营方面，充分结合相关数据，展开多维度分析，并得出分析结论。本书能帮助行业人员了解钠离子电池及其关键材料产业技术发展现状，并为其研发方向和专利挖掘提供参考。

责任编辑：张利萍	责任校对：谷　洋
封面设计：杨杨工作室·张冀	责任印制：刘译文

前沿技术领域专利竞争态势分析丛书

钠离子电池及其关键材料专利技术竞争态势分析

主编　陈柏强

副主编　冀小强　韩兴杰

出版发行	知识产权出版社有限责任公司	网　　址	http://www.ipph.cn
社　　址	北京市海淀区气象路 50 号院	邮　　编	100081
责编电话	010-82000860 转 8387	责编邮箱	65109211@qq.com
发行电话	010-82000860 转 8101/8102	发行传真	010-82000893/82005070/82000270
印　　刷	北京中献拓方科技发展有限公司	经　　销	新华书店、各大网上书店及相关专业书店
开　　本	720mm×1000mm　1/16	印　　张	15.75
版　　次	2025 年 8 月第 1 版	印　　次	2025 年 8 月第 1 次印刷
字　　数	274 千字	定　　价	89.00 元
ISBN 978-7-5130-9769-7			

出版权专有　侵权必究

如有印装质量问题，本社负责调换。

本书编委会

主　编：陈柏强

副主编：冀小强　韩兴杰

编　委：（按姓氏笔画排序）

马　成　王伟红　宁永怀　刘坤怡　李　蓉

张　瑶　张　颜　柳艳云　聂　红　高　信

前　言

能源是攸关国家安全和发展的重点领域。在开发利用可再生能源的过程中，电化学储能技术发挥着越来越重要的作用。国家发展改革委、国家能源局在2021年8月联合印发的《关于加快推动新型储能发展的指导意见》中首次明确了储能产业发展目标：到2025年，实现新型储能装机规模达到3000万kW（30GW）以上；到2030年，实现新型储能全面市场化发展，标准体系、市场机制、商业模式成熟健全，与电力系统各环节深度融合发展，装机规模基本满足新型电力系统相应需求。

在碳中和、全球新能源加速发展及锂资源相对稀缺的背景下，钠离子电池被认为是极具潜力的下一代电化学储能技术。钠在地壳中储量丰富，钠离子电池具有相对稳定的电化学性能和安全性，并且现有锂离子电池组装生产线可以直接用来组装生产钠离子电池。现今，钠离子电池性能已显著强于铅酸电池，只是质量密度、循环寿命等方面还稍弱于锂离子电池。因此，钠离子电池已在中国具备产业化生产的技术基础，中科海钠、宁德时代等在钠离子电池领域走在前列的产业化先行者正在不断涌现。

为更好地把握我国钠离子电池的专利技术竞争态势，明确钠离子电池的技术发展路线，本书采用宏观定量分析以及对关键技术、重要创新主体定性分析相结合的方式，对钠离子电池技术的专利布局进行点—线—面多维度全景分析，以期为产业用户提供发展定位参考，为相关管理部门制定产业发展决策提供数据支撑。

全书分为六章，第1章在总结钠离子电池技术发展优点和难点、国内外产业化进程、产业政策的基础上，从正极材料、负极材料、电极材料改性技术、电解质、隔膜、黏结剂、电芯结构设计以及电池辅助部件八个方向来研究钠离子电池专利技术布局情况，以获得钠离子电池技术的发展情况。第2章基于全球各国公开的专利数据，从全球创新趋势、创新区域、目标市场、创新主体等方面较全面地介绍全球专利的总体情况。第3章基于中国公开的专利数据,从中国创新趋势、国外申请人在华布局、国内省市专利分布、中国创新主体、中国专利运营等方面较全面地介绍在中国申请专利的总体情况。第4章对钠离子电池领域重点技术进一步做了深度分析,对以硬碳为负极材料的专利进行技术功效分析,研究了正极材料、负极材料以及负极材料改性的技术演进,并对钠离子电池重要技术分支中的重点专利——做了筛选列举。第5章专门对重要创新主体进行了深度分析,剖析了专利技术创新主体之间的合作申请情况、国内重点技术领域的发明人分布情况,还重点分析了中科海钠与中国科学院物理研究所、宁德时代、中南大学这三个重要创新主体的发明团队情况,并对负极材料领域的发明人团队进行了对比及关联分析。第6章总结了钠离子电池在全球及中国的专利竞争态势,呈现以下特点:①自2010年以来,全球钠离子电池技术创新飞速发展,专利申请量增幅较大,进入产业化初级阶段;②我国域外布局力度较弱,且具有核心技术的企业申请人相对较少,产业化基础相对薄弱;③中国、日本、美国是钠离子电池产业未来主要的竞争市场,国内申请人需增强海外布局,扩大国内申请人技术领先优势的影响范围;④钠离子电池的专利布局热点随时代在变迁,早期重点是电解质和负极材料,现今布局热点在于正极材料、负极材料及电极材料改性;⑤国内技术创新突出的省市主要集中在沿海地区和华中地区,广东省的产业化基础相对较好;⑥近年来,钠离子电池领域的中国专利转让市场非常活跃,专利许可或质押情况较少,专利转让主要是高校或企业,而受让人多为企业;⑦企业通过与高校、科研机构的合作,以产学研结合方式快速完善产业链布局;⑧国内现已具备产业化发展实力的企业是中科海钠、宁德时代,其各自有成熟稳定的研发团队。

在过去十多年中,储能领域已经逐渐进入后锂电时代,其标志便是钠离子电池的复兴。随着钠离子电池产业化技术的不断成熟,钠离子电池必将在低速电动车、大规模电力储能、5G通信基站、数据中心等应用领域拥有比锂离子电池更大的市场竞争优势。

目 录

第1章 绪 论 ··· 1
  1.1 技术概况 ··· 1
    1.1.1 钠离子电池技术发展的优势及难点 ·· 2
    1.1.2 钠离子电池技术综述 ·· 4
    1.1.3 钠离子电池国内外产业化进程 ··· 16
    1.1.4 产业政策 ·· 20
  1.2 研究内容及方法 ·· 25
    1.2.1 技术分解 ·· 25
    1.2.2 数据采集处理 ·· 30
    1.2.3 研究内容 ·· 31
  1.3 术语解释和说明 ·· 32

第2章 全球专利竞争态势分析 ··· 34
  2.1 全球创新趋势分析 ·· 34
  2.2 创新区域竞争分析 ·· 38
    2.2.1 全球创新区域分布 ··· 38
    2.2.2 重要创新区域技术竞争 ··· 39
    2.2.3 重点创新区域的域外布局 ·· 40
  2.3 目标市场竞争分析 ·· 43
    2.3.1 全球目标市场分布 ··· 43
    2.3.2 重点目标市场技术竞争 ··· 45
  2.4 全球创新主体分析 ·· 46
    2.4.1 全球专利技术创新主体排名 ··· 46
    2.4.2 重要技术全球创新主体排名 ··· 47

2.4.3　全球创新主体技术研发热点 …………………………………… 50

第3章　中国专利竞争态势分析 …………………………………………… 56
3.1　中国创新趋势分析 …………………………………………………… 56
　　3.1.1　中国专利申请趋势 ………………………………………………… 56
　　3.1.2　重点技术发展态势 ………………………………………………… 59
3.2　国外在华专利布局 …………………………………………………… 60
　　3.2.1　国外在华专利主要来源国 ………………………………………… 60
　　3.2.2　主要技术来源国申请趋势及布局领域 …………………………… 62
3.3　国内区域竞争分析 …………………………………………………… 63
　　3.3.1　国内区域竞争格局 ………………………………………………… 63
　　3.3.2　国内重要区域市场的技术布局热点 ……………………………… 65
3.4　中国专利技术创新主体分析 ………………………………………… 66
　　3.4.1　中国专利技术创新主体类型分析 ………………………………… 66
　　3.4.2　中国市场专利技术创新主体排名 ………………………………… 67
　　3.4.3　中国重要专利技术创新主体的技术布局热点 …………………… 68
　　3.4.4　中国专利技术创新主体专利集中度 ……………………………… 69
3.5　中国专利运营情况分析 ……………………………………………… 71
　　3.5.1　中国专利授权分析 ………………………………………………… 71
　　3.5.2　中国专利有效性分析 ……………………………………………… 72
　　3.5.3　中国专利运营情况分析 …………………………………………… 74

第4章　重点关键技术分析 ………………………………………………… 82
4.1　钠离子电池技术布局热点 …………………………………………… 82
　　4.1.1　钠离子电池总体技术分布 ………………………………………… 82
　　4.1.2　钠离子电池重点技术分布 ………………………………………… 82
4.2　重点技术发展趋势 …………………………………………………… 86
　　4.2.1　钠离子电池一级技术分支发展趋势 ……………………………… 86
　　4.2.2　钠离子电池重点技术分支发展趋势 ……………………………… 87
　　4.2.3　以硬碳为负极材料的专利技术功效分析 ………………………… 89
4.3　技术演进分析 ………………………………………………………… 97

4.3.1　正极材料技术演进 …… 97
　　4.3.2　负极材料技术演进 …… 104
　　4.3.3　负极材料改性的技术演进 …… 108
4.4　重点专利分析 …… 114
　　4.4.1　正极材料重点专利 …… 114
　　4.4.2　负极材料重点专利 …… 123
　　4.4.3　电极材料改性重点专利 …… 139
　　4.4.4　电解质重点专利 …… 149
　　4.4.5　钠离子电池黏结剂重点专利 …… 158
　　4.4.6　钠离子电池隔膜重点专利 …… 161

第5章　重要创新主体分析 …… 164
5.1　全球专利合作申请情况分析 …… 164
　　5.1.1　全球专利合作申请总体分析 …… 164
　　5.1.2　重要申请人专利合作申请 …… 165
5.2　国内发明人排名分析 …… 169
　　5.2.1　钠离子电池领域国内发明人排名 …… 169
　　5.2.2　钠离子电池重点技术领域国内发明人排名 …… 169
5.3　国内重要发明团队分析 …… 174
　　5.3.1　中科海钠与中国科学院物理研究所 …… 174
　　5.3.2　宁德时代 …… 188
　　5.3.3　中南大学 …… 202
5.4　负极材料领域国内申请人及发明人关联分析 …… 223
　　5.4.1　申请人合作网络分析 …… 223
　　5.4.2　发明人合作网络分析 …… 224
　　5.4.3　主要发明人的专利申请布局周期及布局热点比较 …… 225

第6章　结　论 …… 228

附　录　申请人归一化处理表 …… 233

第1章 绪 论

1.1 技术概况

钠离子电池（Na-ion Battery，NIBs，或者 Sodium-ion Battery，SIBs）是一种二次电池。在元素周期表上，钠和锂同属于碱金属主族，拥有与锂相似的物理性质与化学性质。与锂离子电池类似，钠离子电池依靠钠离子在正极与负极之间可逆地迁移实现充放电。

钠离子电池是和锂离子电池在20世纪70年代被同时提出的，与锂离子电池是同期发展的电池体系。然而，由于M. Stanley Whittingham（迈克尔·斯坦利·威廷汉）、John B. Goodenough（约翰·班尼斯特·古迪纳夫）和 Akira Yoshino（吉野彰）（2019年诺贝尔化学奖得主）等人在锂离子电池材料体系及储能机理方面的重大突破，尤其在1990年日本索尼公司实现了锂离子电池技术的商业化，使锂离子电池技术得到迅速发展。与此形成鲜明对比，关于钠离子电池的研究却相对停滞。

直至2000年加拿大Dahn等发现硬碳负极具备优异的可逆储钠能力，学界才继续推进钠离子电池研究。2010年前后，在锂离子电池正深刻改变社会生活之际，科研界注意到锂资源的匮乏以及全球分布严重不均的问题。于是，很多专家提出仅仅靠锂离子电池是不足以支撑人类完全迈入可再生能源社会的。因此，钠离子电池的研究和产业化进程进入复兴时期，海内外出现产业化公司和零星商业化应用。

国内外自2010年左右开始大力推进钠离子电池技术的研发，并且凭借在研究锂离子电池技术上积累的经验得到快速的发展。仅仅五年以后，即2015年，第一代钠离子电池就已经迈入商业化进程。

1.1.1 钠离子电池技术发展的优势及难点

钠离子电池的综合性能在短短十多年间就已经显著超越铅酸电池，达到与磷酸铁锂电池性能接近的程度。钠离子电池、铅酸电池、锂离子电池性能比较见表1-1，钠离子电池各项性能指标已显著强于铅酸电池，仅在质量能量密度、循环寿命等方面稍弱于锂离子电池。

表1-1 钠离子电池、铅酸电池、锂离子电池性能比较①

指标	铅酸电池	锂离子电池（磷酸铁锂/石墨体系）	钠离子电池（铜基氧化物/煤基碳体系）
质量能量密度	30~50Wh/kg	150~250Wh/kg	100~150Wh/kg
循环寿命	300次以下	3000次以上	2000次以上
平均工作电压	2.0V以下	3.0~4.5V	2.8~3.5V
-20℃容量保持率	小于60%	小于70%	88%以上
耐过放电	差	差	可放电至0V
安全性	优	优	有潜力达到最优
环保性	差	优	优

（1）钠离子电池的发展优势

与锂离子电池相比，钠离子电池具有以下发展优势：

1）钠离子电池在资源丰富度、成本等方面具有一定优势。

钠元素储备丰富，钠是地壳中储量第六丰富的元素，地理分布均匀，成本低廉；而锂资源在地壳中储量仅为0.002%，不到钠的千分之一，且全球分布具有地域性。同时，钠离子化合物可获取性强，价格稳定且低廉。并且，钠离子电池的正负极材料均为地球储量丰富的资源。

2）钠离子电池负极可使用铝集流体。

在低电压下铝不会和钠合金化，因此钠离子电池负极可使用铝集流体而不必像锂电池一样使用铜集流体，铝集流体成本是锂离子电池中铝和铜集流体的1/3，从而降低电池的成本和重量。

---

① 中科海钠官网：https://www.hinabattery.com/。

3) 钠离子电池有相对稳定的电化学性能和安全性。

由于钠离子电池比锂离子电池的内阻高一些，所以，当发生短路等现象时，钠离子电池的安全性能相对更高。

由于钠离子电池无过放电特性，允许钠离子电池放电到0V，因此，在运输环节中可以实现0V运输。相比之下，可有效降低运输风险。而锂电池在运输前，一般需要把电量充到80%以上，否则会有一定的运输风险。

4) 受低温环境影响小、快充性能好。

在充电时间上，钠离子电池也有着明显的优势。现在常见的三元锂电池即便是在直流快充的加持下，将电量从20%充至80%也需要30min，磷酸铁锂电池充电时间则更长，要45min左右。而钠离子电池的充电时间只需要10min。

5) 电解液和隔膜基本沿用锂离子电池体系。

钠离子电池的电解液和隔膜基本沿用锂离子电池体系，且电解液还有针对钠离子电池的改进空间。钠的离子半径大于锂的离子半径，导致钠离子在极性溶剂中的溶剂化作用更弱，表现出更为出色的离子扩散能力，从而在电解液中具有更快的界面动力学能力，具有更高的电导率。另外，钠离子的Stokes（斯托克斯）半径比锂离子的小，相同浓度的电解液具有比锂盐电解液更高的离子电导率，或者更低浓度的电解液可以达到同样的离子电导率。所以，钠离子电池可以使用低浓度电解液，降低电解液成本。

6) 电池组装方法基本上和锂离子电池一致。

钠离子电池组装方法基本上和锂离子电池一致，因此现有锂离子电池组装生产线可以直接用来组装生产钠离子电池。与锂离子电池通用部分产业链、组装方法也是钠离子电池能够在较短时间内大规模生产和商业化的一个重要有利因素。由于借助了锂电池技术、锂电池材料的研究基础，钠离子电池十多年的研发速度可以用突飞猛进来形容。

（2）钠离子电池的发展难点

1) 能量密度低，输出功率目前略低于锂离子电池。

由于锂离子和钠离子的元素特点，钠离子电池的能量密度上限始终会低于锂离子电池的能量密度上限。目前，钠离子电池的平均能量密度在100~150Wh/kg，相比锂电池的250Wh/kg仍有很大差距，能量密度低也就意味着续航里程不足。但也正是钠离子电池能量密度低，相比三元锂电池来说有着更高的安全性。

由于钠离子电池在产业化进程中尚存在能量密度较低、循环寿命较短、配套供应链与产业链不完善等问题,所以,仍处于商业化探索和持续改进中。

2)钠离子具有较大的离子半径,需要选用适于钠离子迁移的材料。

由于钠离子和锂离子的特性差异,钠离子具有较大的离子半径(0.102 nm,锂离子的离子半径为 0.076 nm),这使得寻找合适的嵌钠材料具有一定难度。钠离子的正极材料、负极材料需要选用适于钠离子迁移的材料,这也是钠离子电池技术的核心。而直接把类似于锂离子电池的电极材料作为钠离子电池的电极材料并不适用。因此,寻找合适的钠离子电池电极材料成为钠离子电池实现产业化的关键。

1.1.2 钠离子电池技术综述

金属钠和金属锂的物化性质非常相似,且研究发现钠离子电池与锂离子电池的电化学反应行为类似(见图1-1),使钠离子电池同样可以成为新一代综合效能优异的大型储能系统。

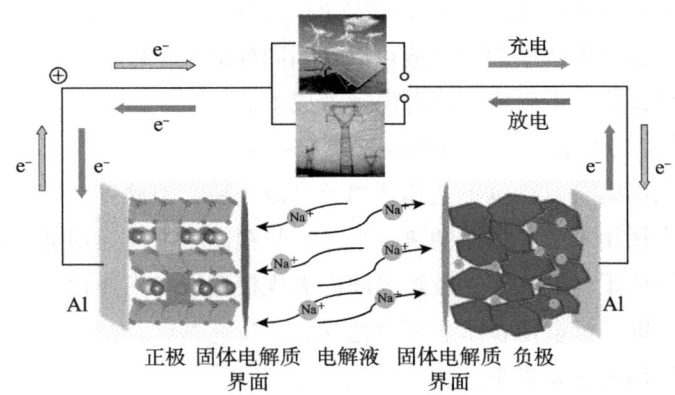

图 1-1 钠离子电池工作原理[①]

钠离子电池的结构及工作原理与锂离子电池相同,钠离子电池主要包括正极、负极、隔膜、电解液和集流体。其中,正极材料、负极材料是电池的核心

---

① PAN H, HU Y S, CHEN L. Room – temperature stationary sodium – ion batteries for large – scale electric energy storage [J]. Energy & Environmental Science, 2013, 6 (8): 2338 – 2360.

部件，其性能直接决定了电池的电化学性能，因而，开发性能优异、价格低廉的钠离子电池正负极材料成为研究重点。正负极之间由隔膜隔开以防止短路，电解液浸润正负极以确保离子导通，集流体则起到收集和传输电子的作用。充电时，Na^+从正极脱出，经电解液穿过隔膜嵌入负极，使正极处于高电势的贫钠态，负极处于低电势的富钠态。放电过程与之相反，Na^+从负极脱出，经由电解液穿过隔膜嵌入正极材料中，使正极恢复到富钠态。为保持电荷平衡，充放电过程中有相同数量的电子经外电路传递，与Na^+一起在正负极间迁移，使正负极分别发生氧化和还原反应。若以Na_xMO_2为正极材料，硬碳（HC）为负极材料，则电极和电池的反应式分别表示为：

正极反应：
$$Na_xMO_2 = Na_{x-y}MO_2 + yNa^+ + ye^-$$

负极反应：
$$nC + yNa^+ + ye^- = Na_yC_n$$

电池反应：
$$Na_xMO_2 + nC = Na_{x-y}MO_2 + Na_yC_n$$

由上述反应可知，钠离子可以在正极与负极之间实现可逆迁移，正极和负极均由允许钠离子可逆地插入和脱出的插入型材料构成。因此，钠离子电池同锂离子电池一样被称作"摇椅式电池"。

1. 正极材料

正极材料要求使用钠离子的活性材料，正极材料影响钠离子电池能量密度、功率密度、循环寿命、安全性等关键性指标，因此正极材料的选择需要满足以下几点：

1）具有较高的氧化还原电势，以保证电池具有较高的输出电压和较高的能量密度。

2）具有稳定的电压平台，以确保输出点位的平稳。

3）比容量高（质量比容量和体积比容量），使钠离子电池提供更高的容量。

4）钠离子在正极材料中有较高的离子扩散系数，以保证较高的倍率性能。

5）循环过程中材料结构稳定，可逆性好，保证良好的循环性能。

6）较高的电子电导率可以降低电池的内阻，较高的离子电导率可以促进钠离子快速扩散。

7）能量转化效率高，能量保持率高。

8）化学稳定性好，无毒无污染，原料价格低廉，制备成本低等。

目前，钠离子电池正极材料的研究主要集中在过渡金属氧化物、聚阴离子型化合物、普鲁士蓝类化合物、有机化合物等。过渡金属氧化物、聚阴离子型化合物、普鲁士蓝类化合物的成熟度最高，已进入产业化初期。图1-2对比了不同正极材料的比容量、工作电压等参数。在设计正极材料时，可以根据不同的需求对材料进行选择。

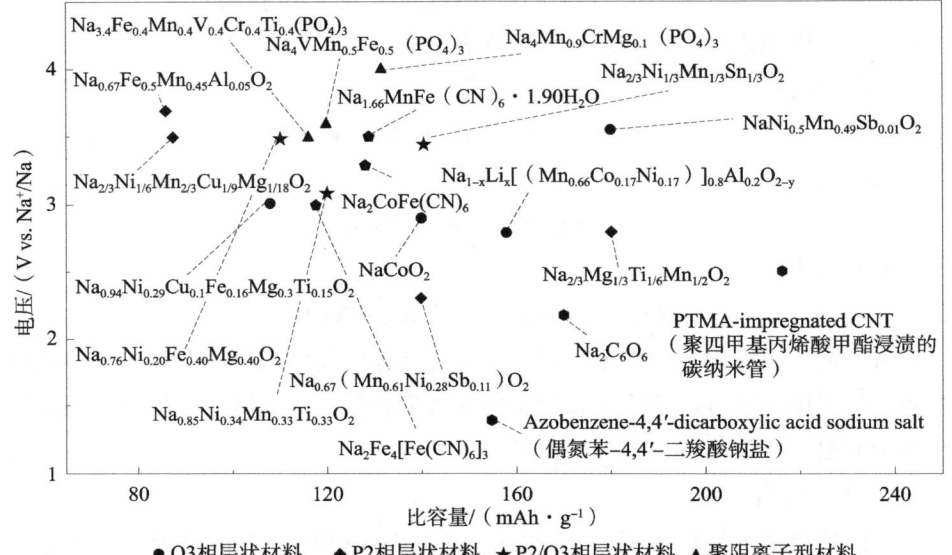

图1-2 钠离子电池不同正极材料的比容量、工作电压等参数比较

（1）过渡金属氧化物

过渡金属氧化物正极材料主要分为层状结构氧化物和隧道结构氧化物。当氧化物中 Na 含量较高（≥0.5）时，一般以层状结构为主；当 Na 含量较低（<0.5）时，通常以隧道结构为主。

层状过渡金属氧化物这一概念在20世纪80年代初被提出，结构通式为 Na_xTMO_2（TM 主要为过渡金属元素中的一种或多种，如 Ti、V、Cr、Mn、Fe、Co、Ni、Cu……）。1981年，Delmas 等根据 TMO_6 多面体中 Na^+ 的配位构型与 O 的堆垛方式，将层状金属氧化物 Na_xTMO_2 分为 On 型和 Pn 型（$n=1$，2，

3，…），主要有O2、O3、P2、P3四种构型，如图1-3所示。其中，O3相和P2相是钠离子电池层状材料中的两种常见晶型。P2型材料中钠离子占据三棱柱间隙位，氧层排列规律为ABBA，$0.45 \leqslant x \leqslant 0.8$；O3型材料中钠离子占据八面体位，氧层排列规律为ABCABC，$0.8 \leqslant x \leqslant 1$。晶体结构的差异自然对材料电化学性能造成明显的影响。

层状过渡金属氧化物因为储量丰富和低成本而被优先考虑为钠离子电池的正极材料。层状过渡金属氧化物制备方法简单，多元金属氧化物能发挥多元金属协同作用，可以从结构维度或阳离子有序/无序构型对正极材料的氧化还原着手进行改性，提高正极材料的比容量和循环稳定性。此外，还可以基于不同相之间的协同作用进行正极材料的改性。

中科海钠使用的铜基氧化物电池表现优越，质量能量密度达到145Wh/kg；英国Faradion公司的镍层状氧化物电池，质量能量密度达到150~160Wh/kg。当前，层状过渡金属氧化物的研究重点是如何通过掺杂提高其稳定性和倍率性能。

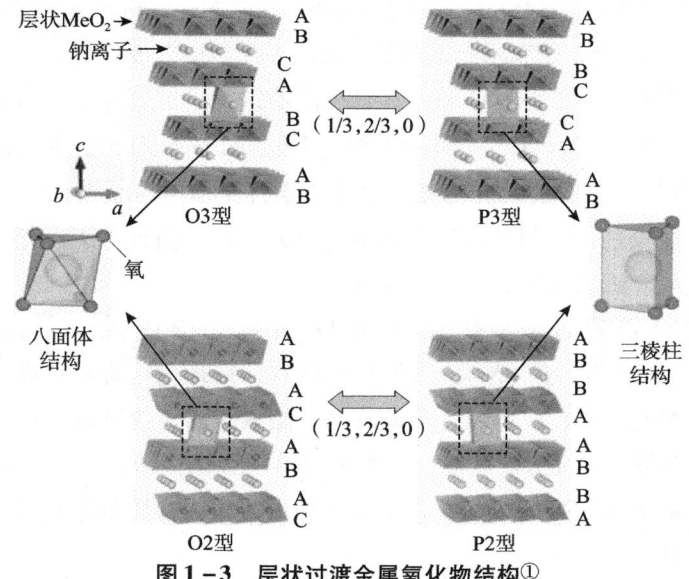

图1-3 层状过渡金属氧化物结构①

---

① YABUUCHI N, KUBOTA K, DAHBI M, et al. Research development on sodium–ion batteries [J]. Chemical Reviews, 2014, 114 (23): 11636-11682.

隧道型氧化物的结构相比层状氧化物更复杂，同时也作为 Na^+ 嵌入主体得到广泛研究。隧道结构材料在 1994 年由 Doeff 等首次提出在钠离子电池中应用。$Na_{0.44}MnO_2$ 是典型的隧道型化合物，它的空间群是 Pbam，具有较大的 S 形通道和六边形小隧道。隧道结构材料中具有三个不同的 Na^+ 位点，分别是位于大 S 形隧道中的两个 Na^+ 位点，以及位于小隧道中的一个 Na^+ 位点。

（2）聚阴离子型化合物

聚阴离子型化合物是指材料结构由一系列四面体型 $(XO_4)^{n-}$ 单元及其衍生单元 $(X_mO_{3m+1})^{n-}$（X = S、P、Si、As、Mo、W）和多面体单元 MO_x（M 代表过渡金属）组成的一类化合物。① 其中，$(X_mO_{3m+1})^{n-}$ 和 MO_x 多面体一般通过共棱或共角连接形成多面体结构框架。

聚阴离子型化合物家族主要分为橄榄石结构、NASICON 结构、三斜结构以及混合聚阴离子化合物材料。② 其中，最典型的材料主要是磷酸盐类，以橄榄石形的 $NaFePO_4$ 和 NASICON 型的 $Na_3V_2(PO_4)_3$ 为代表。

磷酸钒钠（$Na_3V_2(PO_4)_3$）属于 NASICON 结构（sodium super ionic conductor，钠超离子导体），是应用于钠离子电池的一种典型电极材料。$Na_3V_2(PO_4)_3$ 具有三维开放的钠离子输运通道，具有较高的钠离子扩散速率、离子电导率和结构稳定性。$Na_3V_2(PO_4)_3$ 在 1.6V 和 3.4V 各有一个充放电平台，分别对应 V^{3+}/V^{2+} 和 V^{4+}/V^{3+} 氧化还原电对。但是由于自身结构的原因，$Na_3V_2(PO_4)_3$ 的本征导电性较差，限制其理论比容量的充分发挥，而且对于钒化合物仍然存在资源量有限、钒的高价态有毒等缺点。

铁基混合聚阴离子型化合物 $Na_4Fe_3(PO_4)_2P_2O_7$ 综合了铁基磷酸盐（$NaFePO_4$）和焦磷酸盐（$Na_2FeP_2O_7$）的优点，即理论比容量较高、平均工作电压高、体积变化小、成本低、环境友好、储量丰富，使该材料在大规模储能系统方面具有很大的优势。然而，作为聚阴离子型化合物，$Na_4Fe_3(PO_4)_2P_2O_7$ 同样也存在电子电导率低的问题，最简单易行的解决方法就是利用导电碳材料对其进行改性。

---

① NI Q, BAI Y, WU F, et al. Polyanion – type electrode materials for sodium – ion batteries [J]. Advanced Science, 2017, 4 (3): 1600275 – 1600322.

② SCROSATI B, ABRAHAM K M, SCHALKWIJK W V, et al. Problems and expectancy in lithium battery technologies [J]. Journal of the Electrochemical Society, 2013, 10 (2): 107 – 125.

相比而言，聚阴离子型化合物理论比容量和导电性普遍较低。当前，聚阴离子型化合物的研究重点在于如何通过掺杂导电碳或者碳包覆提升其导电性能。

（3）普鲁士蓝类化合物

普鲁士蓝类化合物的晶体结构是由过渡金属 M 及 Fe 元素分别与 CN^- 中的 N 和 C 相连而形成的独特三维开框结构，Na^+ 存储在结构的间隙中，结晶水通常存在晶体的表面和内部，其独特的开放框架和三维通道结构有利于 Na^+ 的迁移和存储。[1] 普鲁士蓝类化合物的结构通式为 $Na_xM[Fe(CN)_6]_{1-y} \cdot zH_2O$（$0 \leq x \leq 2$，$0 \leq y \leq 1$），可简写为 MHCF 或 PBAs。其中，M 表示 Fe、Co、Ni、Mn 等过渡金属元素。普鲁士蓝类化合物主要包括普鲁士蓝、铁基/锰基普鲁士白等。当 Na 含量较低（$x \leq 1.0$）时称为普鲁士蓝，当 Na 含量较高（$x \geq 1.0$）时称为普鲁士白。

普鲁士蓝类材料的制备工艺不同，材料中 Na^+ 及结晶水含量有所不同，使其晶体结构扭曲为单斜晶系及菱方晶系，如图 1-4 所示。

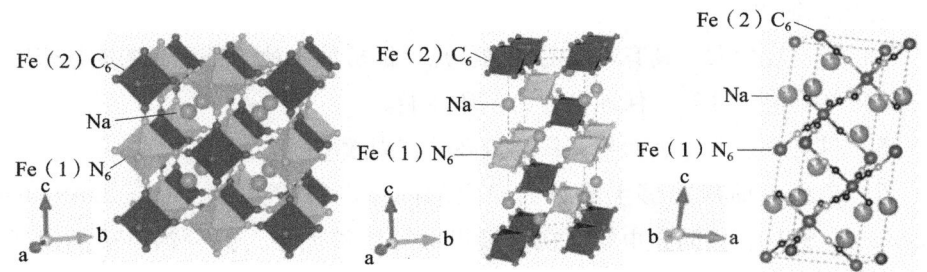

图 1-4 普鲁士蓝类材料的晶体结构[2]

普鲁士蓝类化合物具有三维开放框架结构，钠离子可以自由地在较大的离子通道嵌入脱出。铁基普鲁士蓝钠盐材料（$Na_xFe(CN)_6$，简写为 FeHCF）被认为是目前较具应用前景的材料之一。铁基普鲁士蓝钠盐材料具有两个活性位点，能发生两个 Na^+ 的脱嵌反应，故其理论容量较高，为 170mAh·g^{-1}。FeHCF的生产成本低、制备容易且环境友好，不需要耗费大量的能量，使作为

---

[1] NEFF V D. Electrochemical oxidation and reduction of thin films of prussian blue [J]. Journal of the Electrochemical Society, 1978, 125 (6): 886-887.

[2] WANG W, GANG Y, HU Z, et al. Reversible structural evolution of sodium rich rhombohedral Prussian blue for sodium-ion batteries [J]. Nature Communications, 2020, 11 (1): 1-9.

钠离子电池正极的该材料在大规模储能方面具有很大的优势。然而，作为普鲁士蓝类化合物，FeHCF 材料存在因合成过程中产生的结晶水及 Fe（CN）$_6$ 结构缺陷容易占据储钠位点及离子通道，而导致的材料中 Na 含量减少及 Na$^+$ 迁移速率降低等问题，严重影响了材料的电化学性能。此外，FeHCF 材料还可能会在充放电过程中发生结构坍塌，影响材料的循环稳定性。

普鲁士蓝类材料的研究重点在于如何通过表面改性处理，提高材料自身的稳定性，增加循环寿命，但其制备过程中存在配位水含量仍难以控制的问题。

2. 负极材料

负极材料的研究对钠离子电池的商业化起着重要的推动作用。对于负极材料，应满足以下条件：

1）具有较低的氧化还原电位，以保证电池输出较高的电压，但不能低于钠的沉积电势，以避免析出金属钠。

2）在钠离子的嵌入脱出过程中，电极材料的电位变化较小，以确保平稳的工作电压输出。

3）可逆容量大，具有较多的储钠位点，能够使电池具备更高的能量密度。

4）结构稳定性好，保证良好的循环性能。

5）具有合适的比表面积，保证较高的首周效率。

6）负极表面应能够生成较为稳定的固体电解质界面（Solid Electrolyte Interface，SEI），以防止电解质在负极界面持续被还原，减少钠离子的消耗，维持稳定的循环性能。

7）具有较高的离子电导率和电子电导率，以获得较高的倍率性能。

8）具有环境友好、资源丰富、制备工艺简单、成本低廉等特点。

主流负极活性材料包括碳基材料、钛基材料、转化类材料（金属硫化物、金属硒化物、金属氧化物以及磷化物）、金属及合金、有机材料等。图 1-5 示出几种代表性负极材料的能量密度和比容量范围。

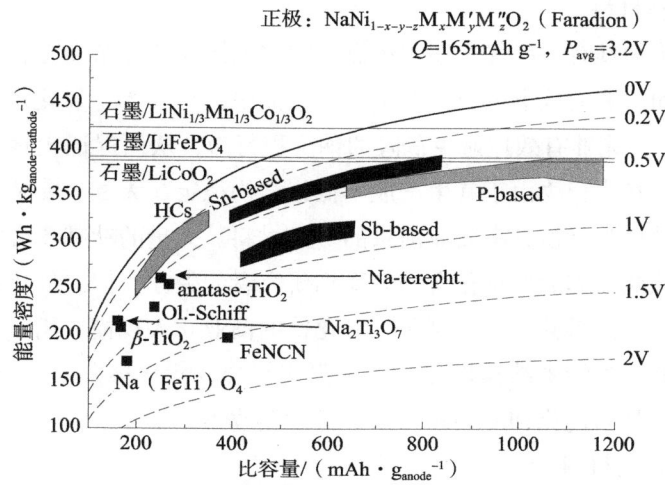

图 1-5　NIB 中使用的各种负极材料的能量密度与比容量范围①

注：硬碳（HCs）、锡基（Sn-based）和锑基（Sb-based）合金以及磷基化合物（P-based）

（1）碳基材料

碳基材料因其独特的优势——来源广泛、资源丰富、结构多样而成为碱金属离子电池负极材料的首选研究目标。目前被广泛研究的钠离子电池碳基负极材料主要可以归为四类：石墨、石墨烯、硬碳和软碳等。在锂离子电池中已商业化的石墨由于片层间距较小，导致钠离子难以脱嵌，并且其不能与钠离子形成稳定的化合物，因此储钠性能较差。硬碳具有丰富的无定型区域以及比石墨更大的层间距，在储钠领域更有竞争力。硬碳的主要优势在于其较高的储钠容量，其前驱体通常为生物质或其衍生物，碳化后的产碳率偏低。硬碳的容量贡献电位主要在 0~0.1V，该电位接近镀钠电位，因此存在形成钠枝晶的风险。软碳的优势在于其较低的成本，其前驱体为石油化工原料，成本低于硬碳。此外，软碳的缺陷更少，其层级结构更加有序，层间距更短，导致储钠量相对较低。由于以石墨烯为代表的碳纳米材料普遍存在首次库仑效率低、反应电势高、成本昂贵以及制备复杂等缺点，因此难以成为钠离子电池碳基负极材料的理想选择②。

---

① 北京雪球信息科技有限公司. 行业研究：钠离子电池产业距离我们还有多远 [EB/OL].（2021-05-26）[2025-01-10]. https://xueqiu.com/1048969405/180890117.

② 胡勇胜，陆雅翔，陈立泉. 钠离子电池科学与技术 [M]. 北京：科学出版社，2021：138.

（2）钛基材料

钛基氧化物具有一些优于碳的优点，如对电极高结合亲和力、对碳的优异的热稳定性和适度的放电电位。在钠离子电池中，Ti^{3+}/Ti^{4+}氧化还原电位通常在0.5～1.0V，能够有效地避免危险的钠沉积行为，从而保证大规模操作时的高安全性。钛基化合物由于其生产成本低，结构稳定、无毒、安全性高且循环稳定性好而被认为是最具有商业前景的负极材料。大量的钛基化合物如二氧化钛、尖晶石钛酸锂和太酸钠化合物等受到研究者的关注。但二氧化钛的电子电导率差和离子扩散系数低，限制了二氧化钛的商业化大规模应用。为了解决这些问题，一般通过纳米结构构建、碳包覆或复合、元素掺杂、分层结构设计、电解液优化、晶面优化和晶相复合来进行性能改善。

（3）转化类材料

转化类材料包括金属氧化物、金属硫化物、金属硒化物、金属磷化物等材料。2002年，R. Alcantara等首次利用$NiCo_2O_4$尖晶石氧化物用作钠离子电池负极材料并引入转化机制的概念，开启了金属氧化物材料作为钠离子电池负极材料的先河。[①] 目前，研究的金属氧化物主要包括氧化铁、氧化锡、氧化铜、氧化钴等。

金属硫化物材料在电化学循环过程中会发生类似于金属氧化物的转化反应，同时具有较高的理论容量。金属硫化物中的M—S键比金属氧化物中相应的M—O键要弱，在动力学上有利于与Na^+进行转化反应。然而，与金属氧化物材料类似的是，金属硫化物在发生转化反应时也会产生较大的体积变化，从而影响材料的循环稳定性。根据金属元素的不同，金属硫化物的储钠机理可分为转化反应与嵌入反应或合金化反应相结合。金属硫化物主要包括硫化锡（SnS、SnS_2）、硫化钼（Mo_2S、MoS_2）、硫化铁（FeS、FeS_2）、硫化钴（CoS、CoS_2）、硫化镍（NiS）等。

金属硒化物原料来源广泛且具有内在安全性，原则上可以通过转换反应提供更高的钠存储容量。由于具有形貌易于控制及理论比容量高的特点，以及具有更高的初始库仑效率，并且比氧化物和硫化物具有更稳定的循环性能，因此金属硒化物成为目前负极材料的研究热点之一。但是和金属硫化物类似，在钠

---

① 谢嫚，吴锋，黄永鑫. 钠离子电池先进技术及应用 [M]. 北京：电子工业出版社，2020：165-180.

离子的嵌入和脱出过程中，金属硒化物的体积变化很大且团聚，导致容量迅速衰减，而且过渡金属硒化物的导电性较低，往往导致其倍率性能较差。金属硒化物主要包括硒化钼（$MoSe_2$）、硒化铁（$FeSe_2$）、硒化钴（$CoSe_2$）等。

金属磷化物由于具有较高的理论比容量和相对较低的充放电平台而被认为是一类具有潜力的负极材料。然而由于金属磷化物的本质缺陷，目前仍无法得到可实际应用的金属磷化物锂/钠负极材料。如纯的 FeP 用作钠离子电池负极材料时，在电流密度为 0.2A/g 时，100 个循环之后，其比容量仅有 $100mAh \cdot g^{-1}$，其主要原因如下：①金属磷化物的导电性较差，离子或电子导电率较低，反应可逆性较差；②在反复的充放电过程中，金属磷化物颗粒之间会发生团聚，参与反应的活性材料会不断减少；③在 Li/Na 的嵌入和脱出过程中，会导致负极材料的体积发生膨胀，最终导致电极粉化从而与集流体失去接触。根据金属磷化物中的金属是否具有电化学活性，将金属磷化物大致分为非活性金属磷化物和活性金属磷化物。非活性金属磷化物包括 Co—P（CoP）、Cu—P（CuP_2、Cu_3P）、Fe—P（FeP、FeP_4）和 Ni—P（NiP_3）。活性金属磷化物中的金属具有电化学活性，如 Se—P（Se_4P_4）、Sn—P（Sn_4P_3、SnP_3）。

（4）合金材料

相对于脱嵌机制的碳材料和转化机制的过渡金属氧化物和硫化物，合金机制材料具有以下优点：较高的理论容量，优异的导电性，较低的反应电压，可防止负极在过充电后产生枝晶，能够延长钠离子电池的使用寿命。其中，锡基材料被认为是最有发展前景的合金机制材料之一，其理论容量为 $847mAh \cdot g^{-1}$，对钠的反应电压低于 1V。但其在合金化过程中，体积变化高达 420%，巨大的体积变化会导致锡颗粒粉碎以及脱落，最终使电池失活。大部分研究人员采取了减小活性物质的尺寸，以及包覆碳材料等方法来避免锡颗粒粉碎以及脱落。

（5）有机材料

有机电极材料具有高容量、环境友好、氧化还原位点丰富、来源丰富等优点，因而有机电极材料成为钠离子电池的研究热点。有机电极材料可开发与可设计的特性令其在钠离子电池领域表现出独特的优异性。尽管有机电极材料有诸多优点，但有机电极材料具有易溶于电解液、电子导电性差、反应动力学低以及电化学活性物质易分解等缺点。总的来说，有机电极材料钠离子电池的发展虽然具有很大潜力，但目前对这类材料的研究仍然处在起步阶段。

3. 电解质材料

电解质是正负极之间物质的桥梁，用来传输离子以形成闭合回路，是维持电化学反应的重要保障，不仅直接影响电池的倍率、循环寿命、自放电等性能，还是决定电池稳定性和安全性的核心因素之一。钠离子电池电解质根据状态的不同可以分为液态电解质和固态电解质两大类。

液态电解质常被称为电解液，具有相对较高的离子电导率，液态电解质一般由溶剂、溶质和添加剂组成。液态电解质可以分为有机电解液、水系电解液和离子液体电解液三类。有机电解液由有机物溶剂和导电离子化合物溶质组成，主要分为酯类和醚类电解液，这种电解液具有易燃的明显缺陷，当电极表面产生的钠枝晶刺破隔膜时，会造成局部短路温度过高而引起自燃，这在很大程度上限制了其应用，而且其还具有高黏度和高成本的缺陷。水系电解液具有较高的离子电导率，但受限于水的分解电压只有 1.23V，其电压窗口始终难以提升，从而导致其能量密度较低。离子液体电解液通常由较大阴离子和阳离子构成，成本较高且对工作温度有一定的要求。

面对液态电解质的限制，同时为了进一步满足更小、更轻、更薄的需求，固态电解质日益成为研究的热点。固态电解质主要分为聚合物电解质和无机固态电解质两大类。聚合物电解质主要是利用有机聚合物作为基质，其中或通过浸泡渗透引入离子化合物，或直接在聚合物中复合阳离子，前者往往受限于所扩散液态电解质的性能，后者的循环性能则一直不理想，聚合物电解质由于聚合物基体与溶剂的相互作用，限制了溶剂分子在电池循环过程中在正负极之间的大规模移动；同时，某些聚合物基体能很好地与电解质中的阴离子进行配位，限制了阴离子的迁移，从而使聚合物凝胶电解质具有更高的阳离子迁移数，改善了电池的倍率和循环性能。另外，聚合物凝胶电解质中聚合物基体由于其所具有的机械强度而能够在一定程度上缓冲正极材料在充放电过程中的体积变化以及负极枝晶的生长。同时，某些聚合物凝胶电解质能够在电池的正极和负极材料界面形成稳定的固体电解质界面（SEI）层，稳定正极材料的结构，抑制负极枝晶的生长。聚合物电解质具有安全、柔性、物理和化学性质稳定、无泄漏以及热稳定性等特点，是理想的电解质。但是，其室温下离子电导率较低，仅为 $10^{-8} \sim 10^{-6} \text{S} \cdot \text{cm}^{-1}$，且存在机械性能较弱的缺点。无机固体电解质，虽然具有安全、良好的物理化学稳定性、无泄漏的优点，已被广泛研究，但是仍存在加工难度大、成本高、晶界阻抗大、离子电导率低、润湿性差等缺点。

4. 非活性材料

钠离子电池中的非活性材料主要包括隔膜、集流体、导电剂、黏结剂等，它们并不直接参与电化学反应，却是必不可少的辅助性材料，其与活性材料的兼容性等因素会对电池性能产生重要影响。

（1）隔膜

隔膜的作用是对正负极材料进行物理分隔，防止二者直接接触反应，同时还要确保溶剂分子的浸润和渗透，允许溶剂化钠离子的快速通过。理想的隔膜材料应具有良好的电子绝缘性和离子导电性，机械强度高且厚度尽量薄，很高的化学惰性（既不与电解液反应，也不与正负极反应），良好的热稳定性。

锂离子电池中广泛应用的是聚烯烃类聚合物隔膜，如 PE、PP 以及复合膜等，这些隔膜材料都可以直接移植到钠离子电池体系。在全固态钠离子电池体系中，隔膜材料将不再需要。

（2）集流体

集流体是正负极活性材料附着的基底构件，占电池重量的 10%~13%，用以汇集电极材料产生的电流，并对外释放传导。集流体虽不参与电极反应，但却是电极材料发挥性能的根本保障，其纯度、厚度、应力等参数间接影响电极实际工作性能。在钠离子电池中，由于钠与铝不发生合金化反应，因而正负极材料均可采用铝箔做集流体。

（3）导电剂

电极材料在实际使用时，还需要添加导电剂，其主要有三方面作用：减轻电极材料的自身极化，降低活性材料颗粒间以及与集流体之间的接触电阻，吸附电解液并改善电极的浸润效果。

常用的导电剂为比表面积大、导电性好的碳材料，如炭黑、石墨粉、碳纳米管、石墨烯等。

（4）黏结剂

黏结剂的功能是将电极材料、导电剂、集流体三者结合，制成可供使用的完整极片，其用量占比很少，但对电极性能有重要影响。

用作黏结剂的材料须具有良好的稳定性，易加工，成本低。钠离子电池常用黏结剂与锂离子电池相似，多为强极性聚合物，如聚偏二氟乙烯（PVDF）、海藻酸钠（SA）、聚丙烯酸（PAA）、羧甲基纤维素钠（CMC）、聚四氟乙烯（PTFE）等。

1.1.3 钠离子电池国内外产业化进程

在碳中和、全球新能源加速发展及锂资源相对稀缺的背景下，包括Goodenough（古迪纳夫）、Jean-Marie Tarascon（让-马利·塔拉斯孔）、陈立泉等大量电化学领域科学家均认为钠离子电池在特定领域的大规模产业化应用已经成为必然趋势。

钠离子电池将在低速电动车、大规模电力储能、5G通信基站、数据中心等应用领域拥有比锂离子电池更大的市场竞争优势。

布局钠离子电池产业化生产较早的国外企业主要包括：英国Faradion公司、美国Natron Energy公司、法国NAIADES计划团体、法国Tiamat公司、日本岸田化学、松下、三菱、丰田等；国内企业中，中科海钠、宁德时代、钠创新能源也有布局。表1-2示出主要钠离子电池产业化项目。

表1-2 主要钠离子电池产业化项目

公司	国家	电池体系	性能参数	路线优势	路线短板
Faradion	英国	层状氧化物/硬碳有机电解液体系，10Ah软包电池	能量密度150~160Wh/kg，在1C倍率下循环寿命3000次以上	与现有锂离子电池生产工艺兼容	成本优势不明显，有机体系存在安全隐患
Natron Energy	美国	普鲁士蓝水系电解液体系	能量密度50Wh/kg，功率密度775W/kg，循环寿命50000次以上	水系电解液体系安全性高，高倍率性能优异	能量密度低，生产工艺复杂
NAIADES	法国	氟磷酸钒钠/硬碳有机电解液体系，1Ah18650型电池	能量密度90Wh/kg，1C倍率下循环寿命4000次	循环寿命长，与现有锂离子电池生产工艺兼容	电极材料涉及钒和氟元素，毒性大，体系能量密度低，成本较高，存在安全隐患
钠创新能源	中国	层状氧化物/硬碳有机电解液体系，软包电池	能量密度130~160Wh/kg，循环寿命5000次以上	与现有锂离子电池生产工艺兼容	成本优势不明显，有机体系存在安全隐患

续表

公司	国家	电池体系	性能参数	路线优势	路线短板
中科海钠	中国	层状氧化物/无定型碳有机电解液体系，软包电池	能量密度150Wh/kg，循环寿命4500次以上	与现有锂离子电池生产工艺兼容	成本优势不明显，有机体系存在安全隐患
宁德时代	中国	普鲁士系列/硬碳有机电解液体系	能量密度160Wh/kg	与现有锂离子电池生产工艺兼容	成本优势不明显，有机体系存在安全隐患

(1) 英国Faradion（法拉典）公司

2011年，全球首家专注钠离子电池工程化的企业Faradion在英国成立，其总部位于英国谢菲尔德。英国Faradion公司较早开展了钠离子电池技术的开发及产业化工作，其正极材料为Ni、Mn、Ti基O3/P2型层状氧化物，负极材料采用硬碳。

首个钠离子电池产品在2015年被Faradion公司开发出来，他们当时开发的钠离子电池的能量密度约为90Wh/kg，并成功将其应用在电动自行车和电动滑板车上。

2020年1月，该公司参与了由英国创新基金会资助的可再生能源低成本存储项目，以展示钠离子技术在太阳能存储中的应用。2020年4月，Faradion公司开始和相关公司在电力储能、两轮摩托车等领域开展其钠离子电池的应用合作，并已经在扩大其钠离子电池生产规模。Faradion公司声称能够生产12Ah、150~160Wh/kg的电池，在1C倍率下循环寿命超过3000次，并且能够在−20~60℃运行。

2021年年底，Faradion公司以1亿英镑的价格被印度信实新能源太阳能有限公司（Reliance New Energy Solar Ltd，RNESL）收购，印度信实公司计划将Faradion公司的技术用于其拟建的、完全集成的储能超级工厂。该工厂是位于印度西部贾姆纳加尔的Dhirubhai Ambani绿色能源超级综合体的一部分。

(2) 美国Natron Energy公司

纳创能源（Natron Energy）原名肺泡能源（Alveo），成立于2012年，创始人科林·韦塞尔斯（Colin Wessells）是斯坦福大学博士，成立至今公司已完成7轮融资。

2020年9月，Natron Energy公司的Blue Tray 4000钠离子电池首次上市。

Natron Energy 公司的钠离子电池是目前美国市场上唯一获得 UL 认证的钠离子电池。2024 年 4 月，密歇根州荷兰工厂将钠离子电池产能扩大至每年 600MWh，首次实现钠离子电池的商业规模生产。

Natron Energy 公司生产的钠离子电池的正极材料和负极材料均采用的是普鲁士蓝化合物的路线，电解液采用的是安全的水系电解液。Natron Energy 公司获得专利的普鲁士蓝电极能够更快、更频繁地嵌入和脱嵌钠离子，其钠离子电池声称在充电/放电过程中能做到几乎零应变，循环速度提高 10 倍，循环寿命超过 50000 次，这在其他钠离子电池产品中处于相当高的位置。

（3）法国 Tiamat 公司

2012 年，专注于钠离子电池的法国公司 Tiamat 成立，Tiamat 公司是法国 NAIADES 计划团体的下属公司。Tiamat 公司是法国国家科学研究中心（CNRS）研究实验室的衍生产品，也是钠离子电池领域的先行者。该公司还是法国政府成立的汽车研究与移动性指导委员会（CORAM）的一部分，该委员会以支持汽车领域全面发展为目标。

作为钠离子电池的初创公司之一，2021 年 6 月，Tiamat 公司宣布将提升其电池生产能力，并与塑胶产品公司 Plastic Omnium 集团针对混合动力汽车上的钠离子电池应用进行大规模测试。

Tiamat 公司生产的钠离子电池为氟磷酸钒钠/硬碳有机电解液体系的圆柱电池，能量密度为 90Wh/kg，可循环 4000 次以上，但 V 和 F 元素有毒性，且体系能量密度较低，成本较高。

Tiamat 公司作为专注于可移动式和固定存储领域的高功率、超级快充钠离子电池设计、开发和制造的电池企业，得到 2022 年 CNRS 金奖化学家 Jean - Marie Tarascon 的技术支持，长期承担着欧洲钠离子电池技术方向前沿项目。

（4）中科海钠

2017 年，依托中国科学院物理研究所钠离子电池技术的国内首家专注于钠离子电池开发与制造的企业中科海钠注册成立。中科海钠在 2018 年发布了全球首辆使用钠离子电池驱动的低速电动汽车；2019 年建立了世界首座 30kW/100kWh 钠离子电池储能电站。2020 年 9 月中旬，中科海钠宣布钠离子电池已经实现量产，产能可达 30 万只/月，这是全球首个宣布批量生产的钠电池。该钠电池能量密度接近 150Wh/kg，循环寿命达 4500 次以上，且高低温性能优异，安全性高，具备快充能力。2021年6月，由中国科学院物理研究所和中科海钠联合推出的全球首套1MWh钠离子电池光储充智能微网系统，在山西太原综改区正式投入运行，这标志着我国在钠离子电池技术及其产业化方面走在了世界前列。2023年，中科海钠实现100MWh级钠离子电池储能系统。

2021年，中科海钠和华阳股份开始深度合作，共同成立了生产钠离子电池正极、负极材料的山西华钠铜能、碳能科技有限责任公司，共同推进钠离子电池材料的产业化。2022年9月，华阳股份与中科海钠联能投建的钠离子电芯生产线在山西阳泉正式投运，这是全球首批量产1GWh钠离子电芯的生产线。

(5) 宁德时代

宁德时代成立于2011年，自2015年开始组建钠离子电池研发团队。2021年7月29日，宁德时代发布了其第一代钠离子电池。第一代钠离子电池使用了理论能量密度最高的锰基普鲁士白材料，电池电芯单体能量密度达160Wh/kg；常温下充电15min，电量可达80%以上；在-20℃的低温环境中，也拥有90%以上的放电保持率；系统集成率达80%。宁德时代的规划是，第二代钠离子电池电芯单体能量密度将突破200Wh/kg。宁德时代提出的AB电池方案可以综合钠锂电池的优势，在低温等场景下提高钠离子电芯的使用强度，在其余场景下提高锂离子电芯的使用强度，降低电池成本的同时不影响电池整体性能。

宁德时代在发布第一代钠离子电池后，致力于推进钠离子电池在2023年形成基本产业链。宁德时代强大的电池制造能力和上下游供应联动能力一定会加速钠离子电池在中国的产业化进展。

(6) 浙江钠创新能源

浙江钠创新能源有限公司成立于2018年5月，由上海电化学能源器件工程技术研究中心、上海紫剑化工科技有限公司和浙江医药股份有限公司共同发起成立。其钠离子电池技术研发团队由上海交通大学马紫峰教授组建。浙江钠创新能源有限公司制备$NaNi_{1/3}Fe_{1/3}Mn_{1/3}O_2$三元层状氧化物正极/硬碳负极体系的钠离子软包电芯，能量密度为100~120 Wh/kg，循环1000次后容量保持率超过92%。2022年10月25日，钠创新能源举行全球首条万吨级钠离子电池正极材料生产线投运仪式。

（7）日企产业化进程

丰田公司电池研究部在 2015 年 5 月召开的日本电气化学会的电池技术委员会上也宣布开发出了新的钠离子电池正极材料体系。三菱化学也与东京理科大学一直在开展关于钠离子电池方面的合作研究。

总之，钠电规模化后具备明显成本优势，钠离子电池成本预计低于磷酸铁锂电池 20% 以上，且碳酸钠对应的国内供给充足，供应链更为安全。同时，钠离子电池行业标准制定在即，随着各方在钠电上加大研发投入，近几年钠离子电池技术进步显著，且钠离子电池具有与锂离子电池类似的工艺，可复用大部分生产制造设备，可能在未来 2～3 年以后就可以形成规模化应用。

在新能源产业如火如荼地发展、锂矿价格不断走高等多方面背景下，相信钠离子电池大规模产业化的速度将越来越快。钠离子电池将和锂离子电池一起，帮助人类走向能源清洁化、可持续化的道路。

1.1.4 产业政策

"十三五"以来，我国新型储能发展取得重要进展。2020 年，我国新型储能新增投运规模突破百万千瓦大关，标志着新型储能基本实现了由研发示范向商业化初期过渡。锚定碳达峰、碳中和目标实现，新型储能是提升电力系统调节能力、清洁能源消纳和存储能力的重要举措，是构建新能源为主体的新型电力系统的重要支撑，对促进清洁低碳、安全高效的能源体系建设意义重大，有巨大的发展需求。[①]

截至目前，在开发利用可再生能源过程中，电化学储能技术发挥着越来越重要的作用。人类即将迎来新能源科技革命，进入 TWh 时代。钠资源分布广泛、成本低廉，另外钠离子电池快速充放电时负极不易析钠，安全性高。钠离子电池工艺、技术各方面也与锂离子电池相近，可以借鉴使用。因此，钠离子电池被认为是极具潜力的下一代电化学储能技术，对大规模新能源与可再生能源的电化学储能具有重要意义。

---

① 国家能源局.《新型储能项目管理规范（暂行）（征求意见稿）》[EB/OL].（2021-06-22）[2025-01-16]. https://www.nea.gov.cn/2021-06/22/c_1310021541.htm.

我国钠离子电池产业链正处于加速发展的阶段。国家发改委、国家能源局的规划文件中多次提及钠离子电池，提出尽快推动钠离子电池市场化应用。在市场上，企业融资和电池生产线落成，以及正负极材料、电解液投产运行的消息接连发布。

宁德时代、中科海钠、钠创新能源、传艺科技等企业已实现产业化布局。截至 2023 年 6 月底，全国投产的钠离子电池专用产能已达 10GWh，相比 2022 年年底增长了 8GWh，2023 年全年我国钠离子电池专用量产线产能达 39.7GWh，产能主要来自宁德时代、海四达、湖南立方新能源等已经进入实质性建设并进行设备招标的企业。预计到 2025 年年底，我国钠离子电池专用量产线产能将达 275.8GWh。

虽然我国钠离子电池已初步建立"材料—电芯—系统"的产业链，但要实现全面产业化仍面临诸多问题。钠离子电池材料体系尚未完全确定，关键材料性能还有待提升，生产工艺技术成熟度不够且尚未出现规模效应。整体来看，行业还处于研发和产业化初期，预计在 2025 年钠离子电池才能开启真正意义上的产业化发展。

"十三五"期间，科技部通过国家重点研发计划"智能电网技术与装备"重点专项，对电池储能相关技术进行了系统部署。其中，钠基储能电池技术作为重点支持方向之一，在"高安全长寿命和低成本钠基储能电池的基础科学问题研究"等项目系列成果推动下进步显著。

我国高度重视钠离子电池技术的研发应用，国家发改委、国家能源局、工业和信息化部等相关部门已出台多项扶持政策。表 1-3 示出 2021 年以来国家发布的有关钠离子电池的政策。

表 1-3 2021 年以来国家相关政策

时间	发布单位	政策名称	政策内容
2023 年 11 月 30 日	中国化学与物理电源行业协会	《钠离子电池通用规范》	规定了钠离子电池的术语、定义和符号、型号编制、技术要求、试验方法、检验规则及标志、包装、运输和贮存的通用要求，适用于电动汽车、轻型动力和储能等领域用钠离子电池单体和电池模块

续表

时间	发布单位	政策名称	政策内容
2023年1月	工信部等六部委	《关于推动能源电子产业发展的意见》	加强新型储能电池产业化技术攻关，推进先进储能技术及产品规模化应用。研究突破超长寿命高安全性电池体系、大规模大容量高效储能、交通工具移动储能等关键技术，加快研发固态电池、钠离子电池、氢储能/燃料电池等新型电池。聚焦钠离子电池低成本和高安全性，加强硬碳负极材料等正负极材料、电解液等主材和相关辅材的研究，开发高效模块化系统集成技术，加快钠离子电池技术突破和规模化应用
2022年7月14日	工信部	《工业和信息化部办公厅关于印发2022年第二批行业标准制修订和外文版项目计划的通知》	我国首批钠离子电池行业标准《钠离子电池术语和词汇》（2022－1103T-SJ）和《钠离子电池符号和命名》（2022－1102T-SJ）计划正式下达。主要起草单位包括：中国电子技术标准化研究院、中国科学院物理研究所（中科海钠）、宁德时代新能源科技股份有限公司、深圳市比亚迪锂电池有限公司
2022年6月1日	国家发改委、国家能源局等九部委	《"十四五"可再生能源发展规划》	加强可再生能源前沿技术和核心技术装备攻关，加强前瞻性研究，加快可再生能源前沿性、颠覆性开发利用技术攻关，研发储备钠离子电池、液态金属电池、固态锂离子电池、金属空气电池、锂硫电池等高能量密度储能技术
2022年1月29日	国家发改委、国家能源局	《"十四五"新型储能发展实施方案》	开展钠离子电池、新型锂离子电池、铅炭电池、液流电池、压缩空气、氢（氨）储能、热（冷）储能等关键核心技术、装备和集成优化设计研究，集中攻关超导、超级电容等储能技术，研发储备液态金属电池、固态锂离子电池、金属空气电池等新一代高能量密度储能技术

续表

时间	发布单位	政策名称	政策内容
2021年11月29日	国家能源局、科学技术部	《"十四五"能源领域科技创新规划》	研发储备钠离子电池、液态金属电池、固态锂离子电池、金属空气电池、锂硫电池等高能量密度储能技术
2021年8月25日	工信部	《关于在我国大力发展钠离子电池的提案》	"十四五"期间实施"储能与智能电网技术"重点专项,并将钠离子电池技术列为子任务,以进一步推动钠离子电池的规模化、低成本,提升综合性能。组织有关标准研究机构适时开展钠离子电池标准制定,并在标准立项、标准报批等环节予以支持
2021年7月15日	国家发改委、国家能源局	《关于加快推动新型储能发展的指导意见》	坚持储能技术多元化,推动锂离子电池等相对成熟新型储能技术成本持续下降和商业化规模应用,实现压缩空气、液流电池等长时储能技术进入商业化发展初期,加快飞轮储能、钠离子电池等技术开展规模化实验示范,以需求为导向,探索开展储氢、储热及其他创新储能技术的研究和示范应用
2021年2月22日	国务院	《关于加快建立健全绿色低碳循环发展经济体系的指导意见》	提出推动能源体系绿色低碳转型。加快大容量储能技术研发推广,提升电网汇集和外送能力

2021年2月22日,国务院发布《关于加快建立健全绿色低碳循环发展经济体系的指导意见》,提出推动能源体系绿色低碳转型。坚持节能优先,完善能源消费总量和强度双控制度。提升可再生能源利用比例,大力推动风电、光伏发电发展,因地制宜发展水能、地热能、海洋能、氢能、生物质能、光热发电。加快大容量储能技术研发推广,提升电网汇集和外送能力。

2021年7月15日,国家发改委、国家能源局发布《关于加快推动新型储能发展的指导意见》[①],首次明确储能产业发展目标,到2025年,实现新型储能

---

① 国家发改委.关于加快推动新型储能发展的指导意见,发改能源规〔2021〕1051号〔EB/OL〕.(2021-07-15)〔2025-01-16〕. https://www.ndrc.gov.cn/xxgk/zcfb/ghxwj/202107/t20210723_1291321.html?code=&state=123.

装机规模达到30GW以上，为储能行业从商业化初期向规模化发展转变定下基调。到2030年，实现新型储能全面市场化发展，标准体系、市场机制、商业模式成熟健全，与电力系统各环节深度融合发展，装机规模基本满足新型电力系统相应需求。新型储能成为能源领域碳达峰碳中和的关键支撑之一。在《关于加快推动新型储能发展的指导意见》中指出，要"强化规划引导，鼓励储能多元发展""推动技术进步，壮大储能产业体系""完善政策机制，营造健康市场环境"等。要坚持储能技术多元化，推动锂离子电池等相对成熟新型储能技术成本持续下降和商业化规模应用，实现压缩空气、液流电池等长时储能技术进入商业化发展初期，加快飞轮储能、钠离子电池等技术开展规模化试验示范，以需求为导向，探索开展储氢、储热及其他创新储能技术的研究和示范应用。

2021年8月25日，工业和信息化部（以下简称工信部）网站发布了对全国政协委员、江苏无锡市副市长高亚光提案的复函《关于政协第十三届全国委员会第四次会议第4815号（工交邮电类523号）提案答复的函》[①]。工信部复函中表示，将在"十四五"相关规划等政策文件中加强布局，从促进前沿技术攻关、完善配套政策、开拓市场应用等多方面着手，做好顶层设计，健全产业政策，统筹引导钠离子电池产业高质量发展。在推动市场化方面，有关部门将支持钠离子电池加速创新成果转化，支持先进产品量产能力建设。同时，尽快推动钠离子电池标准建立，并根据国家政策和产业动态，结合相关标准研究有关钠离子电池行业规范政策，引导产业健康有序发展。另外，工信部将梳理能源电子产业链，统筹资源支持锂离子电池、钠离子电池等新型储能电池发展。

2021年年底，中国将钠离子电池列入《"十四五"能源领域科技创新规划》，支持钠离子电池前沿技术和核心技术装备攻关。科技部在"十四五"期间实施的"储能与智能电网技术"重点专项中，将钠离子电池技术列为子任务，积极推动钠离子电池的规模化生产以及在储能、两轮电动车领域的应用示范。

2023年1月，工信部等六部门印发了《关于推动能源电子产业发展的意见》，明确提出要加快钠离子电池技术突破和规模化应用。政策层层加码，推动未来钠离子电池技术向前沿技术攻关、细分领域应用、规模化生产与应用等

---

① 工业和信息化部.关于政协第十三届全国委员会第四次会议第4815号（工交邮电类523号）提案答复的函［EB/OL］.（2021－08－25）［2025－01－16］.https：//www.miit.gov.cn/zwgk/jytafwgk/art/2021/art_ e019d8bcd57744d88979c2b5db 845647.html.

目标发展。

钠离子电池的标准化工作正在逐步展开，在产业发展初期更需要制定基础性标准，继续加快钠离子电池有关产品材料以及上下游相关标准的制定，推动产业的健康发展。工信部已组织有关标准研究机构适时开展钠离子电池标准制定，并在标准立项、标准报批等环节予以支持。同时，根据国家政策和产业动态，结合相关标准研究有关钠离子电池行业规范政策，引导产业健康有序发展。

2022年7月，工信部办公厅颁布有关文件，明确提出对钠离子电池行业标准进行规定，将由中国电子技术标准化研究院、中国科学院物理研究所（中科海钠）、宁德时代新能源科技股份有限公司、深圳市比亚迪锂电池有限公司等联合起草，在技术创新、实验验证、产业化推进等方面进行推进，加快钠离子电池的发展速度。

中国化学与物理电源行业协会批准发布《钠离子电池通用规范》（T/CIAPS 0031—2023）团体标准，自2023年11月30日起实施。该文件规定了钠离子电池的术语、定义和符号、型号编制、技术要求、试验方法、检验规则及标志、包装、运输和贮存的通用要求，适用于电动汽车、轻型动力和储能等领域用钠离子电池单体和电池模块。

1.2 研究内容及方法

1.2.1 技术分解

为了开展钠离子电池及其关键材料的专利分析，首先需要明确分析的技术范围和技术分类，即技术分解。技术分解是对所研究的技术主题的进一步细化，技术分解时所遵循的三个原则为尊重行业习惯、便于专利检索、利于数据处理。

首先通过与高校中研究团队的技术交流，了解目前钠离子电池及其关键材料领域的重点技术，再结合查阅的大量钠离子电池领域的相关技术文献，对行业内的研究热点有了深入了解。在此基础上，参考电池相关领域的IPC（国际专利分类）、CPC（联合专利分类）分类表，结合关键词在中外文数据库中进行了初步检索，最终确定了钠离子电池技术及其关键材料技术领域的技术分解表，如图1-6和表1-4所示。

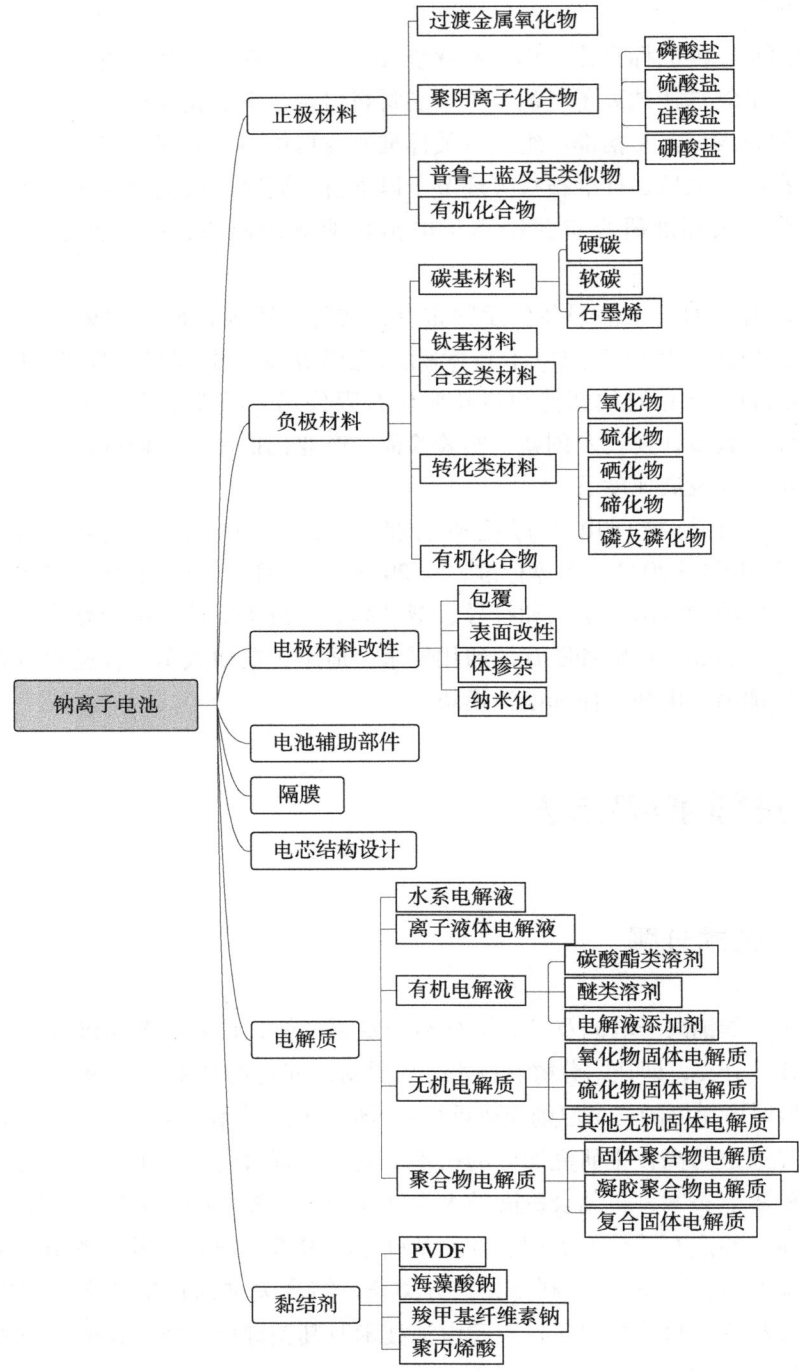

图1-6 钠离子电池及其关键材料技术分解

表1-4 钠离子电池及其关键材料技术分解表

一级分支	二级分支	三级分支	技术范畴说明
正极材料	过渡金属氧化物		是指含有一种的氧化物或者由两种或两种以上的过渡金属进行复合或掺杂而得，包括一元材料（锰酸钠、铬酸钠、钴酸钠）、多元材料（铁镍酸钠、钴镍酸钠、镍铁锰酸钠、镍钴锰酸钠）
	聚阴离子化合物	磷酸盐	是指含有钠、一种或多种金属、磷酸根或焦磷酸根组成的化合物，包括磷酸盐、焦磷酸盐等；或含有氟、磷酸根的混合聚阴离子；含焦磷酸根、磷酸根的混合聚阴离子。可为磷酸钒钠、磷酸铁钠、焦磷酸铁钠、氟磷酸钒钠、氟磷酸钒氧钠、磷酸焦磷酸铁钠、掺杂金属的磷酸钒钠、掺杂金属的磷酸铁钠
		硫酸盐	是指含有钠、一种或多种金属、硫酸根组成的化合物，可为硫酸铁钠
		硅酸盐	是指含有钠、一种或多种金属、硅酸根组成的化合物，可为硅酸铁钠、硅酸锰钠
		硼酸盐	是指含有钠、一种或多种金属、硼酸根组成的化合物，可为硼酸铁钠、硼酸钴钠
	普鲁士蓝及其类似物		具有面心立方结构，并具有三维离子通道，为铁氰化物或锰氰化物，具体可为铁氰化钠、锰氰化钠
	有机化合物		是指以有机化合物作为正极材料，可为蒽醌、聚吡咯、卟啉等
负极材料	碳基材料	硬碳	是无定形碳的一种，2800℃以上难以石墨化的碳材料，以硬碳作为负极活性材料，可为由生物质制成的碳、沥青基材料热解形成的碳、有机物（如树脂、聚合物）热解形成的碳
		软碳	无定形碳的一种，2800℃以上可以石墨化的碳，可为中间相碳微球、碳纤维、碳布、碳毡
		石墨烯	是指利用石墨烯具有的较大的比表面积和优异的电子导电性，作为电极负极材料
	钛基材料		是指以二氧化钛或钛酸盐或磷酸钛钠作为负极，可为二氧化钛、钛酸盐、磷酸钛钠
	合金类材料		是指元素与钠组合，合金化反应形成的元素——钠合金；元素包括但不限于 Sn、Sb、Bi 等元素，具体包括：单质金属 Sn 或 Sb 或 Bi、金属 Sn 或 Sb 或 Bi 与碳相复合、两种金属形成的合金，如 SnSb 合金、CoNi 合金

续表

一级分支	二级分支	三级分支	技术范畴说明
负极材料	转化类材料	氧化物	是指非钛金属与氧组成的化合物；金属包括但不限于铁、钴、锡、铜、钼、镍、锰、铋、钨等元素，可为氧化铁、氧化钴、氧化锡、氧化铜、氧化钼、氧化镍、氧化锰、氧化铋、氧化钨
		硫化物	是指金属与硫组成的化合物，金属包括但不限于铁、钴、锡、铜、钼、镍、锰、钒等元素，可为硫化铁、硫化钴、硫化锡、硫化铜、硫化钼、硫化镍、硫化锰、硫化钒
		硒化物	是指金属与硒组成的化合物，金属包括但不限于铁、钴、锡、铜、钼、镍、锰等元素，可为硒化铁、硒化钴、硒化锡、硒化铜、硒化钼、硒化镍、硒化锰
		碲化物	是指金属与碲组成的化合物，金属包括但不限于铁、钴、锡、铜、钼、镍、锰等元素，可为碲化铁、碲化钴、碲化锡、碲化铜、碲化钼、碲化镍、碲化锰
		磷及磷化物	是指以磷单质为负极，或金属与磷组成的化合物，金属包括但不限于铁、钴、锡、铜、钼、镍、锰等元素；金属磷单质包括红磷、黑磷；金属磷化物可为磷化铁、磷化钴、磷化锡、磷化铜、磷化钼、磷化镍、磷化锰
	有机化合物		是指以有机化合物作为负极材料，可为醌类、羧酸钠等
电解质	水系电解液		是指采用水溶液为溶剂的电解液体系
	离子液体电解液		是指采用离子液体，即阴阳离子组成的流体作为溶剂的电解液体系，如甲基咪唑鎓、甲基吡咯烷鎓、铵、膦、磺酰亚胺根、四氟硼酸根等
	有机电解液	碳酸酯类溶剂	是指以碳酸酯作为有机电解液的溶剂，主要包括环状和链状碳酸酯
		醚类溶剂	是指以醚类作为有机电解液的溶剂，主要包括环醚和链醚
		电解液添加剂	是有机电解液中含量较少的组分，可以优化电池某一方面性能，如阻燃添加剂、成膜添加剂、过充保护添加剂等
	无机电解质	氧化物固体电解质	是指含钠离子的氧化物，如 $Na-beta-Al_2O_3$、$P2-Na_2M_2TeO_6$（$M=Ni, Co, Zn$ 和 Mg）、NASICON 型 $Na_{1+x}Zr_2Si_xP_{3-x}O12$（$0 \leq x \leq 3$）
		硫化物固体电解质	是指含钠离子的硫化物，如 Na_3PS_4、Na_3SbS_4、Na_3PSe_4、$Na_{11}Sn_2PS_{12}$
		其他无机固体电解质	主要包括复合氢化物，由金属阳离子 Na^+ 和复合阴离子组成，如硼氢化钠及其衍生物

续表

一级分支	二级分支	三级分支	技术范畴说明
电解质	聚合物电解质	固体聚合物电解质	由聚合物基体和电解质盐组成，如聚环氧乙烷类、聚碳酸酯类
		凝胶聚合物电解质	由聚合物基体、电解质盐和增塑剂组成，如聚环氧乙烷基、聚偏氟乙烯基、聚甲基丙烯酸甲酯基
		复合固体电解质	由聚合物基体加入无机改性粉体组成，无机改性粉体包括惰性填料和活性填料，惰性填料主要包括氧化铝、二氧化硅、氧化镁等，活性填料主要包括其本身为氧化物或硫化物的固体电解质
隔膜			是指电池正负极材料之间的膜状或片状隔离材料
黏结剂	PVDF		是指以聚偏氟乙烯为黏结剂
	海藻酸钠		是指以海藻酸钠为黏结剂
	羧甲基纤维素钠		是指以羧甲基纤维素钠为黏结剂
	聚丙烯酸		是指以聚丙烯酸为黏结剂
电极材料改性	包覆		电极材料以分层包覆形式存在，如外层为碳，内层为硅
	表面改性		是指通过化学方法在材料表面形成一层薄膜状材料，如钛矿二氧化钛，通过水热反应，形成一层二氧化钛纳米片
	体掺杂		是指在电极材料中掺杂，如在碳材料中掺杂磷元素
	纳米化		是指材料的颗粒化工艺，包括采用纳米材料
电芯结构设计			是指电池芯的设计，包括正负极材料、隔膜等结构
电池辅助部件			是指电池芯结构以外的物理结构，如电池壳，还包括导电剂等其他非活性材料

钠离子电池及其关键材料技术主要包括正极材料、负极材料、电解质、隔膜、黏结剂等部分，一级技术分支可依据这五大方向建立。

考虑到钠离子的离子半径大于锂离子，在钠离子嵌入或脱嵌过程中，电极材料的体积将发生巨大形变，因此，电极结构的稳定性非常重要。另外，较低的能量密度和有限的循环寿命仍然是阻碍钠离子电池商业化的主要挑战，而通过合理的改性工艺可以明显提高钠离子电池的电化学性能。因此，对电极材料的改性也是研究人员技术创新的主流方向。同时，钠离子电池各部件结合形成的全电池性能也是研究人员要关注的方向，由此设置了一级技术分支"电芯结构设计"。

所以，钠离子电池及其关键材料技术据此设置了七大一级技术分支，分别是正极材料、负极材料、电解质、隔膜、黏结剂、电极材料改性、电芯结构设计。另外，还有一些与钠离子电池相关的非活性部件及电池管理等技术，如壳体、箱体、散热等，专门为此设置一个一级技术分支"电池辅助部件"，以便能将钠离子电池相关的技术尽可能地涵盖。

最终，钠离子电池及其关键材料技术共设置 8 个一级技术分支。在此基础上，进一步细分，对主要的五个技术分支又细分为 22 个二级技术分支。同时，还对 6 个二级技术分支再次细分，划分出 21 个三级技术分支。

1.2.2 数据采集处理

本书引用了全球专利文摘数据及中国专利文摘数据，检索截止时间为 2023 年年底。为有效区分钠离子电池技术与锂离子电池技术相关的专利，本书采用"总—分"检索方式，先构建整体检索式，将与钠离子电池相关的专利文献作为一个整体检索出来，划定一个范围，然后在此范围内进行各技术分支的检索，获得细分的专利文献数据集。

在检索过程中，为了保证查全率和查准率，采取了多种检索策略。

检索策略一，使用分类号和关键词结合。由于 IPC 分类和 CPC 分类主要以技术的本质属性或功能来设置分类表，没有钠离子电池的专用分类位置，因此，需要使用分类号和关键词，并结合使用逻辑运算符（and、or、not）和同在运算符（S、P）构建检索式，将与钠离子电池技术相关的专利文献检索出来。

检索策略二，仅使用关键词。首先，利用相对准确的关键词进行检索；其次，通过检索验证确定其是否存在歧义以避免关键词引入噪声；最后，确定能够最大限度降低噪声率的准确关键词。例如，在构架整体检索式时为了防止漏检，基本采用关键词构建的检索式，如"钠离子电池 or 钠电池 or 钠二次电池……"。在检索结果中，只要存在前述关键词即可确定该专利与钠离子电池技术相关。

检索策略三，使用关键词与主要申请人结合。选取与技术相关度最高的多个申请人与关键词结合检索，通常申请人可以采用机构代码来获取其相应的专利文献集合，在此基础上，结合技术分支对应的关键词即可获得所需专利文献，以实现补充检索。

各技术分支的检索式经过多次查全率和查准率验证不断进行调整，并在确定最终检索式后进行人工筛选，以满足查全率和查准率均达到85%以上。

由于专利文献涵盖的技术复杂，一件专利文献有可能涉及多个分支的技术，如电极材料改性技术相关文献本身就立足于正极材料或负极材料基础上进行的材料性能调控，因此，在涉及正极材料、负极材料，或者电解质等各个技术分支中都可能检索出该专利文献。基于此，在将钠离子电池各技术分支检索结果合并时，将对重复检索出的文献进行去重，而最终获得的文献总量小于各技术分支专利文献数量之和。

在对钠离子电池及其关键材料领域的中国专利数据、全球专利数据进行筛选、标引和整理后，对整体及各级技术分支的专利数据进行统计和分析。

1.2.3 研究内容

本书在对钠离子电池领域全球、中国的专利竞争态势进行较详细分析的基础上，进一步地，深度分析了钠离子电池领域的重点技术、重要创新主体专利布局情况。

第1章介绍钠离子电池的技术综述及产业现状、产业政策，并提出了后续专利分析所基于的钠离子电池领域的技术分解及专利检索策略。

第2章分析全球专利竞争态势，从全球创新趋势、创新区域、目标市场、创新主体等方面较全面介绍了全球专利的总体情况。

第3章分析中国专利竞争态势，从中国创新趋势、国外申请人在华布局、国内省市专利分布、中国创新主体、中国专利运营等方面较全面介绍在中国申请的专利的总体情况。

第4章是钠离子电池领域重点技术的深度分析。在总体分析钠离子电池领域技术分布的基础上，研究了正极材料、负极材料以及负极材料改性的技术演进。同时，剖析了以硬碳为负极材料的专利的技术功效。此外，还对多种技术中的重点专利进行了筛选列举。

第5章是针对重要创新主体的深度分析。分析了专利技术创新主体之间的合作申请情况、国内各个技术分支中的发明人情况；重点介绍了中科海钠与中国科学院物理研究所、宁德时代、中南大学这三个重要发明团队的专利布局情况；最后对负极材料领域的发明人进行了关联分析。

在上述分析的基础上，第6章给出钠离子电池领域的专利分析结论。

1.3 术语解释和说明

1）全球专利：指在世界各个知识产权局公开的专利。

2）中国专利：指在中国国家知识产权局公开的专利。

3）来源国/地区：专利申请人所属国家/地区。

4）目标国/地区：专利申请所提交的国家/地区。

5）同族专利：同一项发明创造在多个国家/地区申请专利而产生的一组内容相同或基本相同的专利文献出版物，称为一个专利族或同族专利。从技术角度来看，属于同一专利族的多件专利申请可视为同一项技术。

6）关于专利数量统计中的"项"和"件"的说明：

项：同一项发明可能在多个国家/地区提出专利申请，DWPI数据库将这些相关的多件申请作为一条记录收录。在进行专利申请数量统计时，对于数据库中以一族数据的形式出现的一系列专利文献，计算为"1项"。在一般情况下，专利申请的项数对应于技术的数目。

件：在进行专利申请数量统计时，如为了分析申请人在不同国家、地区或组织所提出的专利申请的分布情况，将同族专利申请分开进行统计，所得到的结果对应于申请的件数。一项专利申请可能对应于1件或多件专利申请。

7）被引证频次：专利文献被引证的频次是指某项专利申请被其他专利申请或者被其他专利申请审查过程中所引用的次数。通常一项专利申请被引用的次数越多，说明该项专利技术被认可的程度越高。

8）关于专利申请人名称的约定：由于中英翻译不同、公司存在不同子公司以及公司名称变更等多种原因，同一申请人可能对应着多个不同的名称，为了方便统计专利数据，体现申请人真实的专利状况，本书采用标准申请人对申请人的多个名称进行合并和统一约定，不同名称的合并主要基于德温特数据库的公司代码，以及相关公司官网或年报中公布的公司合并或收购历史等信息而进行。申请人归一化表见附录。

9）数据完整性约定：由于发明专利申请通常自申请日起 18 个月才公布，实用新型专利申请在授权后才公布，PCT 专利申请可能自申请日起 30 个月甚至更长时间后才进入国家阶段，从而国家公布时间更晚等，导致 2022 年或 2023 年的专利申请统计数据不全。

第 2 章　全球专利竞争态势分析

本章从全球创新趋势、创新区域、目标市场、创新主体等方面较全面地介绍了全球专利的总体情况，专利申请主要以"项"为单位进行数量统计，从一项技术出发分析了钠离子电池领域全球的技术发展及分布情况。

2.1　全球创新趋势分析

图 2-1 为钠离子电池全球专利年度发展趋势。1974—2023 年，全球范围内公开的涉及钠离子电池技术的专利共计 13337 项（16805 件）。钠离子电池的专利申请经历了缓慢发展期、第一快速发展期和第二快速发展期。

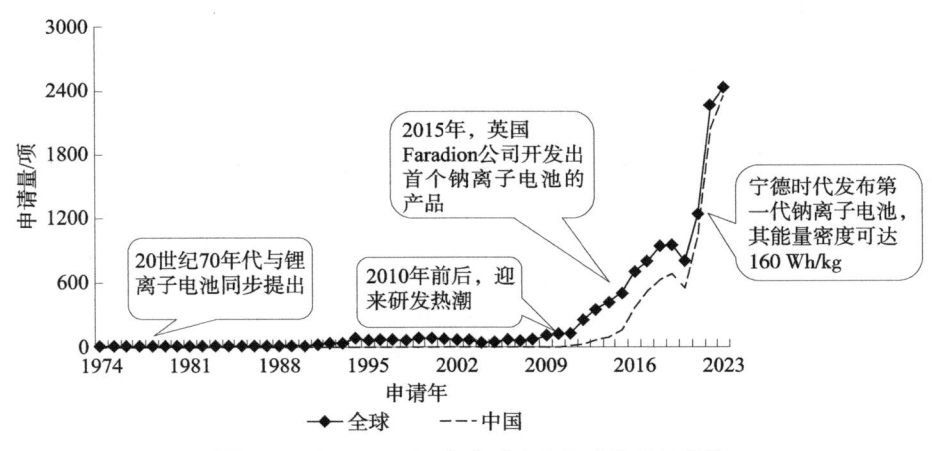

图 2-1　1974—2023 年全球专利年度发展趋势①

---

①　横轴代表一项专利的申请日，纵轴代表专利申请项数。2022 年和 2023 年部分专利申请还未公开。中国申请量是指中国申请人在全球的专利申请量。

(1) 缓慢发展期（20世纪70年代—2009年）

钠离子电池是和锂离子电池在20世纪70年代被同时提出的，但锂离子电池优异的性能让科学家纷纷放弃了对钠离子电池的研究，几乎全部投入锂离子电池的研发浪潮中，因而，同期关于钠离子电池的研究相对停滞。每年的申请量只有几项或几十项。

由图2-2可以看出，美国、日本起步较早。日本在该领域持续有研发创新，从20世纪90年代开始增强了在该领域的专利布局，每年的专利申请量呈波动态势，但每年都能达到几十项，2009年更是突增至85项，日本申请人在钠离子电池领域的布局力度远大于其他国家。2009年以前，日本申请人在钠离子电池领域的专利申请量占到全球申请量的66.8%，如日立公司、松下集团等布局较早。美国申请人早期只是在该领域有零星布局，在20世纪末有发力迹象，但后劲不足。美国申请人在钠离子电池领域的专利申请量占到全球申请量的17.8%，如通用电气、格瑞特巴奇公司（Greatbatch w Ltd.）是这一时期的先行者。日美两国申请人的专利申请量占这一时期全球申请总量的84.6%。

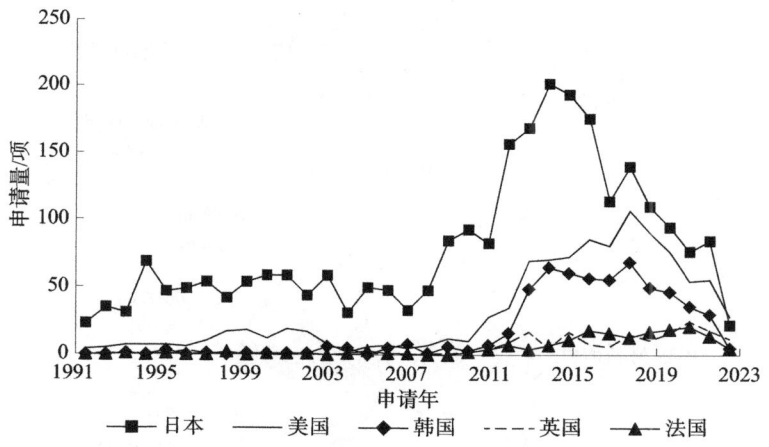

图2-2 全球（除中国外）的各主要来源国的年度专利申请发展趋势

图2-3示出了这一时期的专利布局热点，主要集中在电解质及负极材料方面，超过1/3的专利申请都布局在电解质材料上。如前所述，作为载流子，钠离子和锂离子的相似性相对较高。所以，研究钠电材料体系的构成从电解质出发较为适宜。20世纪，锂离子电池走出实验室实现产业化，而钠离子电池未能产业化，缺乏合适的负极是重要原因，因此，寻找合适的负极材料也是研

究的重点,这一时期近1/3的专利申请都布局在负极材料研究方面。

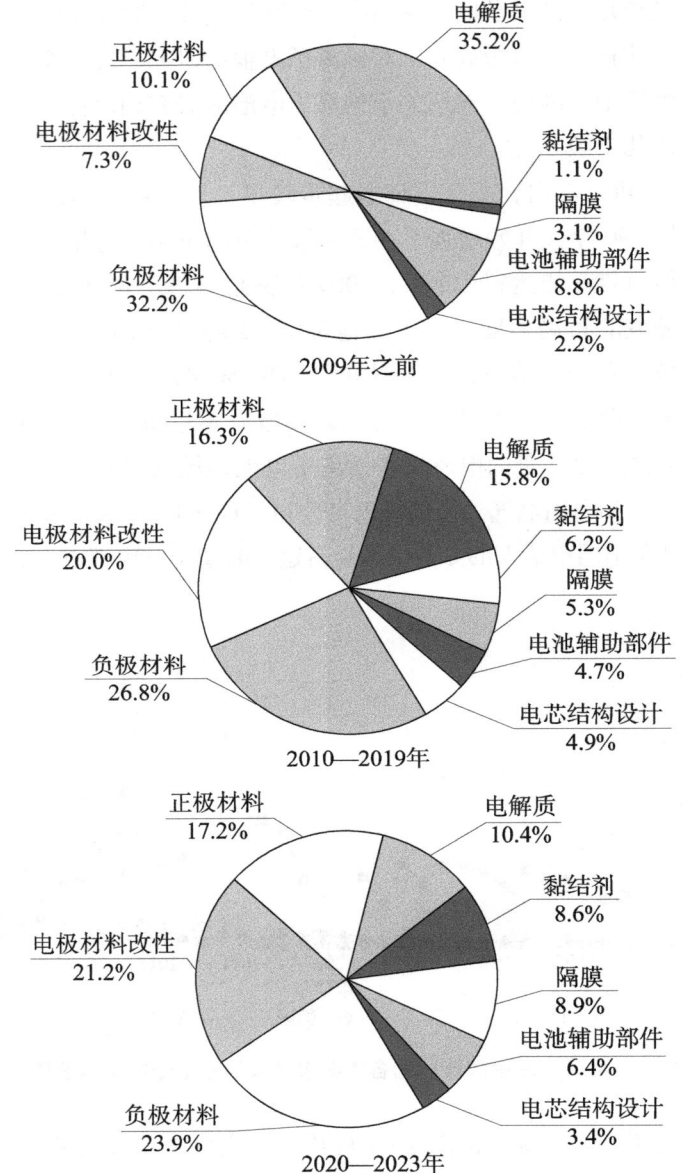

图2-3 不同时期全球钠离子电池领域的研究热点演变

(2) 第一快速发展期(2010—2019年)

逐渐地,研究人员认识到仅靠锂离子电池是不足以支撑人类完全迈入可再生能源社会的，2010 年前后，钠离子电池逐渐迎来了研发热潮，各国申请人逐步在全球范围内展开专利布局。短短十多年，钠离子电池领域的技术创新研究获得了极大的突破，专利申请量从每年约 100 项快速上升至每年近千项。

2010—2014 年，日本申请人在钠离子电池领域的创新表现突出，专利布局力度一直领先其他国家，每年专利申请量从近百项上升至 200 多项；在 2015 年后呈下降趋势。丰田公司、住友公司是这一时期日本申请人的代表。美国申请人在 2010 年后也开始在钠离子电池领域加强了专利布局，年度申请量直线上升，2018 年达到 100 多项。纳米技术仪器公司、塞拉曼技术公司是美国申请人中创新活跃的代表。

中国申请人在钠离子电池领域起步较晚，21 世纪初起步，直到 2011 年后专利申请量才基本呈线性增长的态势。尤其在 2015—2019 年，中国申请人在全球的专利申请量出现飞速增长，从 2015 年不到 170 项上升至 2019 年的近 700 项，每年在全球的专利申请占比份额从 31.8% 上升至 71.7%。陕西科技大学（简称陕西科大）、中南大学、中国科学院物理研究所在这一时期是专利布局活跃的申请人。

在这个阶段，首个钠离子电池的产品在 2015 年被英国 Faradion 公司开发出来，由此开始了钠离子电池从技术创新向成果转化的产业化步伐。

这一时期针对钠离子电池各个构成部分的技术创新研究均飞速发展，布局热点主要集中在正极材料、负极材料及电极材料改性上，如图 2-3 所示，正极材料、负极材料及其改性的专利申请量占同期全球专利申请总量的 63.2%。电解质的专利申请量占比（15.8%）虽有下降，但电解质的专利申请量达 1700 多项，约是缓慢发展期（2009 年之前电解质的专利申请总量为 682 项）的 2.5 倍。

(3) 第二快速发展期（2020—2023 年）[①]

虽然受新冠疫情影响，2020 年全球专利申请量稍有下降，但从 2021 年开始全球专利申请量出现井喷式增长，从 2021 年的 1200 多项上升至 2023 年的 2400 多项，几乎翻了一倍。全球专利申请量的增长绝大多数来源于中国申请人，中国申请人的专利申请量占全球专利申请量的至少 85%，而来自日本、美国、英国、法国等国申请人的年度专利申请量不超过百项。

---

① 由于检索截止公开日为 2023 年 12 月 31 日。

2021 年,宁德时代发布其第一代钠离子电池,能量密度可达 160Wh/kg。

在此期间,布局热点仍然在正极材料、负极材料及电极材料改性方面,占到全球专利申请总量的 62.3%。

2.2 创新区域竞争分析

2.2.1 全球创新区域分布

钠离子电池领域在全球范围内的专利申请人国别共涉及 52 个国家。排前 10 位的技术来源国如图 2-4 所示。其中,中国申请人的申请量最多,占全球申请总量(13337 项)的 64.0%,接近 2/3。日本作为传统电池制造大国,在钠离子电池领域布局较早,且因有丰田公司、住友公司等注重国内市场及全球专利布局的大型公司的存在,在全球占有重要一席,专利申请量占全球申请总量的 18.7%。再次是美国申请人,专利申请量占全球专利申请总量的 7.6%。中日美三个国家申请人的专利申请量占全球专利申请总量的 90.3%。

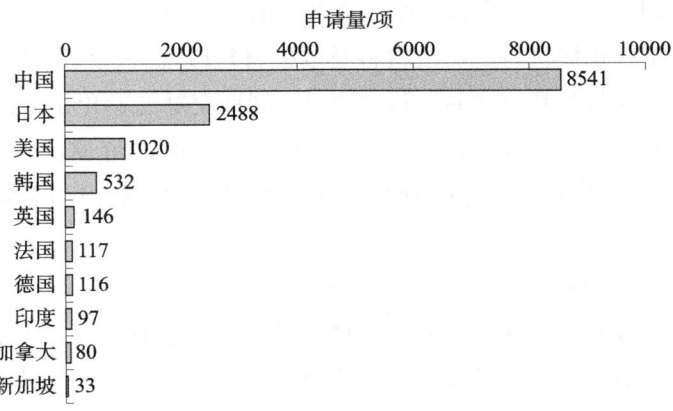

图 2-4 钠离子电池领域全球排前 10 位的技术来源国

钠离子电池具有能量密度高、成本低和环保等优点,被视为替代锂离子电池的可能解决方案。在钠离子电池领域,中国、日本和美国申请人成为最具活力和潜力的竞争者。中美两国企业通过大规模投资和技术研发,成功获得了核心技术和专利,并将其产业化,具有较强的市场竞争力。虽然日本企业在钠离子电池产业化方面的投入并不明显,但日本企业在锂电池领域拥有丰富的经验和成熟的供应链,再结合其在钠离子电池领域的专利布局,产业化潜力也不容小觑。

很多申请人的域外专利布局是通过世界知识产权组织(WIPO)以 PCT 形式进入目标国的。在钠离子电池领域,如图 2-5 所示,全球申请人中有 2314 项专利技术以 PCT 申请的方式流向各目标国,其中,超七成 PCT 申请来自日本、美国、中国三国申请人。

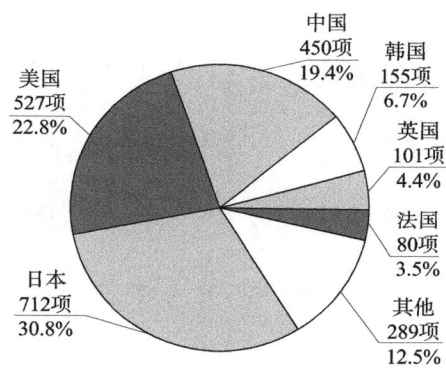

图 2-5 钠离子电池领域全球技术来源国的 PCT 申请情况

日本申请人的 PCT 申请量最多,达到 712 项,占全球 PCT 申请总量的 30.8%,接近 1/3。住友公司、日本电气硝子株式会社、松下集团、丰田公司、中央硝子株式会社、日立公司等的 PCT 申请量位于日本申请人前列。

其次是美国申请人,PCT 申请量达到 527 项,占全球 PCT 申请总量的 22.8%。纳米技术仪器公司、塞拉曼技术公司、加州大学等美国申请人以 PCT 申请形式向全球进行域外布局。

中国申请人的 PCT 申请量排在第三位,达到 450 项,占全球 PCT 申请总量的 19.4%。宁德时代的 PCT 申请量占中国申请人 PCT 申请总量的 51.6%。中科院所、华为公司也有部分专利申请以 PCT 形式进行全球布局。

2.2.2 重要创新区域技术竞争

图 2-6 示出了钠离子电池重要技术来源国的技术构成。中国申请人的技

术创新重点主要集中在正极材料、负极材料以及电极材料改性方面，其在这三个方向的专利申请量分别达到其所有技术分支申请总量的26.2%、23.4%和17.2%。而日本申请人的研究重点在于负极材料以及电解质，专利申请量分别为1076项和963项，占其所有技术分支申请总量的27.9%和25.0%。美国申请人在电解质方面的专利申请量最多，达到506项，超过了负极材料专利申请量（426项），其电解质的专利申请量占其所有技术分支申请总量的27.2%，超过1/4。英国、法国、德国申请人在电解质方面的专利申请量在其所有技术分支中均最多。

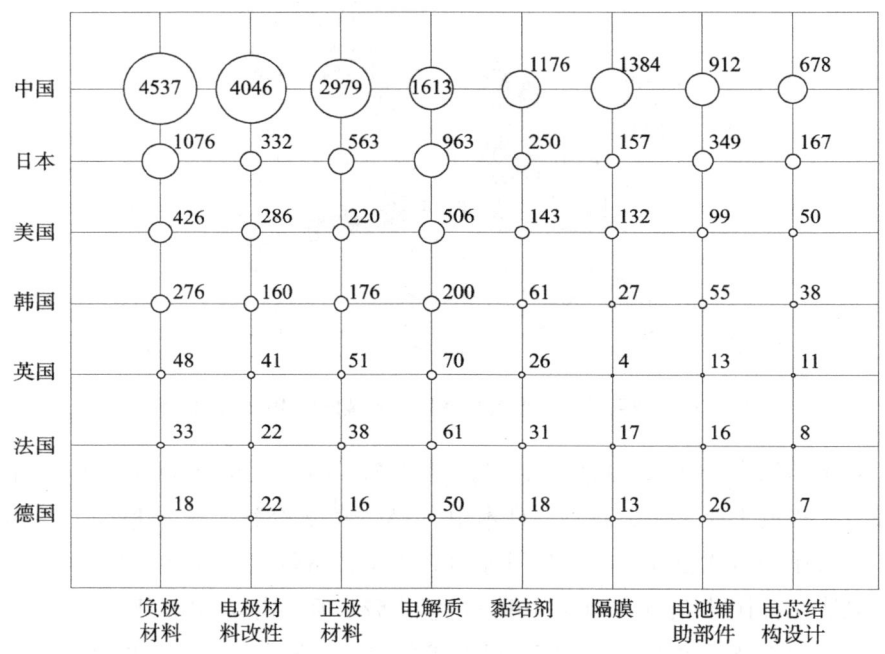

图2-6 钠离子电池重要技术来源国的技术构成（单位：项）

2.2.3 重点创新区域的域外布局

表2-1是钠离子电池重要技术来源国的域外布局情况。原创申请量是指申请人创新的专利技术数量，一项技术可以在不同国家/地区申请多件专利（同族），因此，一项专利可以对应多件公开的专利。域外公开量是指申请人除在本国申请以外，在其他国家申请的专利数量。

表 2-1 钠离子电池重要技术来源国的域外布局情况

申请人国别	原创申请量/项	全球公开量/件	域外公开量/件	域外同族布局指数	公开的国家/地区数量/个
中国	8541	9088	547	0.0640	24
日本	2488	3839	1351	0.5430	27
美国	1020	1509	489	0.4794	30
韩国	532	713	181	0.3402	9
英国	146	422	276	1.8904	24
法国	117	364	247	2.1100	28
德国	116	211	95	0.8190	13

注：域外同族布局指数＝域外公开量/原创申请量。

中国近 10 年来技术创新活跃，基于原创技术的专利申请量最多，达到 8541 项，但中国申请人绝大部分的专利申请均在国内，在域外申请的数量较少，其域外公开量只有 547 件。在域外布局较多的中国企业主要有宁德时代、中科海钠、华为等。

日本申请人非常注重在全球进行专利布局，其原创技术虽然只有 2488 项，但其在全球的专利公开量达到 3839 件，其在日本境外的专利公开量达到 1351 件，其域外同族布局指数达到 0.5430，远超中国。

美国申请人也非常注重在全球进行专利布局，其原创技术有 1020 项，在全球公开的专利数量为 1509 件，域外同族布局指数为 0.4794，且美国申请人在全球的专利布局范围很广泛，达到 30 个国家。

英国、法国、德国由于属于欧洲专利系统成员国，其原创技术在欧洲专利局申请专利，可以很方便地指向欧盟范围内的其他国家，因此其域外同族布局指数都很高。

图 2-7 和表 2-2 显示了中美欧日韩的专利技术流向情况，图中线条越粗代表某一国家/地区向其他国家/地区输出专利的数量越多。

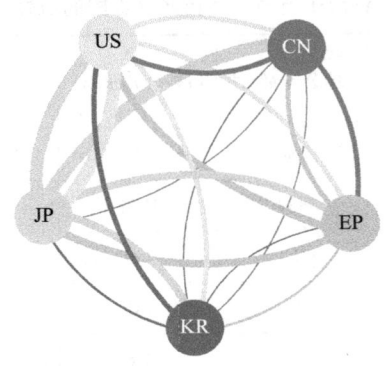

图 2-7　中美欧日韩专利技术流向（单位：件）

表 2-2　中美欧日韩专利技术流向数据表　　　　　　　　（单位：件）

申请目的地	技术来源地				
	中国	日本	美国	韩国	欧洲
中国国家知识产权局	8402	308	89	31	117
日本特许厅	29	2242	265	76	198
美国专利商标局	119	337	611	87	171
韩国特许厅	36	197	90	422	93
欧洲专利局	94	160	87	16	178

从图中可以清晰地看出，日本申请人在域外的专利申请量相对最多，其最重视的专利布局地是美国，达到 337 件；其次是中国，有 308 件。

美国申请人最重视的国外市场是日本，其在日本的专利申请量最多，达到 265 件，美国申请人在中韩欧的专利申请量相差不大，相对均衡。

欧洲申请人非常重视在域外的布局，其在日美中韩的专利申请量都不小，欧洲申请人在日本的专利申请量（198 件）超过其在欧洲专利局的专利申请量（178 件）。

韩国申请人在美日的布局力度基本相当，而在中国和欧洲专利局的专利申请量较少。中国申请人则更关注美欧市场，在日韩的专利申请量相对较少。

2.3 目标市场竞争分析

2.3.1 全球目标市场分布

申请人在某个国家的专利布局与申请人对该国市场的重视程度密切相关。在全球范围内，中国、日本、美国、韩国以及欧洲地区是非常重要的钠离子电池技术输入国家/地区，如图 2-8 所示。这五个国家/地区的专利公开量总和（14478 件）占全球专利公开量（16805 件）的 86.2%。其中，在中国的专利公开量最多，超过全球专利公开量的一半，达到 53.4%；日本的专利公开量占全球专利公开量的 16.4%；而美国的专利公开量只有日本专利公开量的一半，占全球专利公开量的 8.1%。

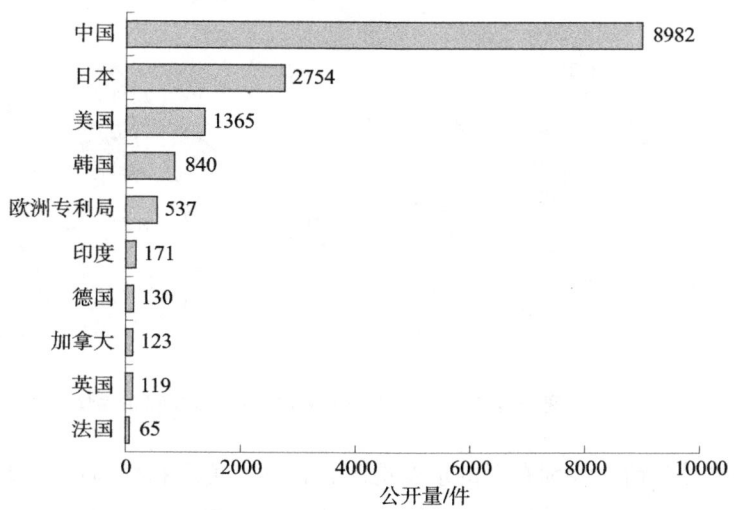

图 2-8 钠离子电池领域全球排前 10 位的目标国/地区

图 2-9 展示了钠离子电池技术全球主要国家/地区的专利布局情况。美国是非常热门的钠离子电池专利布局市场，美国申请人在美国的专利申请量（610 件）还未占美国专利公开量的一半，只有 43.1%；日本申请人在美国的专利申请量（337 件）占到美国专利公开量的 23.8%；中国申请人在美国的专

利申请量（119件）仅占美国专利公开量的8.4%。

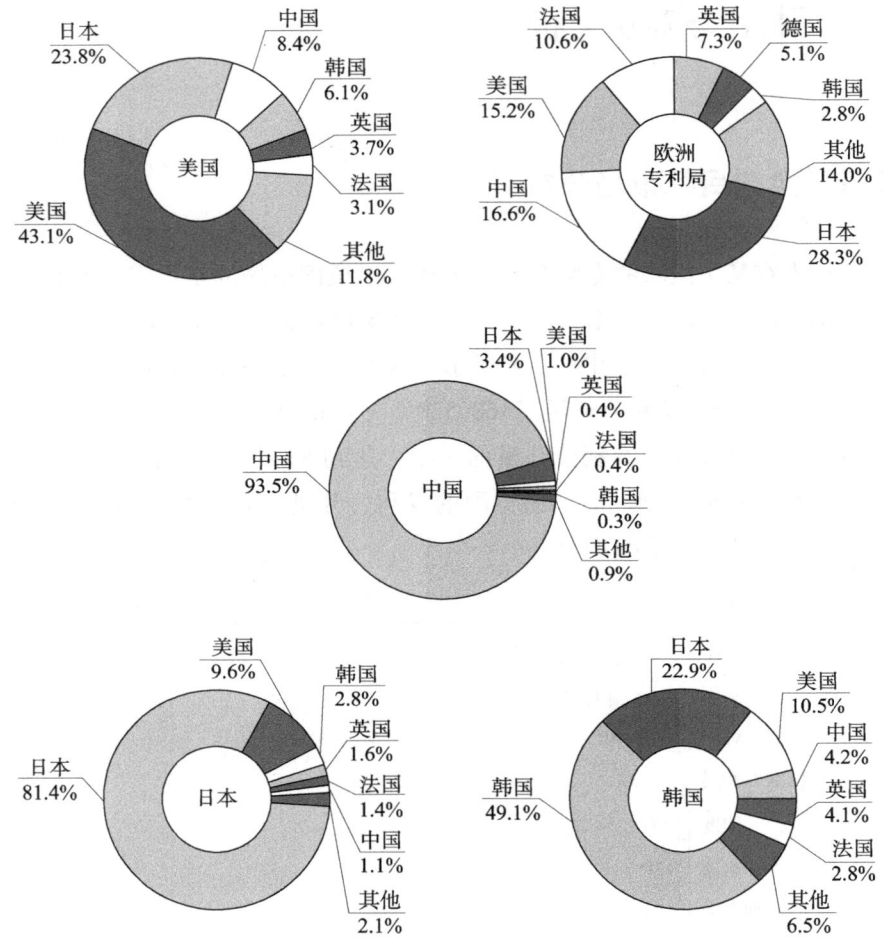

图2-9　钠离子电池技术全球主要国家/地区的专利布局情况

欧洲也是申请人专利布局的重要地区，日本、美国和中国这三国申请人在欧洲专利局的专利申请总量（340件）占欧洲专利局专利公开总量的63.3%，其中，日本申请人的专利申请量最多，占28.3%，中国和美国申请人的申请量基本相当，分别占16.6%、15.2%。

日本申请人在中国的专利申请量（308件）与在美国的专利申请量（337件）相当，均超过300件；另外，日本申请人在韩国的专利布局也接近200件，占韩国专利公开量的22.9%。

2.3.2 重点目标市场技术竞争

图2-10示出了钠离子电池全球主要目标市场的技术构成。钠离子电池各技术分支的专利数量，在中国的公开量均最多，其主要依靠中国申请人，特别是中国高校的研究成果，中国成为最重要的专利布局目标市场。其中，在中国专利技术布局的重点领域，负极材料、正极材料及电极材料改性占其在中国公开的所有技术分支申请总量的66.2%。

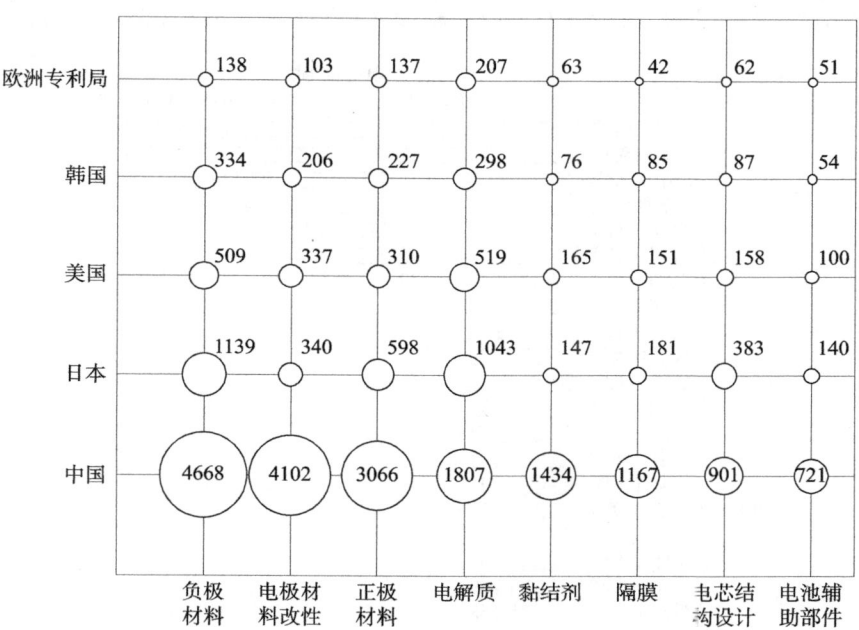

图2-10 钠离子电池全球主要目标市场的技术构成（单位：项）

除了中国市场，专利布局竞争激烈的还有日本市场，其专利公开量在除黏结剂之外的各个技术分支的专利数量均高于其他国家/地区。美国市场是负极材料和电解质材料的专利布局热点地区。

2.4 全球创新主体分析

2.4.1 全球专利技术创新主体排名

图2-11示出了钠离子电池全球专利申请量位居前20的申请人，其专利申请总量（2958项）占全球专利申请总量（13337项）的22.2%，不到1/4。

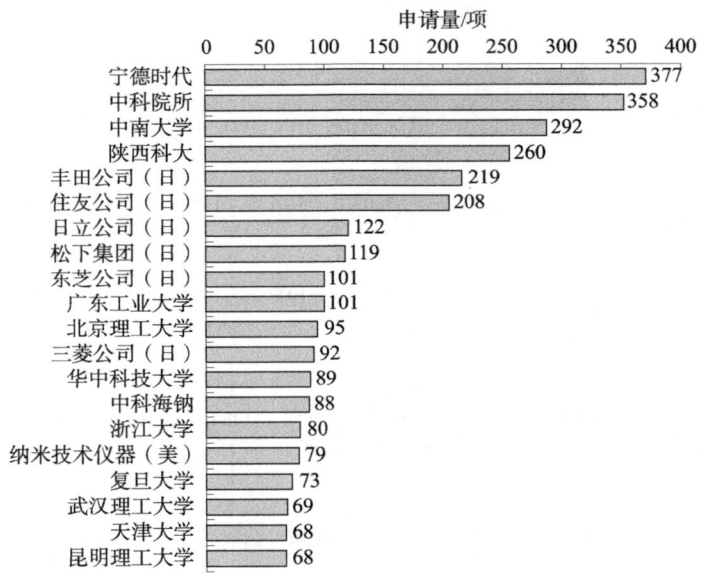

图2-11 钠离子电池全球专利申请量前20位申请人

中国申请人占据13个席位，其中有10位是高校申请人，宁德时代和中科海钠作为龙头企业占有两席，中科院所是唯一入席的科研机构。

6家日本企业位居前20，分别是丰田公司、住友公司、日立公司、松下集团、东芝公司、三菱公司。这6家企业的专利申请量占前20位申请人专利申请总量的29.1%。

进入前20排位的唯一一家美国公司是纳米技术仪器公司（nanotek instruments inc）。纳米技术仪器公司位于美国俄亥俄州代顿（Dayton），是开发研制新型纳米材料及新能源技术的高科技企业，是最早实现石墨烯技术量产的企业。

在钠离子电池领域，相比国内申请人以高校为主的情况，国外申请人主要是企业。图2-12列举了排位前20的国外申请人，其专利申请总量为1528项，占国外申请人专利申请总量（4796项）的31.9%。前20位国外申请人中，日本申请人占有12席，专利申请量达到1129项，占前20位申请人专利申请总量的73.9%，接近3/4。

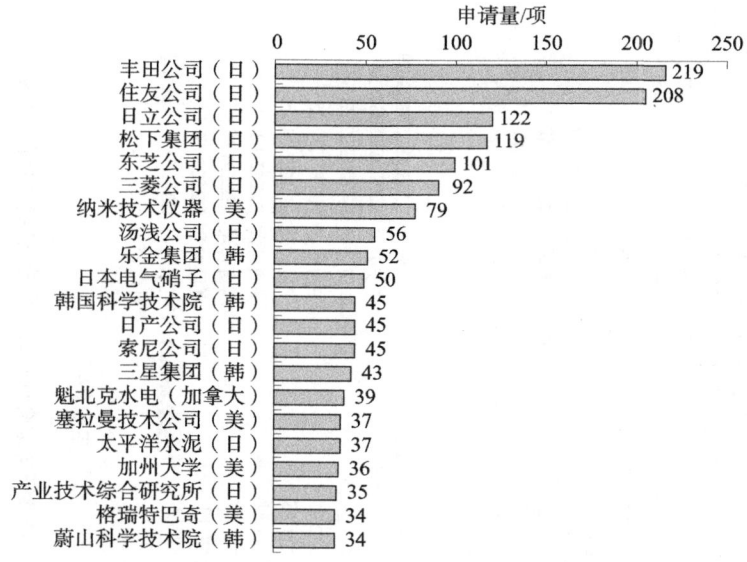

图2-12 钠离子电池全球专利申请量前20位国外申请人

在前20位国外申请人中，美国申请人仅有4位，除三家企业外，加州大学作为高校的代表入围前20。韩国也有4位申请人入围，其中有两家科研机构——韩国科学技术院和蔚山科学技术院。

2.4.2 重要技术全球创新主体排名

图2-13是钠离子电池全球一级技术分支专利申请人排名。表现最亮眼的是宁德时代、中科院所、中南大学和住友公司，四位申请人在每个技术分支中均榜上有名。

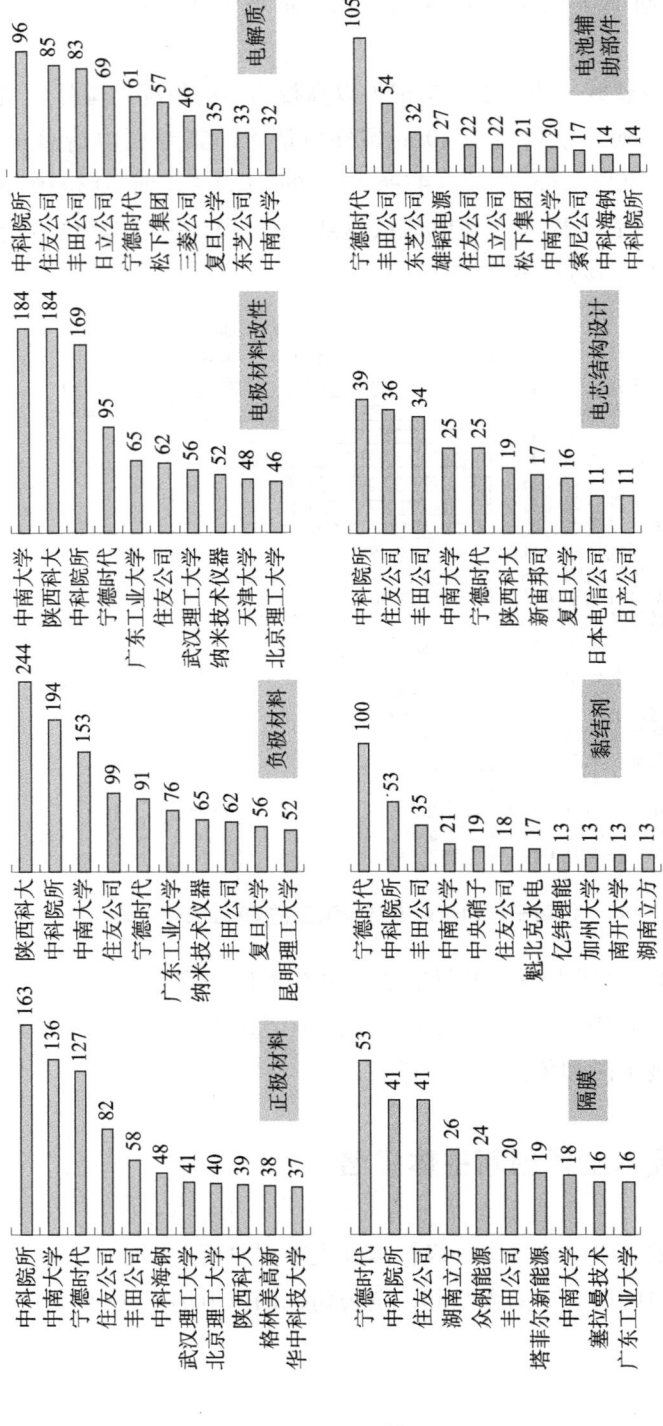

图 2-13 钠离子电池全球一级技术分支专利申请人排名

宁德时代在隔膜、黏结剂和电池辅助部件三个技术分支中的专利申请量排位第一，在其余技术分支中的排位也在前5以内。宁德时代2019—2023年的技术创新活跃度非常高，专利申请量（336项）占其专利申请总量的89.1%。

中科院所在正极材料、电解质和电芯结构设计三个技术分支中的专利申请量排位第一，而且除电池辅助部件分支以外，其在电极材料改性、负极材料、隔膜、黏结剂四个技术分支中也均在前3。中科院所2019—2023年的技术创新活跃度也较高，专利申请量（177项）占其专利申请总量的49.4%，接近1/2。

中南大学作为一所高校，在电极材料方面做了很多研究，其在电极材料改性方面的专利申请量排在第一位，而在正极材料、负极材料中的专利申请量也分别排在第二位和第三位；同时，中南大学在黏结剂和电芯结构设计方面有着很多技术创新，专利申请量均排在第四位。中南大学2019—2023年的技术创新活跃度也较高，专利申请量（158项）占其专利申请总量的54.1%，超过1/2。

住友公司是日本最古老的企业集团之一，其主要为丰田公司、松下等电池厂商提供电池材料。住友公司在电解质和电芯结构设计这两个技术分支中的专利申请量均排在第二位，在正极材料和负极材料中的排位均在第四位，在隔膜技术分支中的专利申请量排在第三位。住友公司在钠离子电池领域的创新活跃时间段主要集中在2008—2016年，在此期间的专利申请量（178项）占其专利申请总量的85.6%。2019—2023年住友公司在钠离子电池领域的专利技术产出处于停顿状态。

值得一提的是丰田公司，其是日本主要从事汽车生产的企业集团之一。丰田公司在国外申请人中专利申请量排在第一位。在钠离子电池领域的八个一级技术分支中，丰田公司仅在电极材料改性分支中未能入围前10，其在电池辅助部件、电解质、黏结剂和电芯结构设计等领域的专利申请量均位列前3。丰田公司从2008年起加强了在钠离子电池领域的专利布局，年申请量最高时达24项。在国外申请人中，丰田公司是近些年在钠离子电池领域创新活跃度较高的企业，2019—2023年的专利申请量占其专利申请总量的23.7%。①

---

① 2021—2023年可能还有部分专利申请未公开。

2.4.3 全球创新主体技术研发热点

2.4.3.1 重要创新主体的专利技术研发热点

图2-14是钠离子电池领域专利申请量排名前10位申请人的技术分布情况。从图中可以看出，各申请人的专利布局重点各有侧重。

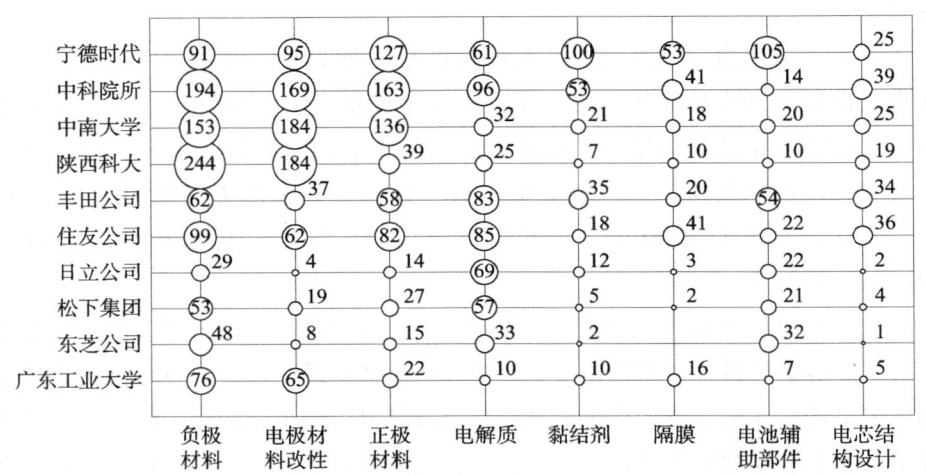

图2-14 钠离子电池技术领域主要专利申请人布局热点（单位：项）

宁德时代在各个技术分支中的专利布局数量相对比较均衡，其在正极材料、黏结剂和电池辅助部件领域的专利申请量超过100项，这三个技术分支的专利申请总量占其所有技术分支专利申请总量（657项）的50.5%，超过1/2；宁德时代在黏结剂和电池辅助部件领域的专利申请量，远超其他申请人。

中科院所的布局重点主要在正极材料、负极材料和电极材料改性领域，其在这三个技术分支的专利申请总量占其所有技术分支专利申请总量（769项）的68.4%，超过2/3；在电解质领域的专利申请量达96项，超过住友公司、丰田公司，排在第一位。

中南大学的主要研究方向是正极材料、负极材料和电极材料改性，其在这三个技术分支的专利申请总量占其所有技术分支专利申请总量（589项）的80.3%，超过4/5；其在电极材料改性方面的专利申请量最多，占其所有技术分支专利申请总量的 31.2%，接近 1/3。

陕西科大和广东工业大学均主要关注负极材料及其改性方面的研究，在其他领域的研究相对较少。陕西科大在负极材料及其改性方面的专利申请量占其所有技术分支专利申请总量（538 项）的 79.6%，接近 4/5；广东工业大学在负极材料及其改性方面的专利申请量也占到其所有技术分支专利申请总量（211 项）的 66.8%，超过 2/3。

在 5 家日本企业中，丰田公司注重在各个技术分支的均衡布局，其电池辅助部件领域的专利申请量相比其余 4 家日本企业是最多的，超过这 5 家日本企业在电池辅助部件领域专利申请总量（151 项）的 1/3。住友公司在负极材料领域的专利申请量相比其余 4 家日本企业是最多的，接近 100 项，占 5 家日本企业在负极材料领域专利申请总量（291 项）的 1/3；住友公司涉及电解质和正极材料领域的专利申请量在 5 家日本企业中也是最多的，均超过 80 项。日立公司的研发重点放在电解质领域，该领域的专利申请量占其所有技术分支专利申请总量（155 项）的 44.5%，接近一半。松下集团的布局重点在电解质和负极材料领域，专利申请量均超过 50 项，这两个技术分支的专利申请总量占其所有技术分支专利申请总量（188 项）的 58.5%。东芝公司在负极材料领域的研究成果最多，占其所有技术分支专利申请总量（139 项）的 34.5%，超过了 1/3。

2.4.3.2 重点技术中创新主体的研发热点

本节分析了正极材料、负极材料、电极材料改性、电解质、黏结剂这五个一级技术分支中排名前 10 的专利申请人的技术布局热点。

（1）正极材料

在正极材料领域，如图 2-15 所示，排名前 10 的专利申请人的布局热点主要集中在过渡金属氧化物和聚阴离子化合物两个方向。中科院所在这两个细分领域均有较好的表现，这两个领域的专利申请量占其所有二级技术分支申请总量（193 项）的 83.9%。中南大学更侧重聚阴离子化合物正极材料的研究，在该分支的专利申请量占其所有二级技术分支申请总量（155 项）的 55.5%，超过一半。住友公司、中科海钠和格林美高新技术股份有限公司（简称格林美高新）的研究方向都倾向于过渡金属氧化物领域，其在该领域的专利申请量均超过其所有二级技术分支申请总量的 80%。丰田公司、武汉理工大学、北京理工大学和陕西科大在过渡金属氧化物和聚阴离子化合物这两个方向的研究都有所建树，只是更偏重过渡金属氧化物方面的研究。

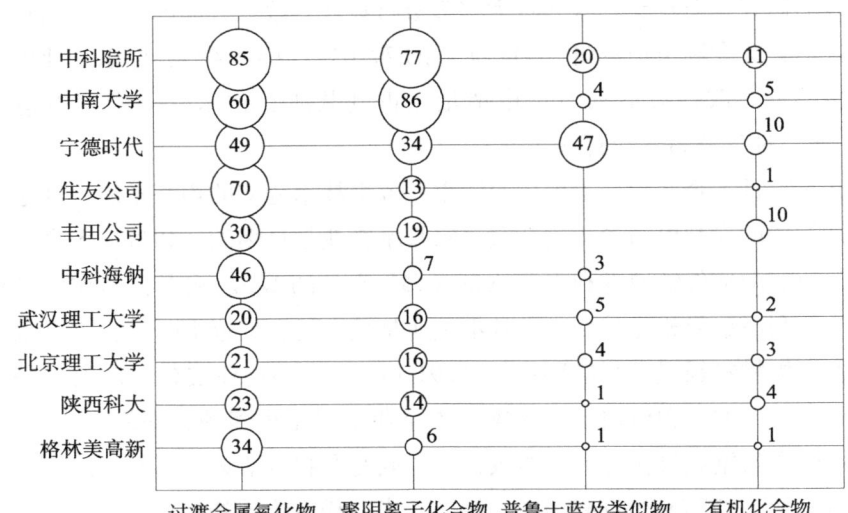

图 2-15　正极材料领域专利申请人布局热点（单位：项）

值得一提的是，宁德时代在普鲁士蓝及类似物领域的专利布局高达 47 项，占到该领域前 10 申请人专利申请总量（85 项）的 55.3%，超过一半，仅有中科院所在该领域与宁德时代有一争之力。

（2）负极材料

在负极材料领域，如图 2-16 所示，专利申请量前 10 的申请人的布局热点主要集中在合金类、转化类和碳基材料，陕西科大、中南大学和中科院所均集中在这三个领域进行专利布局，且专利申请量排在前 3。陕西科大在合金类、转化类材料领域的技术创新活跃度很高，专利申请量均远超其他申请人，其在这两个分支的专利申请量占其负极材料领域所有二级技术分支专利申请总量的 74.8%。住友公司、丰田公司在负极材料领域的技术研发热点主要集中在合金类材料，超过其负极材料领域所有二级技术分支专利申请总量的一半；另外，住友公司在碳基材料领域，而丰田公司在转化类材料和钛基材料领域也有布局。宁德时代的布局重点在合金类材料，申请量占其负极材料领域所有二级技术分支专利申请总量的 48.0%，接近一半；另外，其在转化类材料和碳基材料领域的专利布局力度也不弱。纳米技术仪器公司在负极材料各分支的布局相对均衡，其在碳基材料领域的专利申请量最多，也仅占其负极材料领域所有二级技术分支专利申请总量的 36.3%，刚超过 1/3。

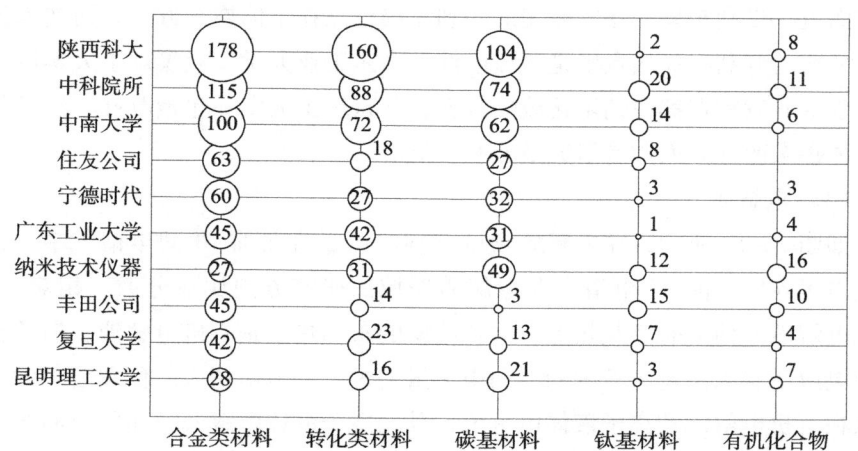

图 2-16　负极材料领域专利申请人布局热点（单位：项）

（3）电极材料改性

在电极材料改性领域，如图 2-17 所示，前 10 申请人的专利布局热点集中于电极材料的包覆改性、纳米化改性和体掺杂改性。中南大学、陕西科大、中科院所在这三个技术细分领域均有较高专利申请量，尤其陕西科大在纳米化

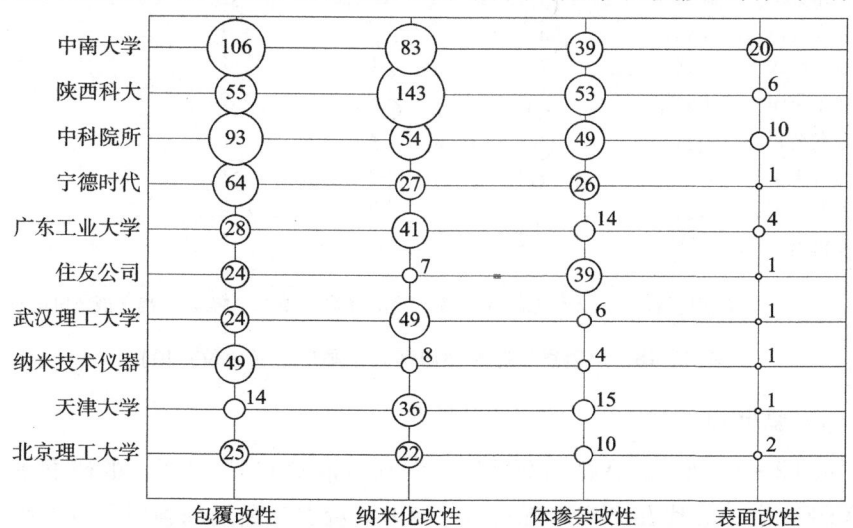

图 2-17　电极材料改性领域专利申请人布局热点（单位：项）

改性方面的技术创新成果更突出，而中南大学、中科院所在包覆改性领域的专利布局力度更大。宁德时代在包覆改性方面研究力度较大，其在纳米化和体掺杂方面也有专利布局。住友公司的专利布局重点在于体掺杂方面，而纳米技术仪器公司的专利布局热点则是包覆改性。广东工业大学、武汉理工大学以及天津大学的研发重点都在纳米化改性方面，北京理工大学在包覆改性、纳米化改性和体掺杂改性方面均有研究及专利布局。

（4）电解质

如图2-18所示，在电解质领域专利申请量排名前10的申请人中，日本企业占了6席。前10申请人在电解质领域的研究方向比较分散，相对来说，有机电解液方面的研究是热点。中科院所的布局热点是有机电解液，但其在聚合物电解质和水系电解液中的专利申请量超过了其他申请人。住友公司的布局热点在有机电解液和离子液体电解液，其在离子液体电解液方面的专利布局力度超过了其他申请人。日立公司在有机电解液和无机电解液方面的研究更突出，其在无机电解液领域的专利布局力度超过了其他申请人。宁德时代、松下集团的研究方向很明确，专利布局重点在于有机电解液。

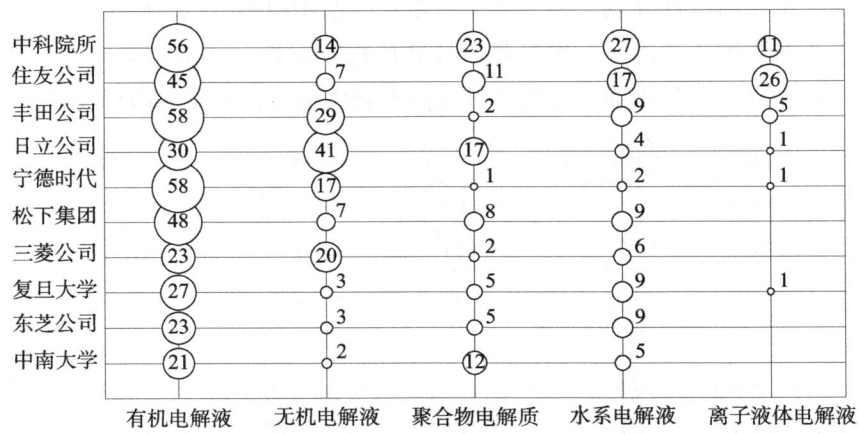

图2-18 电解质领域专利申请人布局热点（单位：项）

（5）黏结剂

如图2-19所示，在黏结剂领域，专利申请量前10申请人的研发重点都在PVDF。宁德时代在PVDF领域的专利申请量占其黏结剂领域所有二级技术分支专利申请总量的77.9%。中科院所在PVDF、羧甲基纤维素钠、聚丙烯酸和海藻酸钠这四个技术细分领域的专利布局较均衡，且相对其他申请人，其在羧甲基纤维素钠、聚丙烯酸和海藻酸钠领域的表现很突出。其余申请人的研发重点在PVDF，而在其他三个领域只有零星专利布局。

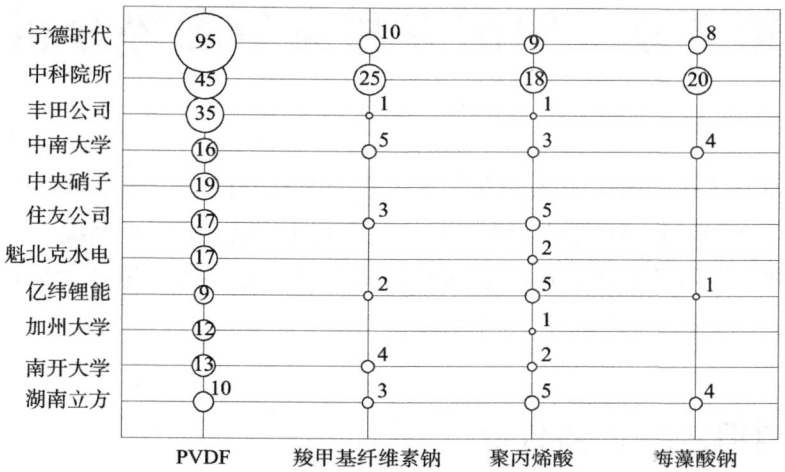

图2-19　黏结剂领域专利申请人布局热点（单位：项）

第 3 章　中国专利竞争态势分析

本章基于在中国申请的专利数据,较全面地分析了中国专利年度发展趋势、区域布局、重要申请人专利布局以及专利法律状态及运营情况。中国作为钠离子电池领域非常重要的专利布局目标市场,专利数量统计主要以"件"为单位,分析在中国的专利布局情况。

3.1　中国创新趋势分析

3.1.1　中国专利申请趋势

如图 3-1 所示,截至 2023 年年底,钠离子电池领域中国专利申请的年度发展态势主要分为三个阶段:第一阶段是 1997—2012 年,在这一阶段专利申请量呈波动式缓慢增长态势,年专利申请量不超过 50 件;第二阶段是 2013—2020 年,在这一阶段年专利申请量从 100 件左右增加到 700 件以上;第三阶段是 2021—2023 年,年专利申请量从 1000 余件增长至 2000 件以上,实现了突飞猛进的增长。整体来看,第三阶段钠离子电池领域呈现快速发展的态势,专利申请量年均增幅达 47.6%。

国内外申请人在华专利申请量呈逐年上升态势,在 2011 年以前国外申请人和国内申请人的专利申请量差距不大,国外申请人的申请量稍多。从 2012 年开始,国内申请人的专利申请量有了较大幅度的增长,而国外在华专利申请量的增幅虽有提高,但增幅不大,2012—2023 年的年均增速明显落后于国内申请人。综合两个阶段来看,该技术领域国外在华专利申请一直处于缓慢布局的态势,但是国内申请人从 2012 年开始,特别是近三年已经成为钠离子电池领域的主要申请人。总体上看，近三年间，钠离子电池领域中国专利申请量有了突飞猛进的增长。

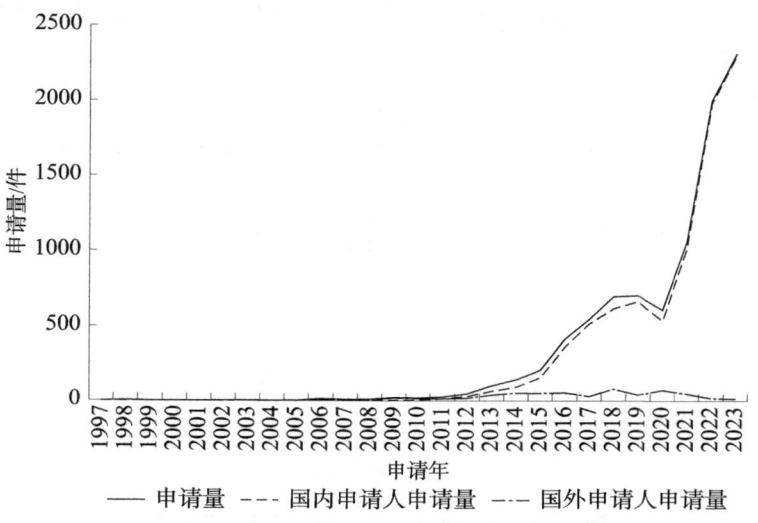

图 3-1　中国专利年度申请趋势

如图 3-2 所示，钠离子电池领域的中国专利申请总量 8982 件，其中发明专利申请量 7981 件，占专利申请总量的 88.8%；实用新型专利申请量 483 件，占专利申请总量的 5.4%；PCT 申请量 518 件，占专利申请总量的 5.8%。因此，在钠离子电池领域，国内申请人和国外申请人均通过发明专利申请或 PCT 申请来进行专利布局，以提高其保护力度。

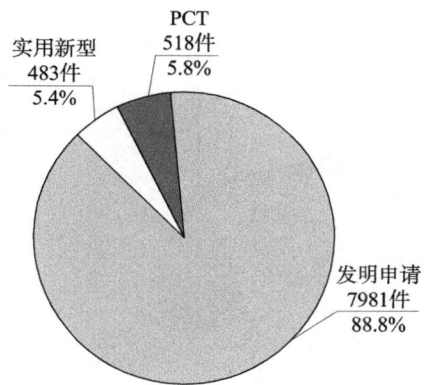

图 3-2　专利申请类型及数量

如图3-3所示,国内申请人在华专利申请量为8402件,以发明专利申请为主,申请量为7836件,占国内申请人专利申请总量的93.3%。国外申请人在华专利申请量为580件,以PCT申请为主,PCT申请量占国外申请人在华专利申请量的74.5%。

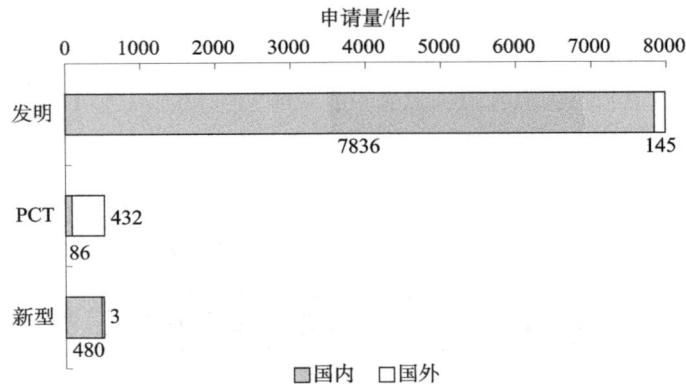

图3-3 国内外申请人专利申请类型及数量

在钠离子电池领域,国外申请人在华专利布局大部分是通过PCT申请这种高效的域外布局方式进入中国实现专利技术保护。国外申请人的PCT专利申请分布情况如图3-4所示。日本、美国的PCT申请量排在前两位,占比分别为42.9%和12.9%,其后是专利申请量占比为6.4%的英国和5.8%的法国。

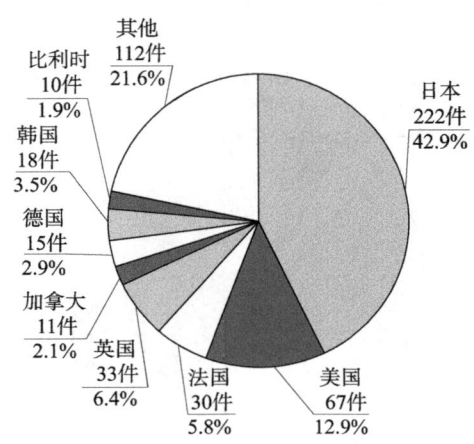

图3-4 国外申请人的PCT专利申请分布情况

3.1.2 重点技术发展态势

图 3-5 示出钠离子电池领域中国专利的技术构成。负极材料、电极材料改性、正极材料三个技术分支的专利申请量排在前 3，分别为 4652 件、4091 件、3049 件，合计占中国专利申请总量的 66.8%，超过 2/3。因此，在中国的专利申请中，负极材料、电极材料改性和正极材料的技术创新活跃度很高，是专利布局的重点。

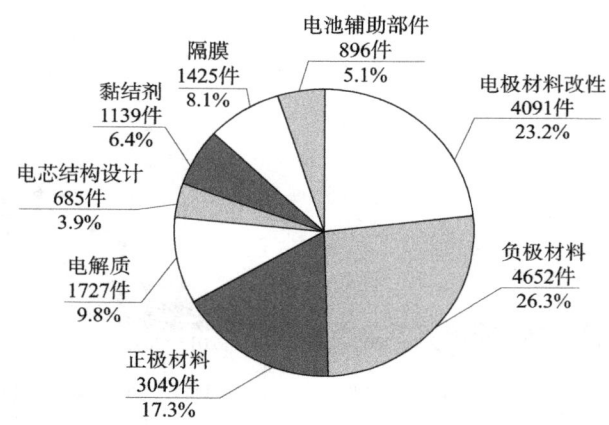

图 3-5　钠离子电池领域中国专利的技术构成

图 3-6 示出了钠离子电池领域中国专利一级技术分支的申请趋势。1997—2014 年为技术发展的第一阶段，各技术分支中国专利申请均处于数量少、增速缓慢的态势，2010 年以前各技术分支的专利申请量维持在 10 件以下，从 2011 年开始虽有所增长，但各技术分支年度专利申请量依旧保持在 100 件以下，表明该阶段是国内钠离子电池技术专利布局的起步阶段。而在 2015—2020 年的第二阶段，随着储能电池领域的技术进步和新型材料的研发和应用，各技术分支的中国专利申请量都有了明显的增长，尤其表现在负极材料和电极材料改性这两个技术分支专利申请量的迅速增长；在 2020 年各技术分支专利申请量都有不同程度的下降，这可能是受疫情影响，研发项目的推迟或取消从而导致专利申请量的减少。经过 2020 年短暂调整后，在 2021—2023 年的第三阶段，各技术分支中国专利申请量呈现爆发式增长。其中，负极材料

和电极材料改性两个技术分支的增幅明显，特别是负极材料专利申请量在2023年达到历史峰值，为1115件，而正极材料专利申请量相比第二阶段（2015—2020年）也呈现了快速增长态势，这与同时期我国出台多项扶持政策有关。例如，2021年年底我国将钠离子电池列入《"十四五"能源领域科技创新规划》，支持钠离子电池前沿技术和核心技术装备攻关；2023年，工信部等六部门印发了《关于推动能源电子产业发展的意见》，明确提出要加快钠离子电池技术突破和规模化应用。

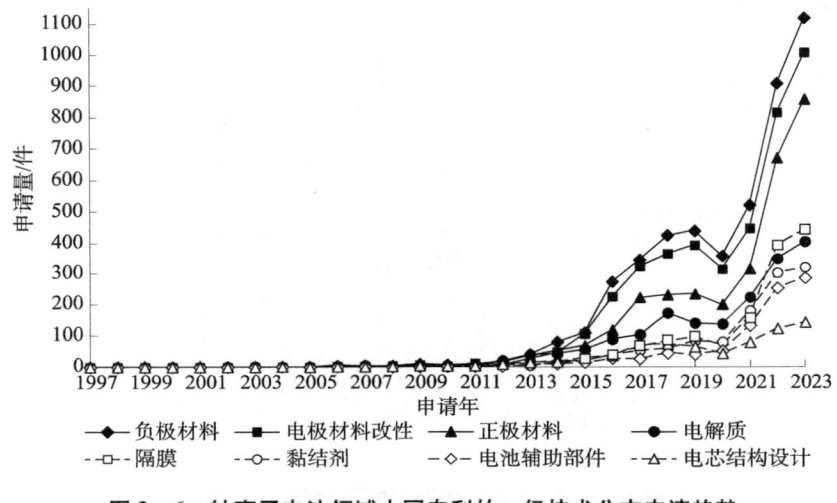

图3-6 钠离子电池领域中国专利的一级技术分支申请趋势

3.2 国外在华专利布局

3.2.1 国外在华专利主要来源国

如图3-7所示，在钠离子电池技术领域，国外在华专利布局的技术来源国为日本、美国、英国、法国、韩国、加拿大。其中，日本以308件占整个国外在华专利申请量的一半以上；美国位列第二，以89件占整个国外在华专利申请量的15%以上；英国以37件位列第三。由此可以看出，在钠离子电池技术领域，日本申请人、美国申请人十分重视在中国的专利布局，如以住友公司、丰田公司、日本电气硝子株式会社和中央硝子株式会社为代表的日本申请人，以纳米技术仪器公司为代表的美国申请人等。

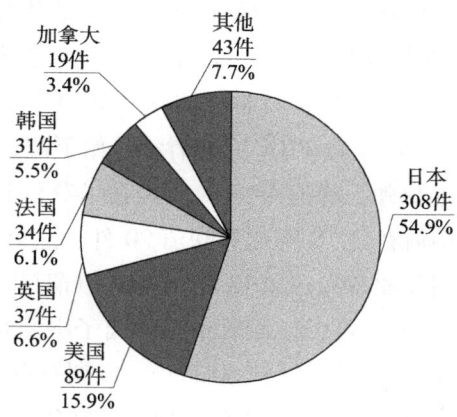

图 3-7 国外在华专利申请布局情况

图 3-8 示出了国外申请人在华专利申请类型，国外申请人主要以 PCT 为主。日本申请人在华专利申请的 72.1% 为 PCT 申请，美国申请人在华专利申请的 75.3% 为 PCT 申请，英国申请人在华专利申请的 89.2% 为 PCT 申请，法国申请人在华专利申请的 88.2% 为 PCT 申请，韩国和加拿大的 PCT 申请占比也都高于 55%。

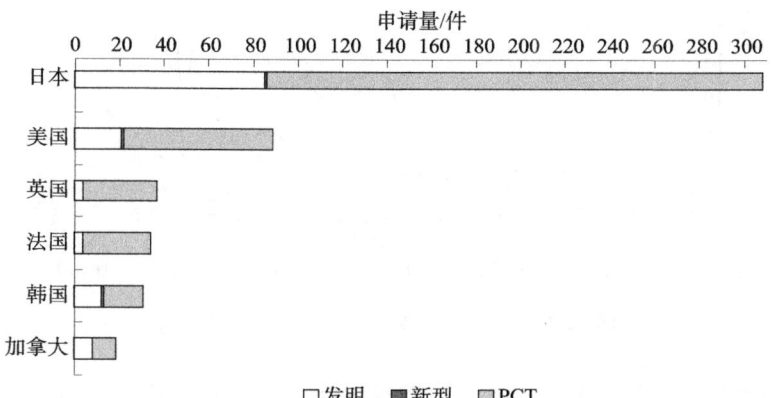

图 3-8 主要国外技术来源国在华专利申请类型

3.2.2 主要技术来源国申请趋势及布局领域

图3-9示出了主要国外技术来源国在华专利申请趋势。2007年前，六个国家申请人的在华专利申请总量均不大，日本略高于其他国家。2007年后，日本在华专利申请量有较大增加，日本在2008—2014年年度申请量处于上升趋势，2014年达到峰值30件后2015年申请量开始下降，2017年下降到谷底（9件），2018年又迅速反弹至峰值43件。美国在华专利申请趋势和日本类似，经历过一段缓慢增长期后在2018年达到峰值20件，之后开始回落至10件以下。英国、法国、韩国和加拿大在2013年后专利申请量才有所提高，但数量很少，始终处于10件以下。可见，面对中国钠离子电池技术的不断发展，国外钠离子电池制造商纷纷在中国开展专利布局，以期抢占中国广阔的市场，尤其是日本和美国。国内申请人需密切关注竞争对手在华专利布局，及时跟踪专利的法律状态，积极应对国外竞争对手的挑战，保持我国在钠离子电池领域的领先地位。

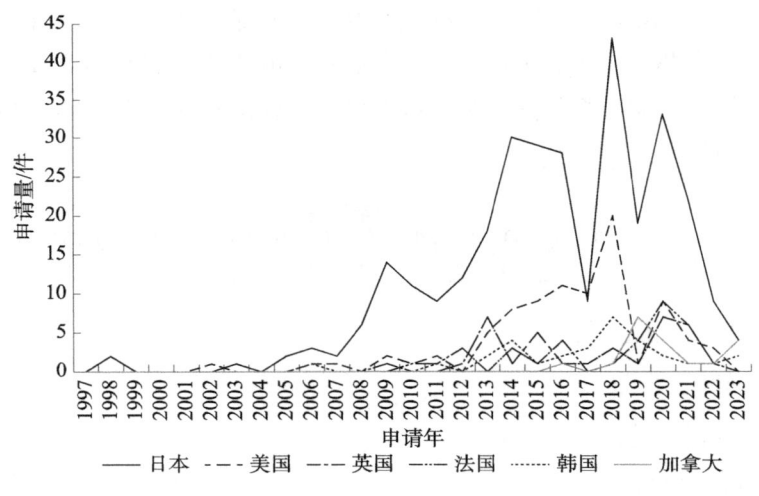

图3-9 主要国外技术来源国在华申请态势

表3-1展示了六大主要国外技术来源国在华专利申请技术分布，可以看出日本在所有技术领域的专利申请量均高于六大技术来源国在对应领域专利申请量，在电解质领域和正极材料领域优势更加明显。美国在电解质、电芯结构

设计、隔膜领域的专利申请量相比其余四大技术来源国也具有一定优势。总体来看,日本申请人在各个技术领域布局优势明显,且专利申请量占比较大,日本申请人注重在中国的专利布局,美国在部分领域相比其他国家与日本的差距较小。

表 3-1 主要国外技术来源国技术构成 （单位：件）

国别	电极材料改性	负极材料	正极材料	电解质	电芯结构设计	黏结剂	隔膜	电池辅助部件
日本	37	90	91	119	33	29	45	25
美国	17	32	13	38	10	7	14	5
英国	12	11	7	12	1	1	1	2
法国	4	9	10	18	1	5	3	2
韩国	11	11	6	10	7	3	1	2
加拿大	2	6	3	12	0	6	0	0

3.3 国内区域竞争分析

3.3.1 国内区域竞争格局

图 3-10 展示了钠离子电池领域专利申请量排名前 10 的省区市①,各省区市的专利申请量仅统计国内申请人的专利申请量。在钠离子电池领域,全国各省区市专利申请总量为 8402 件,占中国专利申请总量的 93.5%。排名前 5 的省区市专利申请量之和为 4197 件,占各省区市专利申请总量的 50.0%。

表 3-2 列出了前 10 省区市的国内申请人类型和主要国内申请人。广东省以 1265 件位列第一,企业申请量 818 件,高校申请量 354 件,二者申请量总和在本省申请量总和②中的占比接近 90%。其中,申请量最多的高校是广东工

---

① 此处为省、自治区、直辖市简称,为避免冗长,后续内容统一使用简称"省区市"。
② 同一件专利申请的申请人可能是多位,因此,基于专利申请人计数的专利申请量总和超过省区市实际的专利申请量。

业大学 100 件，其次为华南理工大学 64 件，申请量最多的企业是广东邦普循环科技有限公司 72 件。

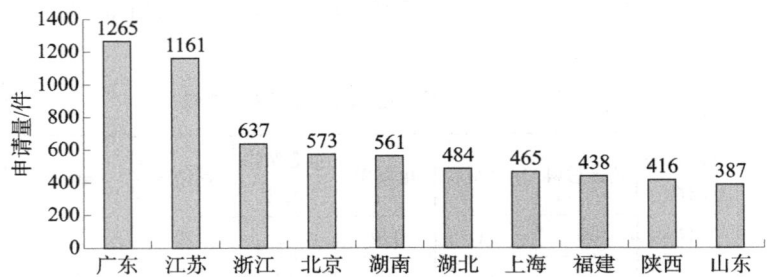

图 3-10 钠离子电池领域专利申请数量前 10 的省区市

表 3-2 钠离子电池领域前 10 省区市的国内申请人情况

省区市	申请人类型及申请量/件				主要申请人
	高校	企业	科研单位	个人	
广东	354	818	119	12	广东邦普；广东工业大学；华南理工大学
江苏	337	818	21	18	塔菲尔新能源；苏州大学；江苏大学
浙江	162	409	78	15	湖州超钠；浙江大学；浙江理工大学
北京	246	158	199	9	北京理工大学；北京化工大学；中国科学院物理研究所
湖南	384	180	0	5	中南大学；湖南立方
湖北	333	160	4	6	华中科技大学；格林美能源
上海	263	172	41	6	复旦大学；中国科学院上海硅酸盐研究所
福建	122	296	25	0	宁德时代；福建师范大学
陕西	390	30	1	4	陕西科技大学；陕西煤业化工技术研究院
山东	179	182	26	8	山东大学；山东玉皇

江苏省以 1161 件位列第二，企业申请量为 818 件、高校申请量为 337 件，二者的总和在本省申请量中的占比接近 97.0%。其中，申请量最多的企业是塔菲尔新能源科技股份有限公司 124 件，申请量最多的高校是苏州大学 34 件，其次为江苏大学 31 件。

浙江省以 637 件位列第三，企业申请量为 409 件、高校申请量为 162 件，二者的总和在本省申请量中的占比为 86.0%。其中，浙江大学以 79 件的专利申请量占据高校首位，浙江理工大学以 25 件紧随其后，企业中的湖州超钠新能源科技有限公司以 33 件的专利申请量占据企业首位。

北京市以 573 件位列第四位，高校申请量 246 件、科研单位 199 件，二者占比达 72.7%。其中，申请量最多的高校是北京理工大学 94 件，其次为北京化工大学 57 件，申请量最多的科研单位是中国科学院物理研究所 101 件。

湖南省以 561 件排在第五，高校申请量 384 件、企业申请量 180 件，二者占比达 99.1%。其中，高校申请量最多的是中南大学 292 件，企业申请量最多的是湖南钠方新能源科技有限责任公司 37 件。

广东、江苏和浙江都以企业为主要专利申请人，这归因于上述三省制造业基础雄厚，营商环境良好，能够激发更多企业的创新活力。第四名北京的专利申请人以高校为主，由于北京在高校数量上稳居全国之首，在科研领域具有深厚的积淀，有更多的高校参与到新技术的研发中。第五至第十名省市中大部分是以高校为主要专利申请人，而且都集中在省内个别高校中，如陕西科技大学申请量占本省总申请量的 60.2%。与之不同的是福建省，它以国内电池行业龙头企业宁德时代为主要申请人，申请量占到本省申请量的一半。另外，山东省的申请人中企业和高校二者平分秋色，合计占比达到 91.4%。

前 10 省区市的专利申请量占到各省区市申请总量的 75% 以上，从地域上看主要分布在珠三角、长三角和环渤海地区，而中部地区的湖南、湖北和陕西由于高校众多，创新活力较高，在钠离子电池技术领域也具有一定研发实力。

3.3.2 国内重要区域市场的技术布局热点

图 3-11 展示了钠离子电池领域专利申请量排前 10 位省区市的技术布局热点。前 10 位省区市的专利技术布局热点集中在负极材料和电极材料改性两个技术分支。排在首位的广东省在负极材料（683 件）和电极材料改性（571 件）两个技术分支上的专利申请量有较大优势，二者数量之和占该省各技术分支专利申请总量的 49.0%。江苏省紧随其后，申请集中在电极材料改性（532 件）和负极材料（567 件）两个技术分支上，二者数量之和占该省各个技术分支专利申请总量的 44.5%。第三名浙江省的专利申请也集中在电极材料改性（322 件）和负极材料（298 件）两个技术分支上，二者数量之和占该省各个技术分支专利申请总量的 48.5%。北京市在电极材料改性（266 件）和负极材料（306 件）两个技术分支专利申请量之和占各个技术分支专利申请总

量的47.2%。湖南省在电极材料改性（318件）和负极材料（306件）两个技术分支专利申请量之和占各个技术分支专利申请总量的百分比为54.0%。

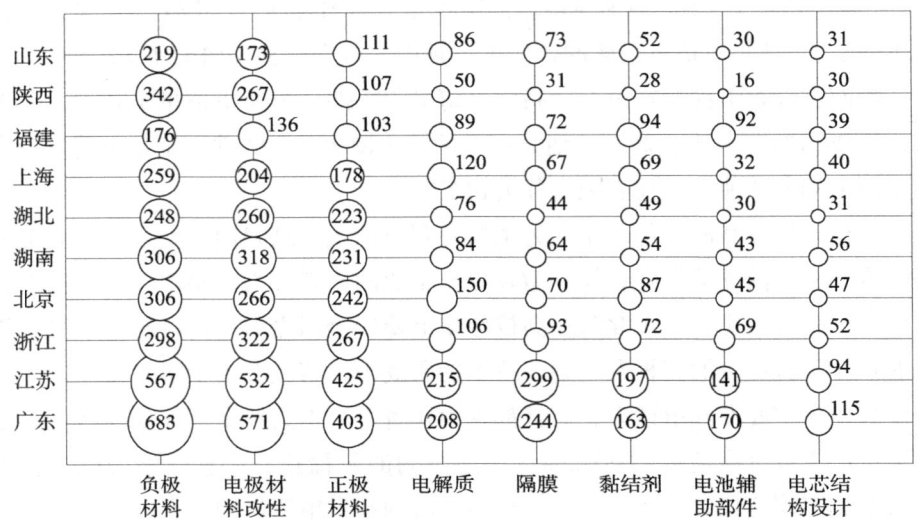

图3-11 钠离子电池领域专利申请数量前10位省区市的技术布局热点

上述分析表明：国内专利申请量排名前10位省区市的专利技术布局上展现了较高的集中度。

3.4 中国专利技术创新主体分析

3.4.1 中国专利技术创新主体类型分析

图3-12显示了钠离子电池领域中国专利的申请人类型分布情况。钠离子电池领域的申请人以企业和高校为主，两种类型申请人的专利申请量占比高达91.4%，企业的专利申请量接近50%。在企业申请人中，国内企业专利申请量为4002件，占比88.8%，国外企业专利申请量为505件，占比11.2%，国内企业在钠离子电池领域的专利布局很活跃，不断在为钠离子电池的产业化做好技术储备。

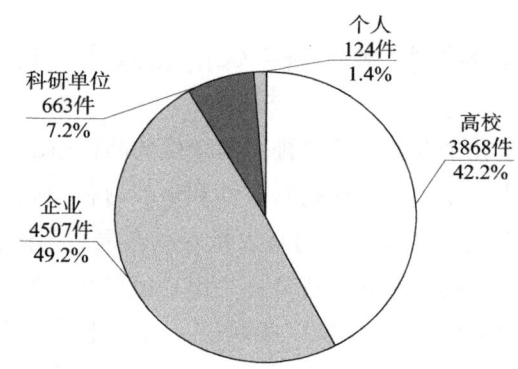

图 3-12 钠离子电池领域在华专利申请的申请人类型

3.4.2 中国市场专利技术创新主体排名

图 3-13 展示了钠离子电池领域在华专利申请人排名。前 15 位申请人的专利申请总量占在华专利申请总量的 22.8%，中科院所、宁德时代和中南大学分别位列前 3。前 15 位申请人中有 11 所高校，高校的技术创新活跃度很高。

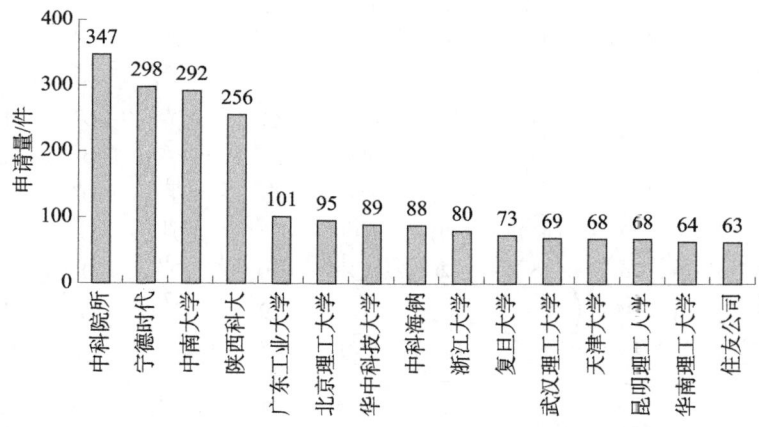

图 3-13 钠离子电池领域中国专利申请数量前 15 位的申请人

日本住友公司以 63 件入围前 15，是唯一入围的国外企业。国内的宁德时代和中科海钠分别以 298 件和 88 件排在第二位和第八位，是进入前 15 位的两家国内企业。

3.4.3 中国重要专利技术创新主体的技术布局热点

图 3-14 示出了在华专利申请量排名前十位的高校申请人的技术分布。各个高校的专利申请主要集中在电极材料改性和负极材料领域。陕西科技大学在电极材料改性和负极材料研究方面均有大量专利布局，与陕西科技大学相比，中南大学在正极材料上的专利布局优势更突出。值得注意的是，高校中最早进行专利布局的是复旦大学，早在 2007 年就已经开始申请关于水性钠离子电池技术的发明专利。中南大学于 2011 年开始申请关于正极材料的发明专利。陕西科技大学 2015 年开始在负极材料领域申请专利，随后的布局热点始终在该技术分支。广东工业大学从 2016 年开始在负极材料领域进行专利布局，至今在该领域仍然保持大量的研发投入。北京理工大学在钠离子电池领域的专利布局始于 2012 年，最初的发明专利是关于正极材料的。迄今为止，北京理工大学在电极材料改性、负极材料、正极材料和电解质技术领域均取得了一定的创新成果，尤其是负极材料中的转化类材料和碳基材料方面。

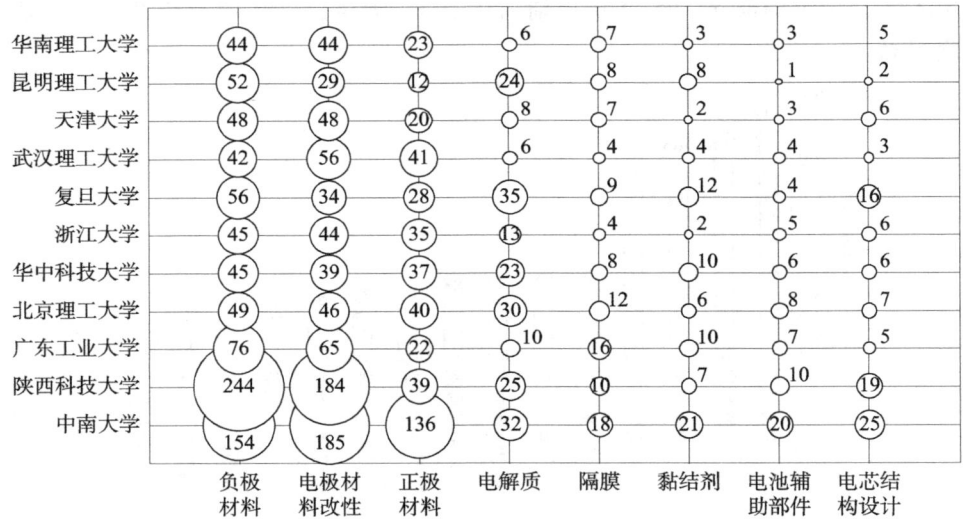

图 3-14 主要高校申请人技术分布（单位：件）

如图 3-15 所示，在华专利申请量排位前 10 的企业中，宁德时代的正极材料专利申请量为 99 件，占其所有技术分支专利申请总量的 21.2%；电池辅助部件 73 件，占其所有技术分支专利申请总量的 15.6%。中科海钠在正极材料领域的专利申请量为 48 件，占其所有技术分支专利申请总量的 24.2%；在负极材料领域的专利申请量为 46 件，占其所有技术分支专利申请总量的 23.2%。日本住友公司以与正极材料和负极材料相关技术的专利申请为主，二者专利申请量之和占其所有技术分支专利申请总量的 43.1%。

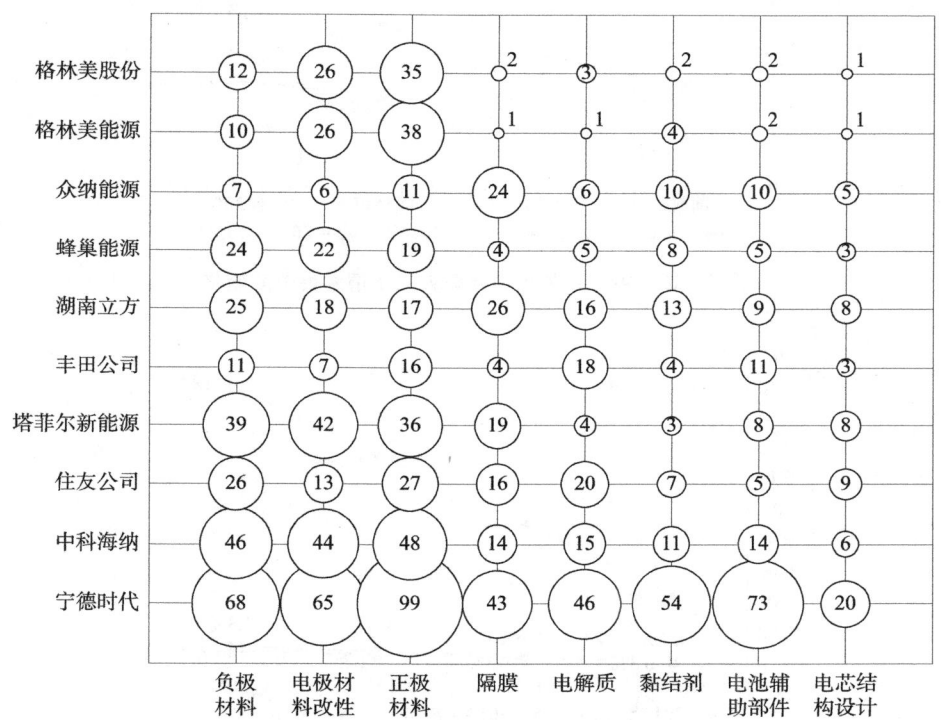

图 3-15　在华专利申请量排名前 10 企业的技术分布（单位：件）

通过分析上述两类申请人的技术布局方向，可以看出负极材料、正极材料和电极材料改性三个技术分支是创新主体的研发、布局热点。

3.4.4　中国专利技术创新主体专利集中度

图 3-16、图 3-17 为中国专利申请人的申请量集中度和申请人数量集中度的变化趋势。集中度变化依据专利申请量的变化情况分为三个阶段。

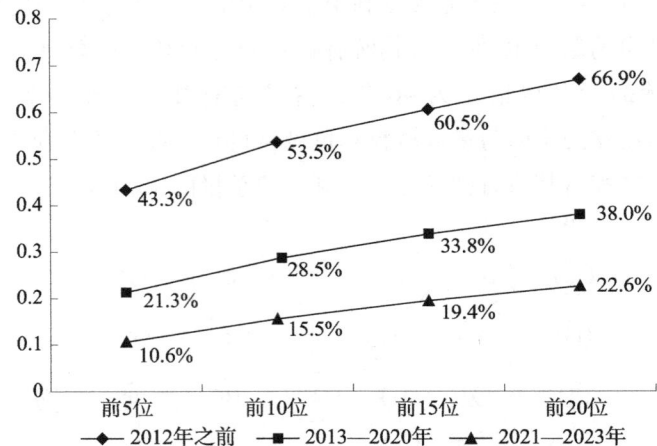

图 3-16 中国专利专利申请人的申请量集中度变化

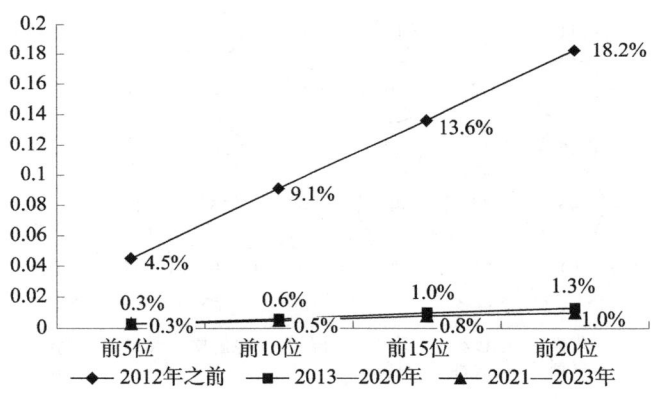

图 3-17 中国专利申请人数量集中度变化

第一阶段为 2012 年之前,排名前 5 申请人（前 4.5% 的申请人）专利申请量占专利申请总量的 43.3%;排名前 10 申请人（前 9.1% 的申请人）专利申请量占专利申请总量的 53.5%;排名前 15 申请人（前 13.6% 的申请人）专利申请量占专利申请总量的 60.5%;排名前 20 申请人（前 18.2% 的申请人）专利申请量占专利申请总量的 66.9%。

第二阶段为 2013—2020 年,排名前 5 申请人（前 0.3% 的申请人）专利申请量占专利申请总量的 21.3%;排名前 10 申请人（前 0.6% 的申请人）专利申请量占专利申请总量的 28.5%;排名前 15 申请人（前 1.0% 的申请人）

专利申请量占专利申请总量的 33.8%；排名前 20 申请人（前 1.3% 的申请人）专利申请量占专利申请总量的 38.0%。

第三阶段为 2021—2023 年，排名前 5 申请人（前 0.3% 的申请人）的专利申请量占专利申请总量的 10.6%；排名前 10 申请人（前 0.5% 的申请人）的专利申请量占专利申请总量的 15.5%；排名前 15 申请人（前 0.8% 的申请人）的专利申请量占专利申请总量的 19.4%；排名前 20 申请人（前 1.0% 的申请人）的专利申请量占专利申请总量的 22.6%。

从上述分析可知，随着时间的推移及钠离子电池技术的发展，更多的创新主体参与到该领域的技术研发并在中国进行专利布局，导致申青人数量集中度下降。同时，申请人的申请量集中度也有了明显下降，这种变化在第一阶段向第二阶段发展时尤为明显。而在第二阶段向第三阶段发展时，申请人的数量变化很小，申请人数量集中度基本没变化，但申请人的申请量集中度则在下降，说明排在前列的申请人的专利申请量在下降，排在后面的申请人的专利布局力度在加大。

3.5 中国专利运营情况分析

3.5.1 中国专利授权分析

图 3-18 示出了授权日在 2013—2023 年在华专利授权率变化趋势，钠离子电池领域的中国专利授权率虽有波动，但整体呈上升趋势。并且，国内申请人专利授权率低于国外申请人专利授权率，说明国内专利申请的质量与国外发达国家专利申请的质量尚有差距。国外申请人在华申请基本上是通过 PCT 途径，该途径的优势是简化一项专利技术在多个国家申请专利保护的方法，申请人只需提交一份国际专利申请，就可以向多个国家申请专利，申请过程更为有效和经济。与此同时，专利申请须经过"国际阶段"和"国家阶段"两个审查过程，其间办理的手续更多，花费的时间更长。因此，2021—2023 年国外申请人的部分专利申请可能还在审查或未公开状态。虽然国外申请人在中国较早布局，且布局专利的技术含量较高，但国内申请人经过 10 年的追赶，在该领域的

技术创新能力已经有了大幅提高，专利授权率在2023年达到88%。

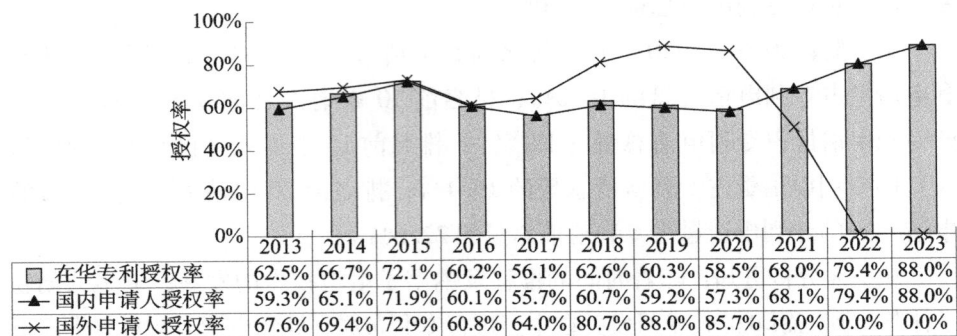

图3-18　2013—2022年在华专利授权率变化趋势

3.5.2　中国专利有效性分析

图3-19展示了钠离子电池领域中国专利有效性情况。近几年，在钠离子电池领域的专利布局非常活跃，有近四成的专利处于审中状态，且企业的审中专利数量显著高于高校、科研单位和个人，说明企业作为市场创新主体，对于钠离子电池技术产业化进程非常有信心，已加快在该领域的专利布局。

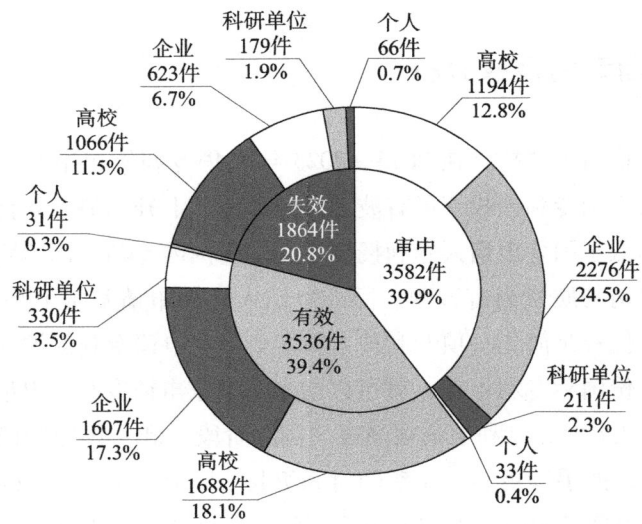

图3-19　钠离子电池领域不同类型申请人的中国专利法律状态

有效专利量和失效专利量,均按照高校、企业、科研单位和个人的顺序递减。

进一步分析可以看出,高校拥有的有效专利量是其失效专利量的 1.5 倍,科研单位的有效专利量是其失效专利量的 2 倍,而企业拥有的有效专利量(1607 件)是其失效专利量(623 件)的 2 倍多。

钠离子电池领域中国失效专利的占比达 20.8%,超过 1/5。在失效专利中,如图 3-20 所示,驳回和撤回的专利申请量达 1652 件,二者在失效专利中的占比接近 88.6%;而因未交年费失效的专利仅占失效专利的 10%。因此,失效专利中,绝大部分专利是驳回或撤回,即没有授权。

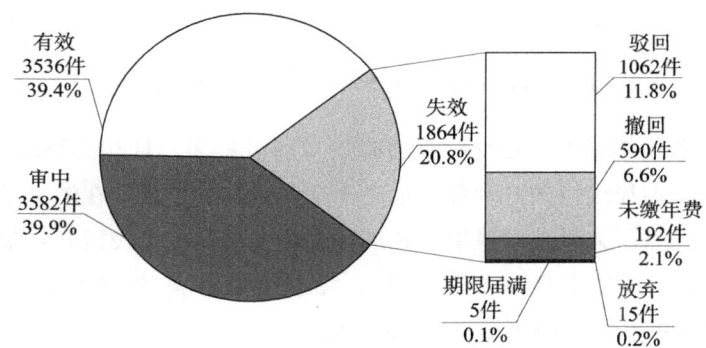

图 3-20 钠离子电池领域中国专利法律状态

值得注意的是,在失效专利中,有 5 件专利属于期限届满。其中,2 件(CN201320619362X,CN201320618640X)来自中国东方电气集团,涉及钠离子电池检测装置;2 件(CN981192416,CN851014089)来自松下电器产业株式会社和夏普公司,涉及正极材料和固体电解质材料技术;1 件(CN2014201883411)来自中国科学院,涉及水系电解液和电芯结构设计技术。

图 3-21 展示了钠离子电池领域中国专利维持年限情况。高校专利的维持年限主要集中在 2~8 年,其平均维持年限为 5.2 年;企业专利的维持年限主要集中在 1~6 年,其平均维持年限为 3.9 年;科研单位专利的维持年限主要集中在 3~8 年,其平均维持年限为 6.3 年。

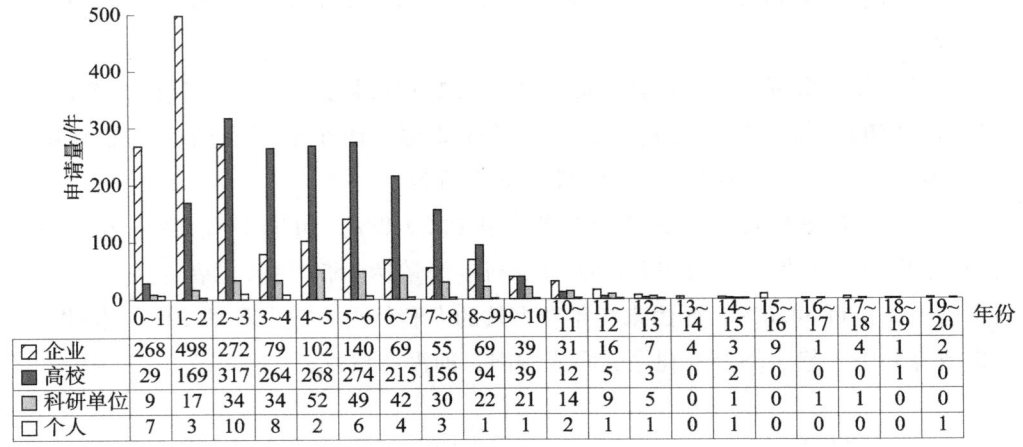

图 3-21 钠离子电池领域中国专利维持年限

钠离子电池领域中,高校持有的有效专利量最多,且在维持年限 2~8 年这个范围内,高校维持的专利数量远高于企业,这源于高校在钠离子电池领域的基础研究获得了大量技术成果,并进行了专利布局。高校持有年限最长的专利达 18 年之久,是来自日本国立大学关于正极材料的 PCT 申请(申请号 CN2005800404979)。虽然企业持有的有效专利数量没有高校多,但是企业对其高价值专利的持有时间却很长,如来自住友化学株式会社关于正极材料的 PCT 申请(申请号 CN200580010295X),现在维持年限已达 19 年。科研单位持有的有效专利量次于企业,其持有年限最长的专利达到 17 年,是来自财团法人工业技术研究院的关于非水性电解液添加剂的发明专利(申请号 CN2006101723145)。

3.5.3 中国专利运营情况分析

3.5.3.1 专利许可情况

专利许可的种类可分为独占许可、排他许可、普通许可。独占许可是指许可方规定被许可方在一定条件下独占实施其专利的权利,这种许可的特点是许可人本人也不能使用这项专利,同时也不能向任何第三方授予同样内容的许可;排他许可是指许可人不在该地域内再与任何第三方签订同样内容的许可合同,但许可人本身仍有权在该地域内使用该项专利;普通许可又称非独占性许可,是常见的专利许可方式,即许可人在允许被许可人使用其专利的同时,本人仍保留着该地域内使用其专利的权利,也可以将使用权再授予被许可人以外的第三人。

表3-3示出钠离子电池领域中国专利许可情况。钠离子电池领域中国专利许可有25件,发明19件,实用新型6件。2023年许可16件,2022年许可5件,2012年许可2件,2020年许可1件,且普通许可占专利许可总量的68%,独占许可占专利许可总量的28%,其余为排他许可。专利许可量的多少反映出专利权人对其专利技术的开放程度以及市场的需求情况,专利许可量高意味着专利技术的广泛应用和市场对该技术的认可,同时也意味着专利权人在市场中获得了更多的收益。专利许可量低可能表明专利技术的应用范围有限,市场对该技术的需求较低。

表3-3 钠离子电池领域中国专利许可情况

序号	申请号	专利类型	许可年	许可人	许可人类型	被许可人	许可类型	技术领域
1	CN2020102547935	发明	2022	中南林业科技大学	高校	湖南镓睿科技有限公司	普通许可	负极材料
2	CN2021113003582	发明	2023	中博龙辉装备集团股份有限公司	企业	中关村科技租赁股份有限公司	独占许可	正极材料
3	CN2012100193927	发明	2023	中国科学院宁波材料技术与工程研究所	科研单位	宁波招宝磁业有限公司	普通许可	正极材料
4	CN2020109309904	发明	2022	中国科学院深圳先进技术研究院	科研单位	深圳中科瑞能实业有限公司	独占许可	正极材料
5	CN202210321620X	发明	2023	华南师大(清远)科技创新研究院有限公司	企业	佛山市微知产信息科技有限公司	普通许可	负极材料
6	CN2006100968728	发明	2012/2015	南京航空航天大学	高校	江苏环能通环保科技有限公司;江苏科捷锂电池有限公司	独占许可	电极材料改性

续表

序号	申请号	专利类型	许可年	许可人	许可人类型	被许可人	许可类型	技术领域
7	CN2006100968732	发明	2012	南京航空航天大学	高校	江苏科捷锂电池有限公司	独占许可	正极材料
8	CN2017106179786	发明	2020	南京邮电大学	高校	南京邮电大学南通研究院有限公司	普通许可	电解质
9	CN2019110176953	发明	2023	成都先进金属材料产业技术研究院股份有限公司	企业	四川攀研技术有限公司	排他许可	正极材料
10	CN981192416	发明	2012	松下电器产业株式会社	企业	松下能源（无锡）有限公司	普通许可	正极材料
11	CN2018103444341	发明	2023	洛阳理工学院	高校	数智视界（河南）科技有限公司	普通许可	负极材料
12	CN2020109223532	发明	2023	洛阳理工学院	高校	洛阳启蓝能源科技有限公司	普通许可	负极材料
13	CN2022223292076	实用新型	2023	深圳为方能源科技有限公司	企业	贵州为方能源新材料科技有限公司	普通许可	电池辅助部件
14	CN2022223443112	实用新型	2023	深圳为方能源科技有限公司	企业	贵州为方能源新材料科技有限公司	普通许可	电池辅助部件
15	CN2022223440858	实用新型	2023	深圳为方能源科技有限公司	企业	贵州为方能源新材料科技有限公司	普通许可	电池辅助部件
16	CN2022229865349	实用新型	2023	深圳为方能源科技有限公司	企业	贵州为方能源新材料科技有限公司	普通许可	电池辅助部件
17	CN2022234218584	实用新型	2023	深圳为方能源科技有限公司	企业	贵州为方能源新材料科技有限公司	普通许可	电池辅助部件

续表

序号	申请号	专利类型	许可年	许可人	许可人类型	被许可人	许可类型	技术领域
18	CN2022234004941	实用新型	2023	深圳为方能源科技有限公司	企业	贵州为方能源新材料科技有限公司	普通许可	电池辅助部件
19	CN2017114375035	发明	2022	深圳先进技术研究院	科研单位	深圳中科瑞能实业有限公司	独占许可	电解液
20	CN2020100999035	发明	2022	深圳先进技术研究院	科研单位	深圳中科瑞能实业有限公司	独占许可	负极材料
21	CN2018103256408	发明	2023	深圳为方能源科技有限公司	企业	贵州为方能源新材料科技有限公司	普通许可	正极材料
22	CN2018114898367	发明	2023	深圳为方能源科技有限公司	企业	贵州为方能源新材料科技有限公司	普通许可	正极材料
23	CN2017112464087	发明	2022	湘潭大学	高校	韶山市碳基材料产业研究院	普通许可	负极材料
24	CN2022113267814	发明	2023	长沙理工大学	高校	浙江八咏新型材料科技有限责任公司	独占许可	负极材料
25	CN2019109262479	发明	2023	龙岩学院	高校	福建龙骏环保设备有限公司；龙岩青源钠电科支有限公司	普通许可	负极材料

深圳为方能源科技有限公司共实施了8件普通许可，其中涉及6件电池辅助部件技术的实用新型和2件正极材料技术领域的发明专利，被许可人均是贵州为方能源新材料科技有限公司。华南师大（清远）科技创新研究院有限公司涉及电解液的发明专利实施了普通许可，被许可人为佛山市微知产信息科技有限公司。

洛阳理工学院有2件涉及负极材料的发明专利实施了普通许可，被许可人为数智视界（河南）科技有限公司和洛阳启蓝能源科技有限公司。南京航空航天大学有2件涉及电极材料改性和正极材料的发明专利实施了独占许可，被许可人均为江苏科捷锂电池有限公司。中南林业科技大学涉及负极材料的发明专利实施了普通许可，被许可人为湖南镓睿科技有限公司。湘潭大学涉及负极材料的发明专利实施了普通许可，被许可人为韶山市碳基材料产业研究院。龙岩学院涉及负极材料的发明专利实施了普通许可，被许可人为福建龙骏环保设备有限公司。

中国科学院深圳先进技术研究院有 3 件涉及正极材料、负极材料和电解液的发明专利实施了独占许可，被许可人均为深圳中科瑞能实业有限公司。中国科学院宁波材料技术与工程研究所有 1 件涉及正极材料的发明专利实施了普通许可，被许可人为宁波招宝磁业有限公司。

从许可人来看，企业和高校在该领域较为活跃，有一定的运营成果，其被许可人都是企业。

3.5.3.2 专利转让情况

相比专利许可，钠离子电池领域的专利转让市场更加活跃，转让专利量共计 532 件，其中发明 488 件，实用新型 25 件，PCT 为 19 件。图 3-22 展示了专利转让量的变化趋势，从中可以看出，专利转让量整体呈波动性上升趋势。通过专利转让，专利权人将自己不需要或不打算自行利用的专利技术转让给其他对该技术有兴趣或有能力进行开发和利用的企业或个人，实现专利技术的最优化配置和价值最大化。

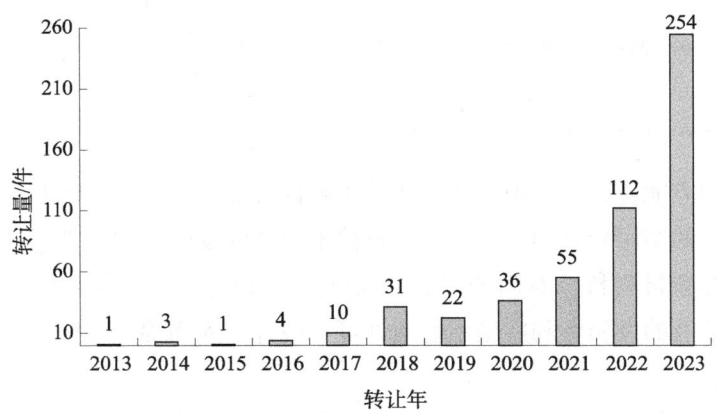

图 3-22 钠离子电池专利转让趋势

转让的专利主要涉及负极材料、电极材料改性和正极材料三个技术领域。从转让数量上看，2013—2017 年，专利转让量维持在 10 件以下，2018 年专利转让量突增到 31 件，经过 2019 年小幅回落后，2023 年达到 254 件的高峰，按照目前的增长速度，预计 2024 年还会在 2023 年基础上有较大幅度上升。

从图 3-23 的转让人排名来看，中南大学和陕西科技大学分别以 53 件和 21 件专利转让数量占据了前两名。中南大学有 30 件专利转让给了湖南钠邦新能源有限公司，均在 2023 年转让，中南大学的研究成果通过湖南钠邦新能源有限公司实现技术的产业化。陕西科技大学 21 件专利在 2020—2023 年分四批转让，受让人较为分散。大连中比动力电池有限公司以 20 件转让专利数位居企业转让专利数量第一位，专利的受让人均为南京比飞达新能源科技有限公司。

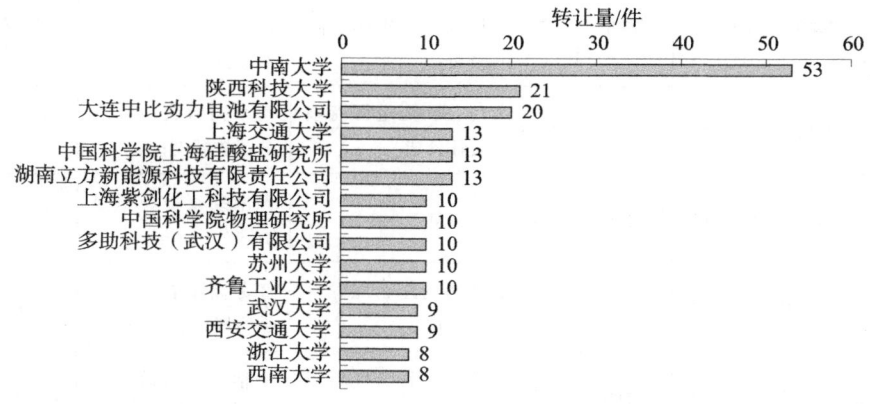

图 3-23 钠离子电池专利主要转让人

综上所述，高校和企业的专利转让较为活跃，但受让人比较集中；随着钠离子电池技术的发展，将会有更多的高校、企业和科研院所参与到专利转让中来。

3.5.3.3 专利质押情况

专利权质押是指为担保债权的实现，由债务人或第三人将其专利权中的财产权设定质权，在债务人不履行债务时，债权人有权依法就该设质专利权中的财产权的变价款优先受偿的担保方式。

钠离子电池领域的质押专利共计 16 件，其中 10 件发明专利，6 件实用新型专利，见表 3-4。该领域第一件质押专利是 2016 年 9 月 2 日由出质人彭天剑向湖南兆富投资担保有限公司申请质押。企业中进行质押较多的是无锡盘古新能源有限责任公司，其作为出质人，在 2024 年以 4 件实用新型专利向中国银行股份有限公司无锡梁溪支行申请质押贷款获批。

表 3-4 专利质押情况

序号	申请号	专利类型	质押年	出质人	质权人	技术领域
1	CN2016108103151	发明	2023	广东聚圣科技有限公司	广东南海农村商业银行股份有限公司西樵支行	电解质
2	CN2021113003582	发明	2023	中博龙辉装备集团股份有限公司	中关村科技租赁股份有限公司	正极材料
3	CN2018107577075	发明	2022	华大之光（北京）科技产业集团有限公司	长白山农村商业银行股份有限公司池西支行	正极材料
4	CN2022225791454	实用新型	2023	河北奥冠电源有限责任公司	衡水银行股份有限公司故城支行	电极材料改性
5	CN2010101078768	发明	2016	彭天剑	湖南兆富投资担保有限公司	正极材料
6	CN2019109990936	发明	2023	扬州扬达新能源有限公司	江苏高邮农村商业银行股份有限公司	电解质
7	CN2022113053976	发明	2024	沈阳国科金能科技有限公司	中信银行股份有限公司沈阳分行	正极材料
8	CN2018205214458	实用新型	2020	浙江金麦特自动化系统有限公司	浙江长兴农村商业银行股份有限公司	黏结剂
9	CN2023202834394	实用新型	2024	无锡盘古新能源有限责任公司	中国银行股份有限公司无锡梁溪支行	电池辅助部件
10	CN2023201291329	实用新型	2024	无锡盘古新能源有限责任公司	中国银行股份有限公司无锡梁溪支行	电池辅助部件
11	CN202320246497X	实用新型	2024	无锡盘古新能源有限责任公司	中国银行股份有限公司无锡梁溪支行	电池辅助部件
12	CN2023203291164	实用新型	2024	无锡盘古新能源有限责任公司	中国银行股份有限公司无锡梁溪支行	电池辅助部件
13	CN2017107142100	发明	2021	湖南立方新能源科技有限责任公司	长沙银行股份有限公司株洲分行	负极材料

续表

序号	申请号	专利类型	质押年	出质人	质权人	技术领域
14	CN2021102397684	发明	2023	湖南镕锂新材料科技有限公司	湖南宁乡农村商业银行股份有限公司工业园支行	负极材料
15	CN2023103906093	发明	2023	烟台海博电气设备有限公司	中国农业银行股份有限公司烟台高新区支行	电池辅助部件
16	CN2018103732781	发明	2023	山东济清科技服务有限公司	齐鲁银行股份有限公司济南长清支行	负极材料

第 4 章 重点关键技术分析

本章是钠离子电池领域重点技术的深度分析。首先，在总体分析钠离子电池领域技术分布的基础上，研究了正极材料、负极材料以及负极材料改性的技术演进。其次，借助以硬碳为负极材料的专利功效矩阵，分析了技术布局空白点。最后，对多个技术分支中的重点专利进行了筛选列举。

4.1 钠离子电池技术布局热点

4.1.1 钠离子电池总体技术分布

在钠离子电池领域，电极材料研究是技术布局热点，如图 4-1 所示，主要集中在电极材料改性、负极材料和正极材料三个方面，占全球专利申请的 61.8%。负极材料的研究最多，超过钠离子电池领域专利申请总量的 25%。电极材料改性技术由于既涉及正极材料又涉及负极材料，并且是近年来提高电极材料性能所采用的主要方法，其申请量在八个分支中排在第二位，超过正极材料的专利申请量。对电解质的技术改进也是钠离子电池领域不可或缺的，有 14.3% 的技术创新集中在电解质的研究方面。

4.1.2 钠离子电池重点技术分布

图 4-2、图 4-3 示出了钠离子电池各一级技术分支中，各个细分领域及其专利的占比情况。在负极材料领域，合金类材料的专利申请量最多，其次是转化类材料，而在转化类材料中，氧化物和硫化物是专利布局的重点。碳基材

料中，以硬碳的研究为重点，近六成的专利申请是基于硬碳的研究成果申请的。

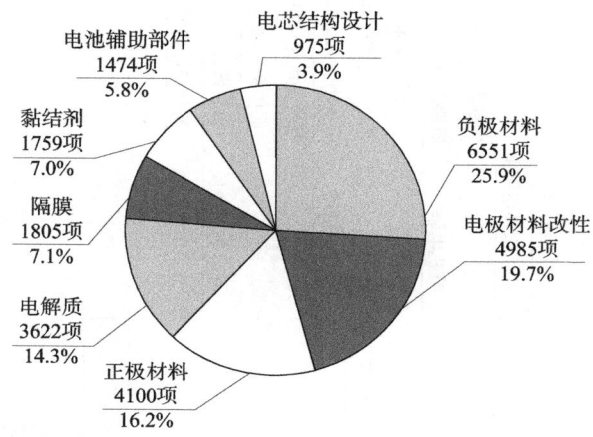

图 4-1　钠离子电池领域一级技术分支专利分布

电极材料改性中，包覆改性和纳米化改性是研究的重点，这两个方面的专利申请量占电极材料改性所有细分领域申请总量的 3/4。体掺杂改性的专利申请量也占电极材料改性所有细分领域申请总量的 20.4%。

正极材料中，过渡金属氧化物材料的研究是申请人关注的热点，其专利申请量占正极材料所有细分领域申请总量的 51.7%，超过一半；而聚阴离子化合物的专利申请量也占正极材料所有细分领域申请总量的 31.1%，接近 1/3。聚阴离子化合物的研究以磷酸盐为主，超八成的专利申请都在研究磷酸盐类的聚阴离子化合物。

电解质中，近五成（48.1%）的专利申请在研究如何利用有机电解液来作为钠离子电池的电解质，以提高钠离子电池的性能。研究无机电解质的专利申请占 18.2%，聚合物电解质和水系电解液的专利申请布局力度相当，分别占 13.5%、13.1%。

黏结剂的研究以 PVDF 为主，其专利申请量占黏结剂所有细分领域申请总量的 65.9%，接近 2/3。

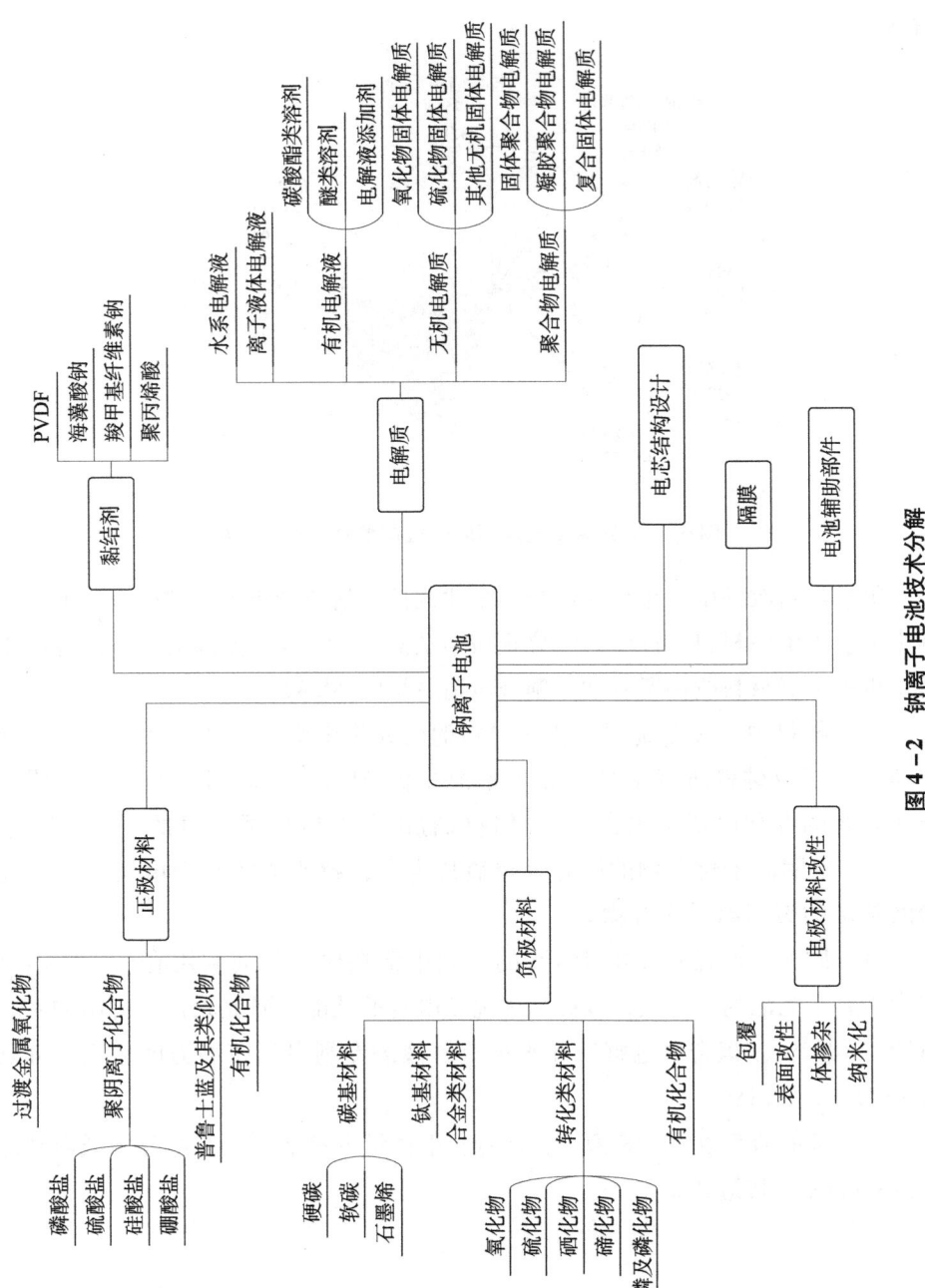

图 4-2 钠离子电池技术分解

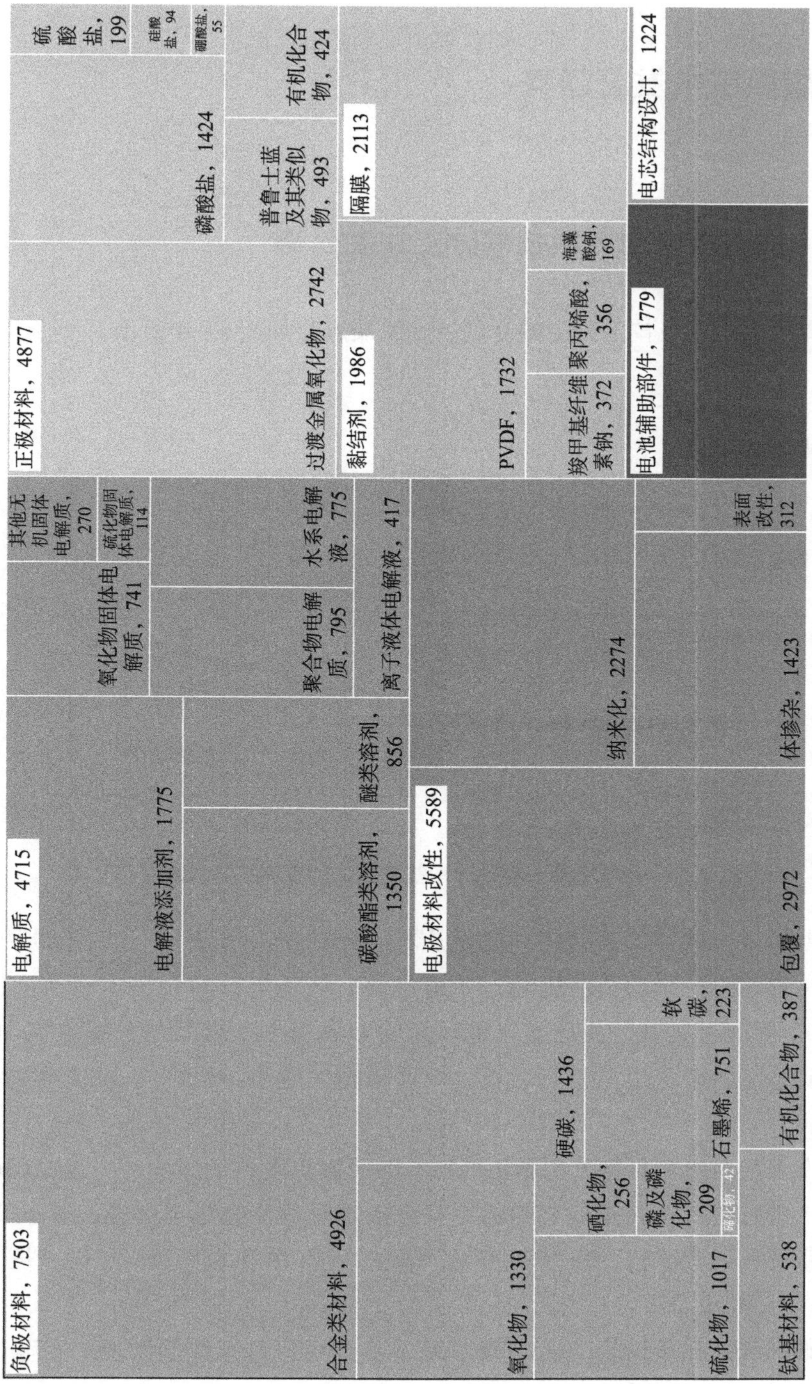

第 4 章 重点关键技术分析

图 4-3 钠离子电池领域各技术分支的专利分布（单位：件）

- 负极材料, 7503
- 电解质, 4715
- 正极材料, 4877
  - 硫酸盐, 199
  - 硅酸盐, 94
  - 硼酸盐, 55
  - 磷酸盐, 1424
  - 普鲁士蓝及其类似物, 493
  - 有机化合物, 424
- 隔膜, 2113
- 电芯结构设计, 1224
- 其他无机固体电解质, 270
- 硫化物固体电解质, 114
- 氧化物固体电解质, 741
- 电解液添加剂, 1775
- 水系电解液, 775
- 聚合物电解质, 795
- 离子液体电解液, 417
- 过渡金属氧化物, 2742
- 黏结剂, 1986
- PVDF, 1732
- 羧甲基纤维素钠, 372
- 聚丙烯酸, 356
- 海藻酸钠, 169
- 电池辅助部件, 1779
- 碳酸酯类溶剂, 1350
- 醚类溶剂, 856
- 电极材料改性, 5589
- 纳米化, 2274
- 体掺杂, 1423
- 表面改性, 312
- 包覆, 2972
- 合金类材料, 4926
- 硬碳, 1436
- 软碳, 223
- 硒化物, 256
- 石墨烯, 751
- 磷及磷化物, 209
- 氮化物, 42
- 氧化物, 1330
- 硫化物, 1017
- 有机化合物, 387
- 钛基材料, 538

4.2 重点技术发展趋势

4.2.1 钠离子电池一级技术分支发展趋势

钠离子电池一级技术分支的专利技术发展趋势如图 4-4 所示。

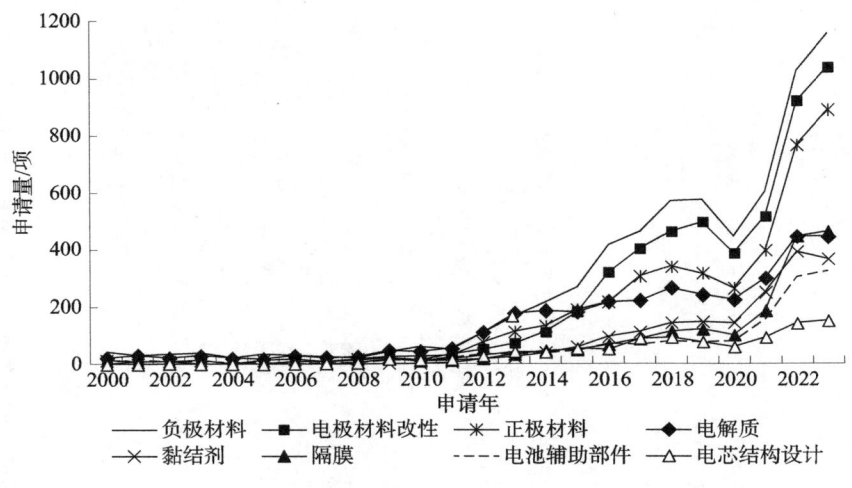

图 4-4 全球钠离子电池一级技术分支的专利技术发展趋势

早期研发人员对负极材料和电解质材料的研究并驾齐驱,直到 2014 年,研发人员对负极材料的关注度超过了电解质,且负极材料每年申请量增加很快,在 10 年间,从 200 多项增至 2023 年的 1150 多项,年均增长率达 20.4%。而电解质每年的申请量虽稍有增长,但增幅相对较小,最高在 2022 年达 440 多项,10 年间的年均增长率只有 10%。

研发人员对电极材料改性和正极材料的研发热度始于 2011 年,从 2016 年开始,电极材料改性和正极材料的专利年申请量逐步超过电解质,且除 2020 年外每年都在逐渐增长,在 2023 年达到高点 1035 项和 888 项,年均增长率分别达 18.3% 和 22.2%。

隔膜的研究起步较晚,在 2009 年后才有起色,每年缓慢增长,直至 2020

年之后，与隔膜相关的专利申请量增长迅速，在 2023 年达到峰值，超过 460 项。

黏结剂的研究起步更晚，在 2012 年之后，专利申请量才超过两位数，2020 年后才有较大幅度增长，2022 年申请量接近 400 项。

4.2.2 钠离子电池重点技术分支发展趋势

图 4-5 进一步示出了钠离子电池重点技术下辖细分技术的发展趋势。

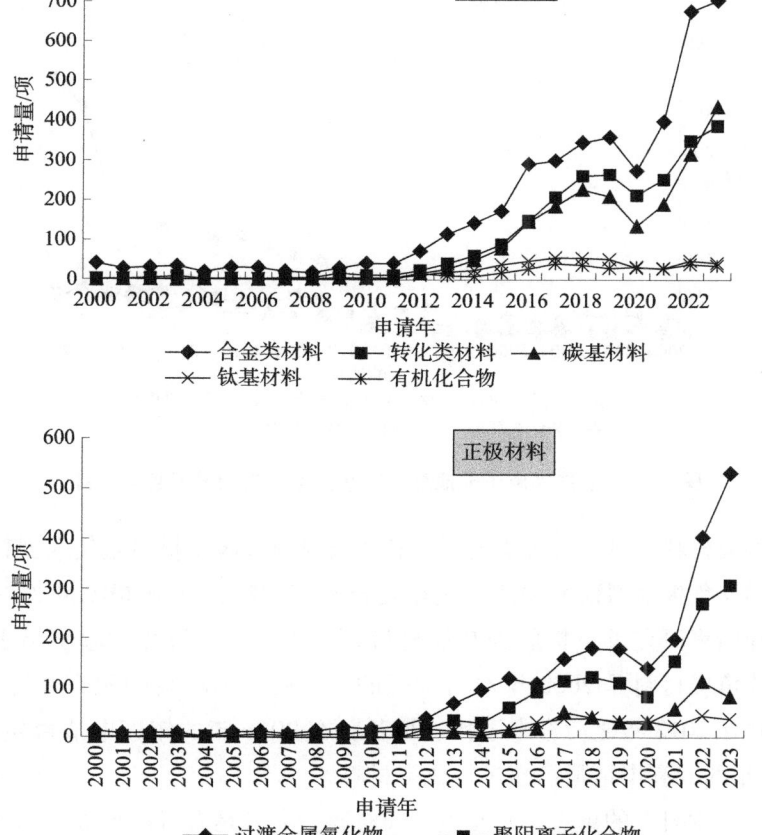

图 4-5 全球钠离子电池重点二级技术分支的发展趋势

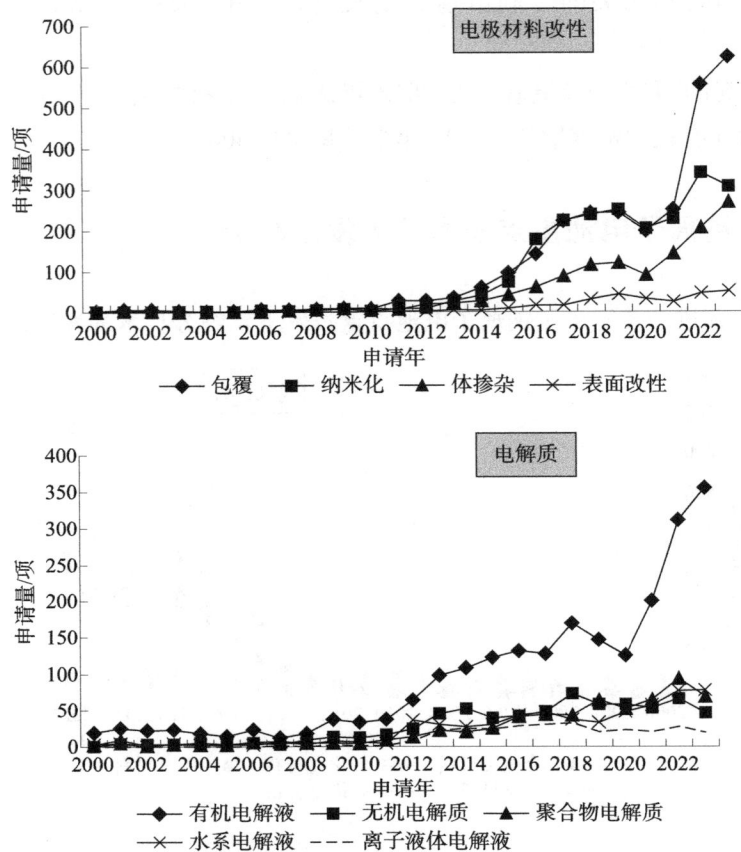

图 4-5　全球钠离子电池重点二级技术分支的发展趋势（续）

在负极材料领域，合金类材料、转化类材料和碳基材料是技术创新的重点方向。早期负极材料研究关注的重点是合金类材料，直到 2010 年左右，研究人员才开始将研究重点扩展到其他材料。转化类材料研究的起步早于碳基材料，硬碳负极材料是 2000 年左右发现的，之后碳基材料的研究才逐步开展。碳基材料在 2012 年之后迎来了快速增长，在 2016 年的年度申请量超过百项，在 2023 年的专利申请量已超过转化类材料。

早期技术研发的重点一直是电解质材料，尤其是有机电解液。钠离子电池领域所采用电解质中有机电解液所占的比重一直较大，特别是 2013 年后，有机电解液的申请量从每年不到几十项增长为每年 100 多项，2021 年超过 200 项，2023 年的申请量更是超过 350 项。

针对正极材料的专利布局自 2008 年开始逐渐趋热,其中,对过渡金属氧化物、聚阴离子化合物的技术创新是研发热点。2014 年起,过渡金属氧化物的专利申请量就接近并逐步超过百项,在 2022 年更是超过 400 项,增速明显高于聚阴离子化合物的专利申请量。

电极材料改性工艺的研究重心以包覆改性和纳米化改性为主,包覆改性从 2012 年之后开始快速增长,纳米化改性的专利申请量后来居上,在 2016 年一度超过包覆改性,之后,这两项技术的专利布局力度一直不相上下。2020 年后纳米化改性的专利申请增速有所减缓,而包覆改性的研究热度一直在增长。纳米化改性的申请量虽然低于包覆改性,但仍是很多申请人所采用的对电极材料进行改性的重要工艺,如陕西科技大学、武汉理工大学等。

4.2.3 以硬碳为负极材料的专利技术功效分析

负极作为与正极相搭配的电池部件,是钠离子电池研发的重点。涉及负极材料的专利申请在钠离子电池领域的专利申请中占比最高。硬碳作为首选的负极材料,自身具有较大层间距和无序的微孔,拥有更多的储钠位点,其特性更符合钠离子电池对负极的要求。

技术功效矩阵是专利技术微观分析中的一种常用方法,首先对分析的专利数据进行逐篇标引技术手段和功效,然后进行统计,以技术手段为纵轴、功效为横轴绘制成图,通常以气泡图的形式表现。专利技术功效矩阵能够明晰专利布局的热点与空白点,对企业制定技术发展策略有重要作用。本节以硬碳作负极材料为例分析了其专利布局空白点。

图 4-6 示出以硬碳作负极材料专利的技术功效图。该图从硬碳材料的技术构成出发,根据现有的公开专利信息,将硬碳材料的技术分为硬碳制备工艺、硬碳制备原料、硬碳结构设计三个方面。其中,针对硬碳制备工艺,选取四个关键技术点:液相法、凝胶法、水热法、固相法;针对硬碳制备原料,选取糖类、沥青基、聚合物、生物质四种主要原料;针对硬碳结构设计,选取表面改性、纳米化、包覆、体掺杂四种结构设计方式。同时,将与硬碳相关技术对应的有益效果分为安全性、倍率性能、比容量、导电性、库仑效率、循环性能、制造成本七个方面。

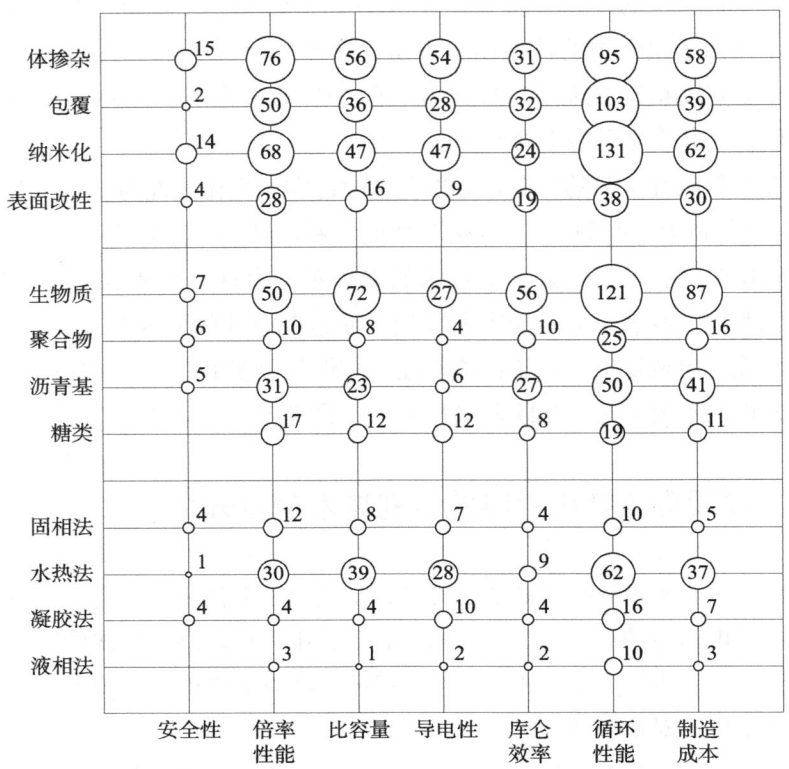

图 4-6 硬碳制备工艺、硬碳制备原料、硬碳结构设计对电池性能的影响

(1) 总体分析

图 4-7 体现了硬碳制备工艺、硬碳制备原料、硬碳结构设计的专利技术贡献分布，以体现专利技术在硬碳方面的技术研发热点。其中，技术贡献分布图中硬碳结构设计占比 48%，为最大。由此可见，当今硬碳的热点研究方向主要集中在结构设计上。但是，实际的研发过程中不应仅仅考虑结构设计直接带来的影响，因为结构设计作为最终的结果，依赖制备工艺过程及原料的选择，三者相统一。

(2) 安全性的提高

负极材料性能是影响钠离子电池充电过程中安全性的主要因素，由于钠离子电池的钠离子粒径较大及硬碳的电子导电率较差，在大倍率充电过程中钠离子容易在硬碳表面沉积造成析钠，进而造成短路，从而影响其安全性能，所以防止析钠是提高钠离子电池安全性的措施之一。

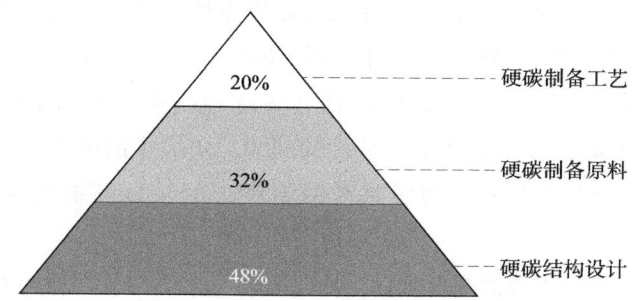

图4-7 硬碳制备工艺、硬碳制备原料、硬碳结构设计的专利技术贡献分布

通过防止析钠提高安全性,如深圳珈钠能源科技有限公司在公开号为CN117228655A的专利中采用在硬碳制造过程中将掺杂剂的添加量设定为碳源的1~10wt%,碳化温度控制在1200~1600℃,使制得的硬碳高电位斜坡区的占比及低电位平台区的嵌钠电位提高,从而使硬碳负极在充放电过程中表面不易析钠,循环过程中析钠反应受抑制,能够避免硬碳表面钠枝晶的形成,防止电池短路,进而提高电池的安全性能。

同样是防止析钠,湖南钠方新能源科技有限责任公司在公开号为CN116825951A的专利中则是从控制硬碳结构着手,通过将负极片内导电碳的孔容、孔径、比表面积和孔深等限定在特定范围内,如粒径为8~500nm,比表面积为500~2500cm^3/g,碳多孔材料的孔深为0.2~10nm,使钠离子电池负极的导电碳在形成导电子通道的同时兼具导离子的作用,增大了硬碳与电解质的界面接触面积,进而降低了硬碳与电解质的界面阻抗,从而有效提高钠离子电池的动力学性能,减少了因动力学差导致的析钠问题,进而提高了电芯安全性能。

预氧化处理技术也是提高安全性的措施之一,如兰州格瑞芬碳材料有限公司在公开号为CN116835566A的专利中利用氧化剂对沥青原料进行预氧化处理,得到一定氧含量与孔结构的多孔氧化沥青。其中,多孔结构可以为钠离子提供更多的吸附位点以及传输通道,氧杂原子可以打破沥青的有序结构,而且使用反应条件较为温和的盐类氧化物如高锰酸盐、高铁酸盐、过硫酸盐、过碳酸盐或碳酸盐等作为造孔氧化剂,形成多孔负极材料,在增加钠离子的脱嵌速率的同时,又不会引入多余的磁性物质,从而提升负极材料的安全性能。

硬碳负极材料还可通过抑制短路来提高安全性，如日本電気硝子株式会社在公开号为 WO2023095775A1 的专利中采用包含 β 氧化铝结晶或 NASICON 晶体的涂层覆盖的硬碳材料，通过用含有 β 氧化铝晶体、NASICON 晶体等材料的被覆层覆盖硬碳，在维持离子传导性的同时，负极中的电子传导性降低，能够通过抑制电流的集中来抑制短路时的温度上升，从而提高硬碳材料的安全性。

硬碳材料可通过阻燃提高安全性，如昆明理工大学在公开号为 CN113725425A 的专利是将磷材料与碳材料以适当的质量比混合制备磷碳复合材料，该材料对电解液具有很好的阻燃效果，从而可以提高硬碳材料的安全性。

（3）倍率性能的提高

倍率特性指的是电池在不同充放电速率下的表现能力，是影响动力电池性能的重要指标。通常，电池的放电倍率表示为 C 值，C 值是电池额定容量的倍数。例如，1C 放电倍率表示电池在 1h 内放出其额定容量，2C 放电倍率表示在 30min 内放出其额定容量，依此类推。倍率性能与电极材料的电子电导率以及离子扩散速率相关，倍率性能由低电位平台区硬碳内的离子扩散速率决定。因为从硬碳的放电曲线来看，在硬碳的斜坡区（3.00~0.10V）Na^+ 扩散系数在 $10^{-11} \sim 10^{-9} cm^2 \cdot s^{-1}$ 之间，在平台区（<0.10V）Na^+ 扩散系数为 $10^{-13} \sim 10^{-10} cm^2 \cdot s^{-1}$，比斜坡区低两个数量级。所以，提高钠离子扩散速率或电子电导率可以改善硬碳的倍率性能。

通过提高材料的离子扩散速率来提高倍率性能，如溧阳中科海钠科技有限责任公司在公开号为 CN117276517A 的专利中通过对硬碳设置包覆层来减少硬碳材料中的缺陷结构，促使硬碳和包覆层的接触面排列有序，生成高度有序的层状结构，从而提高硬碳与包覆层接触表面的石墨化程度、材料的电子电导率以及离子扩散速率，从而提高负极材料的倍率性能。

通过掺杂引入含氧官能团能提高倍率性能，如深圳海辰储能控制技术有限公司在公开号为 CN116632222A 的专利中则是在硬碳负极材料中掺杂 0.05%~1.4% 的少量氧元素，通过掺杂氧元素引入少量含氧官能团，能够增加硬碳负极材料对钠离子的吸附效率，进而增大电池的动力学性能，从而提高电池倍率性能。

通过提高电极材料的电子电导率来提高倍率性能，如江苏烯源谷新材料科技有限公司在公开号为 CN116404138A 的专利中披露，在制造硬碳材料时使用雾化法在基体表面沉积金属以提高沉积致密度，使材料沉积致密度均匀性好，可提高电子电导率，从而改善倍率性能。

通过控制材料结构也能提高倍率性能，如厦门大学在公开号为CN116443868A的专利中利用闪蒸技术对硬碳材料"抓拍"，即实现对硬碳材料微观结构的定格，以精确调控硬碳微观结构（石墨化碳微畴的尺寸、层数以及闭环碳畴数量等）。所制备得到的硬碳材料的颗粒大小不会发生明显变化，且处理后的材料中发生部分石墨化，导电性好，以此材料作为负极的钠离子电池拥有较好的倍率性能。

通过对碳源的选择来提高倍率性能，如北京理工大学在公开号为CN110407193A的专利中，采用甲壳素或甲壳素衍生物作为碳源，该材料具有天然丰富氮源，而丰富的氮元素能够保证材料较高的电子电导率，从而提高了硬碳材料的容量特性、倍率性能。

（4）比容量的提高

比容量又称质量比容量或体积比容量，顾名思义就是容量比质量或容量比体积得到的比值，即单位质量或单位体积储能材料所能容纳的参与储能反应的离子和电子的数量。所以，让硬碳材料产生更多空隙，有利于钠离子大量储存，可提高硬碳比容量；在生物质制碳中减少杂质，提高原料中碳的利用率，也能提高硬碳材料的比容量。

目前，提升材料比容量的措施之一是添加交联剂使材料形成孔洞结构，以提升材料的储钠功能，从而提高比容量。例如，江苏钠博恩新材料有限公司在专利CN117023563A中公开了一种沥青生物质基硬碳复合材料的制备方法，包括：将沥青、生物质与磷酸铝醇混合球磨，得到硬碳前驱体材料；将上述硬碳前驱体材料、交联剂和有机钠盐混合，在温度为200~400℃时发生交联反应，碳化，得到硬碳中间体产品；将碳源气体通入上述硬碳中间体产品上，沉积碳化，得到无定形碳包覆的沥青生物质基硬碳复合材料。由于球磨中加入磷酸铝醇，其具有较好的流动性，利于交联造孔，提升比容量。

通过活化也能提高材料的比容量，如乐凯钠储（上海）技术有限公司在公开号为CN116715218A的专利中，在硬碳制造中加碱活化，能够使硬碳产生更多的孔洞结构，提供更多的活性位点，有利于钠离子的大量储存，提高硬碳的比容量。

通过定向掺杂提高硬碳的比容量，氧掺杂在硬碳材料表面引入的含氧官能团种类繁多，包括羟基、羰基、羧基、醛基等，目前各类不同的含氧官能团对储钠性能的具体影响各有不同。研究表明，羟基电负性较弱，对钠离子的吸附作用小，而羧基电负性非常强，所储存的钠离子难以可逆地释放出来。与羟基和羧基不同，羰基和醛基具有适度的电负性，可以与钠离子发生可逆的吸附/脱附反应，大大提高碳材料的储钠容量，从而提高比容量。例如，广东工业大学公开号为 CN116873899A 的专利，其在硬碳的制造中采用浓硫酸、浓硝酸的混合酸进行氧化，混合酸中浓硫酸与浓硝酸的比例为（2~6）：1，氧化反应的温度取 80~100℃，可得到引入大量含氧官能团（主要是羟基基团）的硬碳材料；再将所得硬碳材料采用四乙酸铅进行定向氧化，反应的温度取 80~100℃，将羟基基团转变为羰基和醛基，从而提高硬碳材料的比容量。

通过化学法脱水缩合剂预处理材料，提高原材料的碳元素利用率，从而提高硬碳的比容量。例如，河南省氟基新材料科技有限公司在公开号为 CN117303344A 的专利中，将生物质颗粒通过化学法脱水缩合剂预处理，发生一定程度的碳化现象，经过滤、洗涤、烘干得到黑色的前驱体颗粒，再经低温预碳化提高固定碳含量，最后经破碎、高温烧结、后处理工序制得适用于钠离子电池负极的高比容量硬碳材料。与未经化学法脱水缩合方法预处理制得的硬碳材料相比（比容量约 320mA·h/g），本发明的硬碳材料产品比容量可达 380mAh/g 以上。

通过对碳源的选择来提高比容量也是一条较好的途径。例如，北京理工大学在公开号为 CN109004199A 的专利中，采用莲蓬为碳源，将生物质材料用去离子水洗涤并在真空干燥箱中干燥；然后再在保护气氛下，将得到的材料在高温炉中高温碳化，温度为 800~1400℃，碳化时间为 2~5h，升温速率为 1~10℃/min；接着将得到的材料研磨成粉末状，在浓度为 0.5~2M 的酸或碱溶液中搅拌 6~12h，然后用去离子水洗涤至中性，并在真空干燥箱中真空干燥，得到钠离子电池负极用生物质硬碳材料。制备得到的硬碳材料具有较大的碳层间距、较大的比表面积和较多的微孔，有利于钠离子的脱嵌和吸附，具有较高的比容量。

（5）导电性的提高

通过掺杂对硬碳材料进行表面改性可以提高硬碳的导电性，如海南大学公开号为 CN117003225A 的专利提供了一种钠/钾离子电池氮硫共掺杂硬碳负极材料及其制备方法，其配制十二烷基磺酸盐和氮源的混合物粉末，在惰性气体条件下碳化，对碳化产物洗涤、真空干燥得到氮硫共掺杂硬碳负极材料。氮原子的引入改变了碳材料表面的电荷分布，从而提高硬碳材料电子导电性。

改变硬碳的孔隙结构也可提高硬碳的导电性，如四川兴储能源科技有限公司在公开号 CN116947011A 的专利中公开了一种生物质基硬碳的制备及应用，其利用刻蚀剂将生物质材料中的木质纤维素熔断，形成相通孔道。由于通孔不利于钠离子的嵌入/脱出，故使用堵孔剂使通孔形成闭孔结构，以便于钠离子的嵌入和脱出，独特的孔结构提高了硬碳材料的导电性。

当然，多元掺杂也是提高硬碳材料导电性的一种重要手段，如湖南钠能时代科技发展有限公司在公开号 CN115490223B 的专利中介绍了一种基于废旧酚醛树脂的硬碳负极材料的制备方法，先将废旧酚醛树脂和环氧树脂混合，然后再加入金属粉末混合均匀，在有机溶剂存在的情况下进行预处理造孔，形成金属掺杂改性后的酚醛树脂；再进一步与非金属粉末进行高温碳化，最终制备得到多元素掺杂的硬碳负极材料。硬碳材料的掺杂元素包括金属元素和非金属元素，其中金属元素为 Ni、Co、Mn、Mg 中的一种或几种，非金属元素为 P、S、Se 中的一种或几种。该硬碳负极材料具有一维碳纳米纤维与纳米碳球颗粒复合的独特结构，能够有效改善材料的导电性，提高离子扩散速率。

（6）首次库仑效率的提高

库仑效率是电池可逆性的一个重要量化指标，电池库仑效率指电池放电容量与同循环过程中充电容量的比值。理论上来讲，当进入阴极的钠离子数目和从阴极中脱出的钠离子数目相等时，库仑效率为 100%，但是在实际过程中会发生副反应，这些副反应既有化学反应也有电化学反应，对于化学反应引起的这部分电荷损失是不可逆的。典型的，如钠离子参与了 SEI 膜的形成，这部分钠离子是回不到阴极的，其可造成首次库仑效率降低。

减少副反应的发生是提高首次库仑效率的一种重要方法。例如，上海汉行科技有限公司在专利 CN116230931A 中公开了一种软硬碳复合的钠离子电池负极材料及其制备方法，其将无定形碳层均匀包裹或镶嵌在无烟煤颗粒表面和层间，改善材料表面形貌，减少材料表面副反应的发生，从而提高首次库仑效率。

通过增加层间距以方便钠离子嵌脱是改善材料库仑效率的另一种重要方

法。例如，陕西润力辰智新材料有限公司在专利 CN117069091A 中公开了一种树脂基硬碳负极材料及其制备方法，其利用苯并噁嗪树脂良好的分子设计性，合理调节酚源与胺源的配比，实现碳骨架原位 N 掺杂与 N/S 共掺杂。该硬碳材料与单一酚醛树脂所得硬碳相比，具有更宽的层间距，有助于钠离子的嵌入与插层，保证了良好的可逆性，改善了电池的首次库仑效率。

另外，通过刻蚀均匀氧化交联工艺也可改善层间距从而提高首次库仑效率。例如，宁波杉杉新材料科技有限公司在公开号为 CN116936800A 的专利中，在碱金属试剂存在的情况下，对煤沥青进行刻蚀均匀氧化交联，再在黏结剂存在情况下，混捏、模压成型、脱水处理、碳化处理，实现碳材料结构的固化，从而制得沥青基硬碳负极材料。该沥青基硬碳负极材料石墨层间距大，为 $0.38 \sim 0.42\text{nm}$，可提高钠离子电池的首次库仑效率。

通过选择合适的富钠碳源（有机钠盐）与特定的杂原子前体（有机酸）进行水热聚合反应来提高首次库仑效率。例如，北京理工大学在公开号为 CN115417398A 的专利中，通过将有机钠盐和有机酸溶解于去离子水中形成混合溶液，其中有机钠盐与有机酸的质量比为 $1:0 \sim 1:5$；然后将混合溶液置入封闭反应釜中进行水热聚合反应，反应温度控制在 $160 \sim 200$℃，反应时间控制在 $12 \sim 24\text{h}$；接着分离出水热聚合反应产物并干燥得到粉末物；将所得粉末在保护气氛下碳化形成硬碳材料，碳化温度设定在 $800 \sim 1200$℃，升温速率控制在 $3 \sim 5$℃/min，碳化时间为 $2 \sim 4\text{h}$，得到的预钠化碳材料表现出优异的首次库仑效率性能。

（7）循环性能的提高

电池循环性能是指电池在重复充放电过程中维持额定容量的能力，通常以"循环次数"量化。循环性能直接决定电池的使用寿命。

影响钠离子电池负极材料循环寿命的因素较多，从原子层次来说，脱钠前后体积和弹性模量的变化与循环寿命息息相关，所以保证稳定的材料结构是提高循环寿命的一种重要手段。例如，上海大学在专利 CN108862235B 中公开了一种可用于钠离子电池负极的纤维状中空硬碳材料及其制备方法，其是以纤维状生物质材料为原料，经直接裂解法得到石墨层（002 晶面）的间距在 $0.36 \sim 0.42\text{nm}$ 的非晶态无定型的纤维状中空硬碳材料。由于其为稳定的微米级纤维结构，所以可以明显提高材料的循环寿命。

通过控制碳材料的结构也是提高材料的循环寿命的一种重要手段。例如，湖南钠方新能源科技有限责任公司在公开号为 CN116825951A 的专利中提供了一种负极片，将负极片内导电碳的孔容和孔径限定在特定范围内，由于该结构均匀、一致、稳定，从而提升了电芯的循环寿命。

4.3 技术演进分析

4.3.1 正极材料技术演进

图 4-8 示出正极材料的技术发展路线，钠离子电池正极材料主要包括过渡金属氧化物类、聚阴离子类化合物、普鲁士蓝类化合物等。其中过渡金属氧化物类材料受锂离子电池技术发展的影响，最早获得研究成果，在 2006 年就出现了相关的公开专利，但当时过渡金属氧化物类材料的循环寿命不太理想。为解决正极材料的循环寿命问题，随后出现了聚阴离子类正极材料，其循环寿命优于过渡金属氧化物，但聚阴离子类正极材料的主要问题是能量密度不高。因此，为了提高正极材料的能量密度，研究人员随后发现了一种高能量密度普鲁士蓝类正极材料，普鲁士蓝类材料当前在制备工艺上存在瓶颈，主要体现为结构缺陷和结晶水问题，若工艺实现突破有望在功率型储能场景下迎来一定产业化机遇。

（1）过渡金属氧化物的发展历程

过渡金属氧化物类包括层状结构氧化物和隧道结构氧化物。由于层状氧化物与锂电池三元正极的生产设备兼容，层状氧化物在钠离子电池正极材料的研究中起步最早，研究也最广泛，相比于锂离子电池仅 Mn、Co、Ni 三种元素的层状氧化物正极材料具有可逆电化学活性，钠离子电池的选择范围更广，第四周期元素从 Ti 至 Ni 的过渡金属都具有高活性，如 Ti、V、Cr、Mn、Fe、Co、Ni 和 Cu 等元素均可与钠形成层状结构，其工作机理也更为复杂，常伴随多种相变行为。

过渡金属层状氧化物具有周期性层状结构，能量密度较高，缺点是大多容易吸水或与空气反应。隧道结构氧化物被发现得稍晚，其晶体结构中仅一维隧道供 Na 离子嵌脱，这类材料储钠方式简单，不会发生较多的相变过程，结构比层状氧化物稳定，但由于 Na 离子嵌脱路径仅为一维隧道，所以离子传输速率受到限制，倍率性能不佳。

早期的过渡金属氧化物材料有钠镍复合氧化物和钠钴复合氧化物。钠镍复合氧化物工作电压低，基本都低至约 2.0 V，直到研究者发现将六方晶体结构的含有二价金属的钠镍复合氧化物用作非水电解质二次电池，才使其工作电压有所提高。比如住友化学株式会社在 2005 年申请的公开号为 JP2006179473A 的专利，公开了一种含有钠镍复合氧化物正极材料，通式为 $Na[Na_{(1/3-2x/3)}Ni_{(x-y)}M_{(2/3-x/3-y)}A_{2y}]O_2$，由于该氧化物含有二价金属，解决了 $NaNiO_2$ 氧化物正极活性材料用作非水电解质二次电池工作电压低的问题。

由于钠钴复合氧化物、钠镍复合氧化物正极氧化物材料所使用的稀有金属元素钴、镍等资源有限，为了寻找不使用 Co、Ni 等稀有金属元素且又能稳定地释放高放电容量的正极材料，研究者尝试寻找可采用非稀有金属的正极材料。如 2011 年日本东京理科大学申请的公开号为 JP2012201588A 的专利，其公开了一种 P2 型结构的层状复合金属氧化物，分子式为 $Na_xFe_yMn_{1-y}O_2$，其中 x 小于 1，y 为 1/3~2/3，其主要特点在于不包含 Co、Ni 等稀有金属元素，且即使反复充放电也能稳定地维持放电容量。但这种 P2 型层状氧化物材料在高电位区域的高放电容量能力还有待提高。同年，东京理科大学还申请了一种 O3 型层状结构复合氧化物材料，其公开号为 JP2013203565A，相比 P2 型结构的层状复合金属氧化物，含有钠铁钴氧化物的 O3 型层状结构复合氧化物材料，其钠离子含量更高，比容量高，可稳定维持大放电容量的反复充放电。

层状氧化物通式可以表示为 Na_xMO_2，其中 M 可以为钴、镍、锰、铬、钒、铁中的一种或几种的组合。根据氧的堆积方式和钠离子的占位，层状氧化物分为 P2、P3、O2 和 O3 相，O 表示 Na^+ 处于八面体的配位环境，P 表示 Na^+ 处于三棱柱的配位环境，数字表示在不同氧化层中 O 原子的堆垛形式出现的次数。当 Na 元素含量为 0.7~1.0 时，容易形成 O3 相，氧化层的堆垛形式为 ABCABC，Na^+ 处于八面体中心；当 Na 元素含量降为 0.7 时，容易形成 P2 相，氧化层的堆垛形式为 ABBA，所有 Na^+ 共用全部的边或面；当 Na 元素含量降为 0.5~0.67 时，容易形成 P3 相，氧化层的堆垛形式为 ABBCCA；当 Na 元素含量降为 0.3 以下时，容易形成 O2 相。在这四种层状氧化物中由于 O2

相极易发生相变且具有不可逆性,以及 P3 相又只有在高电压或特定合成条件下才会形成而比较少见,所以钠离子电池层状材料中的常见晶型只有 O3 相和 P2 相两种。P2 相的材料一般容量比较高,但是首周充电只能充一半甚至更低的容量,O3 相的化合物大部分都有储存上的限制,且得到的材料对水分或者空气成分敏感,需要在惰性气体环境中存储和使用。

总体来说,由于层状氧化物正极材料是二维结构以及存在相变,所以结构稳定性较差,又由于层状氧化物依赖钴、镍等高价金属而成本较高。为了解决层状氧化物正极材料结构稳定性的问题,研究者发现了隧道型氧化物材料,隧道型氧化物材料为三维结构,稳定性明显高于层状氧化物,而且不依赖高价金属,成本相对较低。

中国科学院物理所 2014 年申请的专利 CN104795550,其公开了一种隧道型钠铁锰钛氧化物,化学通式为 $Na_{0.61+a}Fe_bMn_cM_dTi_{0.39+e}O_{2+\delta}$;具有较高的工作电压,且首次库仑效率高、循环稳定、安全性能也很好。

在单相的层状结构氧化物和隧道型结构氧化物出现之后,研究者又开始了双相氧化物的研究。相比于单相材料,复合相材料的结构更加稳定,性能更加优异。2015 年东京理科大学在申请的专利 JP2016110991A 中公开一种具有 P2 和 P3 型结晶结构的钠-镍-锰复合金属氧化物,解决了通常使用 Na 和 Cr、Mn、Fe、Co、Ni 等过渡金属的复合氧化物正极材料需要黏结剂为耐氧化性优良的 PVDF 黏结剂的问题,其可以通过使用水性黏结剂来降低成本,且环境友好性好。再比如 2023 年中南大学纪效波团队研发出了一种 P2、O3 和富钠相三相共生的钠、锂、铜、镍、铁、锰复合氧化物电极材料,其公开号为 CN116143194A,这种材料由于具有高扩散速率的 P2 相、结构稳定的 O3 相以及可补偿钠含量的富钠相,具有优异的倍率性能和循环稳定性。

(2) 聚阴离子类化合物的发展历程

聚阴离子化合物一般由阳离子和阴离子基团组成,阴离子基团主要有 MO_x 多面体(M 为 V、Mn、Fe、Cr、Ti 等),$(XO_4)^{mn-}$ 或 $(X_mO_{3m+1})^{n-}$(X 为 P、S、Si、As 等),其中 MO_x 多面体与 $(XO_4)^{mn-}$ 或 $(X_mO_{3m+1})^{n-}$ 通过共角或共边的方式构成三维结构。阴离子基团具有强共价键,且结构稳定,聚阴离子化合物通常具有很好的热稳定性和循环性能,但其比容量低、压实密度低、电子电导率低。根据聚阴离子种类的不同,可划分为正磷酸盐、焦磷酸盐、硫酸盐、混合聚阴离子、氟磷酸盐等，目前主流的聚阴离子化合物为磷酸盐、焦磷酸盐。磷酸盐主要包括橄榄石结构 $NaMPO_4$、NASICON 型结构 $Na_3M_2(PO_4)_3$，其中 M 为过渡金属。

从发展历程来看，出现最早的聚阴离子类化合物材料为磷酸盐材料，如住友化学株式会社于 2009 年申请的专利 WO2010005097A1 中公开了一种过渡金属磷酸盐，其具有菱形晶体结构，化学式为 $Na_xM_yPO_4$（$0<x<1.5$，$0.8<y<1$），M 为过渡金属元素，如铁或锰。该材料通过设定单位质量物料所具有的总面积，可以确保粒子间的导电路径，从而可得到高放电容量的钠二次电池，这种磷酸盐材料的缺点是理论容量不高。

为了提高磷酸盐聚阴离子材料的理论容量，研究人员研究出了氟磷酸盐聚阴离子材料，氟磷酸盐的充放电电位为 3.5V 左右，其与含铁橄榄石的磷酸盐充放电电位相同，但氟磷酸盐理论上含有两个钠原子，因此预期理论容量约为现有金属磷酸盐材料容量的两倍。2011 年 Dong Gun Kim 等人在专利 US20120305855A1 中披露了一种氟磷酸盐聚阴离子材料，通式为 A_xMNPO_4F，其中 A 为锂（Li）、钠（Na）或其混合物，且 $0<x<2$。该材料在采用了包覆技术后，电池容量为实验对比电池容量的 2.5 倍。在提高容量方面，2020 年西安交通大学在专利 CN111439737B 中公开了一种钒基氧代氟磷酸钠正极材料及其制备方法，该材料化学式为 $Na_x(VO_yPO_4)_2F_{3-2y}$（$0 \leqslant x \leqslant 4$，$0 \leqslant y \leqslant 1$），其理论容量为 $243mA \cdot h/g$，平均电位高、电压极化小、热力学稳定、嵌脱钠体积变化小，是一类非常具有前景的室温可充钠电池正极材料。

由于 Na 的尺寸大，磷酸盐材料的钠离子可逆插入/脱离的动态特性一直不佳，为提高磷酸盐材料的可逆性和充放电速率，2012 年韩国的 SK 新技术在公开号 KR1020140000490A 的专利中提出了一种过渡金属焦磷酸盐正极材料，该焦磷酸盐化学式为 $Na_2MP_2O_7$（M 为 Fe、Co、Mn、Cu 等），其晶体结构包括单斜、三斜、四方和正交几种。该材料的充放电速率明显优于磷酸盐材料，可以显著提高钠离子电池的可逆性和充放电速率。

在提高磷酸盐材料的放电稳定性方面，2014 年北京理工大学在专利 CN105098179A 中发现了一种纳米棒状形态的磷酸钒钠 $Na_3V_2(PO_4)_3$，这种材料具有开放的 NASICON 结构，NASICON 结构有助于钠离子在材料的间隙中能够可逆地快速地扩散而不引起晶体主体结构的较大体积变化，其储钠机理是一种典型的可逆两相反应,在充放电过程中其体积变化很小且保持着稳定的晶体结构。这种材料在充电状态下拥有良好的热稳定性能,不仅能够实现钠离子电池的高容量充放电,且能够提高电池的循环稳定性。后来,中南大学2021年申请的专利CN112919442A公开了一种氟磷酸钒钠及其制备方法,其氟磷酸钒钠盐分子式为$Na_3(VO_{1-x}PO_4)_2F_{1+2x}(0 \leqslant x \leqslant 1)$,该材料与磷酸盐体系的晶格结构不同,其具有开放稳定的骨架结构,能提供离子传导的二维通道,所以相比磷酸钒钠,氟磷酸钒钠不仅放电稳定性好,电池容量也得到了提升,可逆比容量可达到120mA·h/g。

（3）普鲁士蓝类材料的发展历程

普鲁士蓝类材料最主要的原材料为氰化钠,化学通式为$Na_xM1[M2(CN)_6]_{1-y}·\square_y·nH_2O(0 \leqslant x \leqslant 2, 0 \leqslant y \leqslant 1)$,其中M1和M2为不同配位过渡金属离子（M1与N配位、M2与C配位）,如Mn、Fe、Co、Ni、Cu、Zn等；$\square$为[M2(CN)_6]空位。普鲁士蓝类化合物主要分为贫钠态和富钠态,$x \leqslant 1$称为贫钠态,$x > 1$称为富钠态或普鲁士白。普鲁士白可以通过M^{3+}/M^{2+}和Fe^{3+}/Fe^{2+}氧化还原电对实现2个钠离子的可逆脱出/嵌入,理论比容量达到170.8mA·h/g。

从发展进程上来看,由于聚阴离子类化合物和过渡金属氧化物的比容量较低,因此,提高正极材料的比容量是研究者关注的方向之一。2012年日本筑波大学在专利JP2013152869A中披露了一种包含普鲁士蓝的氰基桥联金属络合物的正极活性物质,相比于聚阴离子类材料和过渡金属氧化物材料,其不仅容量高,还可以降低成本。

提升普鲁士蓝材料的循环稳定性也是研究者关注的方向之一。2014年中国科学院化学研究所在专利CN103474659A中公开了一种高钠普鲁士蓝类化合物,分子式为$Na_{1.9}Mn_2(CN)_6$,该化合物表现出了较高的容量和循环性能。又如2018年合肥师范学院在专利CN108448098A中公开的一种花状结构铁基普鲁士蓝材料,分子式为$Na_2CoFe(CN)_6$,由于该材料呈现开放型的花状结构,比表面积大,结晶性好,作为钠离子电池正极材料可有效提高电解液对电极材料的浸润性,扩大电化学反应的接触面积,缩短锂离子与电子的传输路径；相对于高钠普鲁士蓝类材料,其不仅显著提升了材料的循环性能,还提高了材料的倍率性能。

在普鲁士蓝类正极材料晶体结构孔道中的空隙水由于易与配位水形成氢键，从而增加了去除空隙水的难度。如果空隙水没有除尽，这些空隙水会占据普鲁士蓝类正极材料晶体结构孔道中的部分空间，阻碍了碱金属或碱土金属离子的传输。如果空隙水没有除尽，这些孔隙水还会游离到电解液中，并与之发生副反应，引起电解液消耗、负极 SEI 膜不稳定、阻抗增大，导致电化学储能装置出现容量衰减、胀气等不良后果。如何去除空隙水是合成普鲁士蓝类正极材料的主要难题之一。2017 年宁德时代在公开号为 CN108946765B 的专利中公开了一种普鲁士蓝类正极材料及其制备方法、电化学储能装置，该普鲁士蓝类正极材料的分子式为 $A_xM_c[M'(CN)_6]_{1-y}(bH_2O)_{6y-d}L_d \cdot \square_y \cdot (iH_2O)_z$。其中，A 为碱金属阳离子、碱土金属阳离子、$Zn^{2+}$、$Al^{3+}$ 中的一种或几种；M 为 2^+ 和 3^+ 价位的金属；M' 为 2^+ 和 3^+ 价位的金属；bH_2O 为配位水；$\square$ 为 $[M'(CN)_6]$ 空穴；L 为中性配体，中性配体选自 CH_3CN、NH_3、CO、C_5H_5N 中的一种或几种；iH_2O 为空隙水；$0 < x \leq 2$；$0 < c \leq 1$；$0 < y < 1$；$0 < d \leq 6y$；$0 \leq z \leq 16$。在该普鲁士蓝类正极材料中，中性配体 L 参与过渡金属 M 的配位，部分或完全取代配位水，从而降低甚至去除配位水的含量。因此该普鲁士蓝类正极材料的吸水性能显著降低，进而能明显改善电化学储能装置的性能。

在提高电池充放电容量方面，2020 年浙江凯恩电池有限公司在专利 CN111252784A 中公开了一种锰基普鲁士白正极材料的制备方法，该锰基普鲁士白正极材料可显著提高钠离子电池的电化学性能，特别是能够有效提高电池充放电容量。浙江大学杭州国际科创中心在 2021 年申请的专利 CN113690433A 中公开了一种高熵普鲁士蓝类材料，分子式为 $Na_xM_{yn}[Fe(CN)_6]_z \cdot wH_2O$，其中 M 为 n 种不同的过渡金属元素，$5 \leq n$，$0.01 \leq yn \leq 0.90$，$y1+y2+y3+y4+y5+\cdots+yn=1$，$w \leq 4.0$，$1.40 \leq x \leq 1.95$，$0.90 \leq z \leq 0.98$，该材料具有较高的比容量、倍率性能和循环性能。

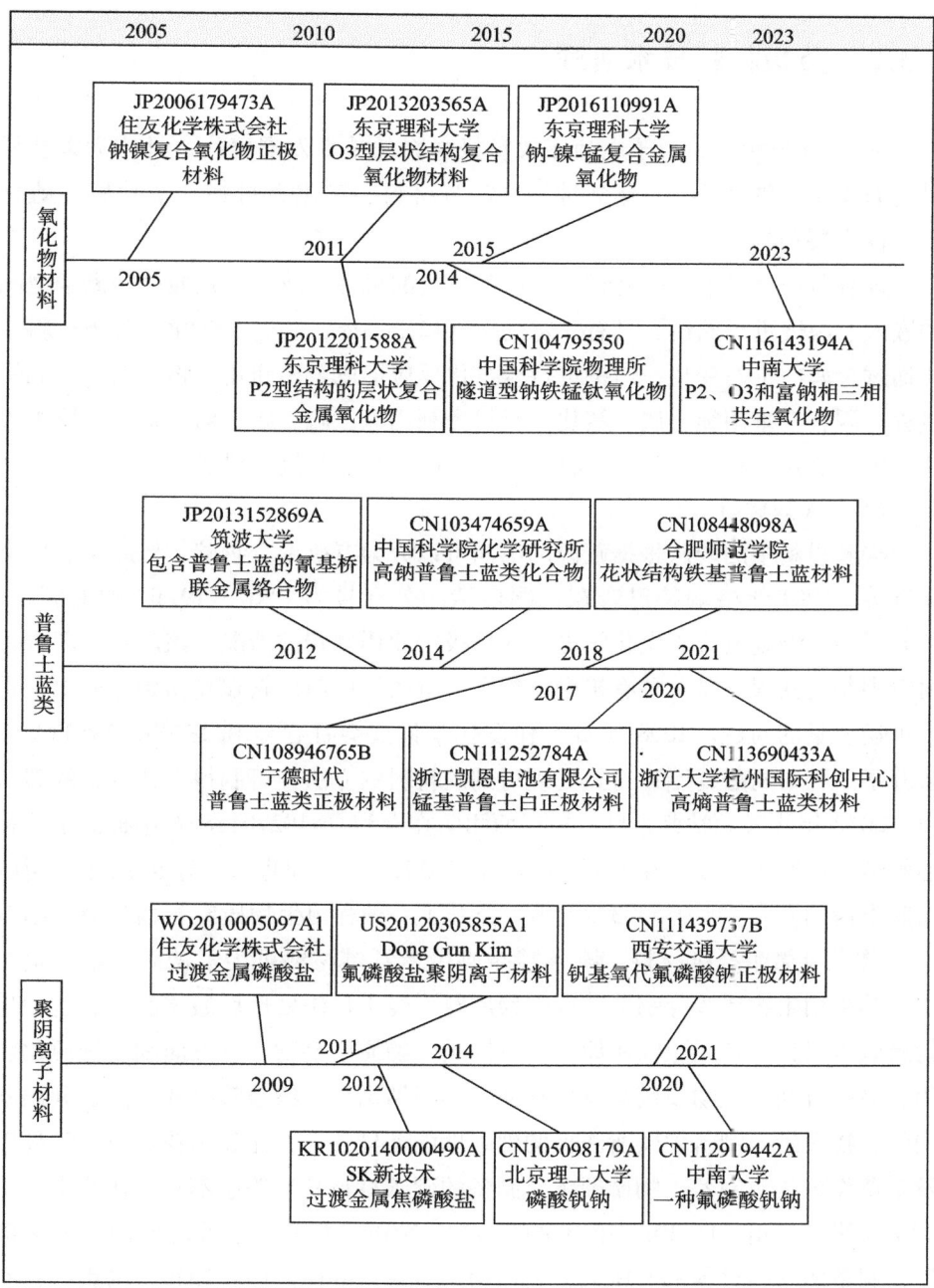

图4-8　正极材料的技术发展路线

4.3.2 负极材料技术演进

图 4-9 显示了钠离子电池主要负极材料的技术发展路线,具体为碳基材料(石墨烯、硬碳等)、合金材料、钛基材料、转化类材料(氧化物、硫化物)的发展历程。

现有负极材料中,碳基材料、钛基材料的机理一致,均是通过钠离子之间的嵌入、脱嵌进行储钠,具有一定的循环稳定性能;合金及转化类负极材料主要通过金属的价态变化,与钠进行合金化反应形成金属间化合物,以实现储钠过程。因合金采用纯金属,转化类材料为利用氧、硫、硒、碲、磷与金属组成化合物,合金与转化类材料的材料类别不同,故分开进行描述。

(1) 碳基材料

碳基材料中的硬碳根据碳源的不同可以分为有机聚合物碳、树脂碳、生物质碳等。2001 年格瑞特巴奇在美国申请的公开号为 US6737191B2 的专利中,公开了其在碱金属离子电化学电池的负极中使用硬碳的情况,该硬碳从沥青等材料中制备获得,是一种有机聚合物碳,解决了以前硬碳在高初始循环中存在不可逆容量的问题。2008 年日本住友化学株式会社在专利 JP2009173533A 中公开了一种对酚醛树脂进行热处理得到碳材料的方法,可制得大孔容积的碳材料。2012 年武汉大学曹余良、杨汉西团队在专利 CN102701184A 中披露了一种热解芳香族有机物获取生物质碳的方法。2016 年太原理工大学的徐守冬团队在其申请的专利 CN105552372A 中,公开了一种利用生物质废弃物为原料制备的 N 掺杂碳微米纤维材料。该 N 掺杂碳微米纤维材料可用于钠离子电池负极中,其采用生物质废弃物葵花籽壳为原料,经水热法处理后煅烧制得。这种生物质碳可以充分利用生物质原料,特别是生物质废弃物,一方面利于资源化利用,另一方面,生物质废弃物处理便于实现纳米化、掺杂等改性手段。利用不同的生物质碳源制备硬碳所获得的硬碳性能差异较大,比如用花生壳、秸秆以及杂草作为碳源制备生物质硬碳,制备的硬碳材料容量普遍不高。在北京理工大学吴锋、吴川团队 2018 年申请的专利 CN109004199A 中披露使用莲蓬为碳源,制备的硬碳材料具有较大的碳层间距、较大的比表面积和较多的微孔,有利于钠离子的脱嵌和吸附,提高了硬碳的容量性能。

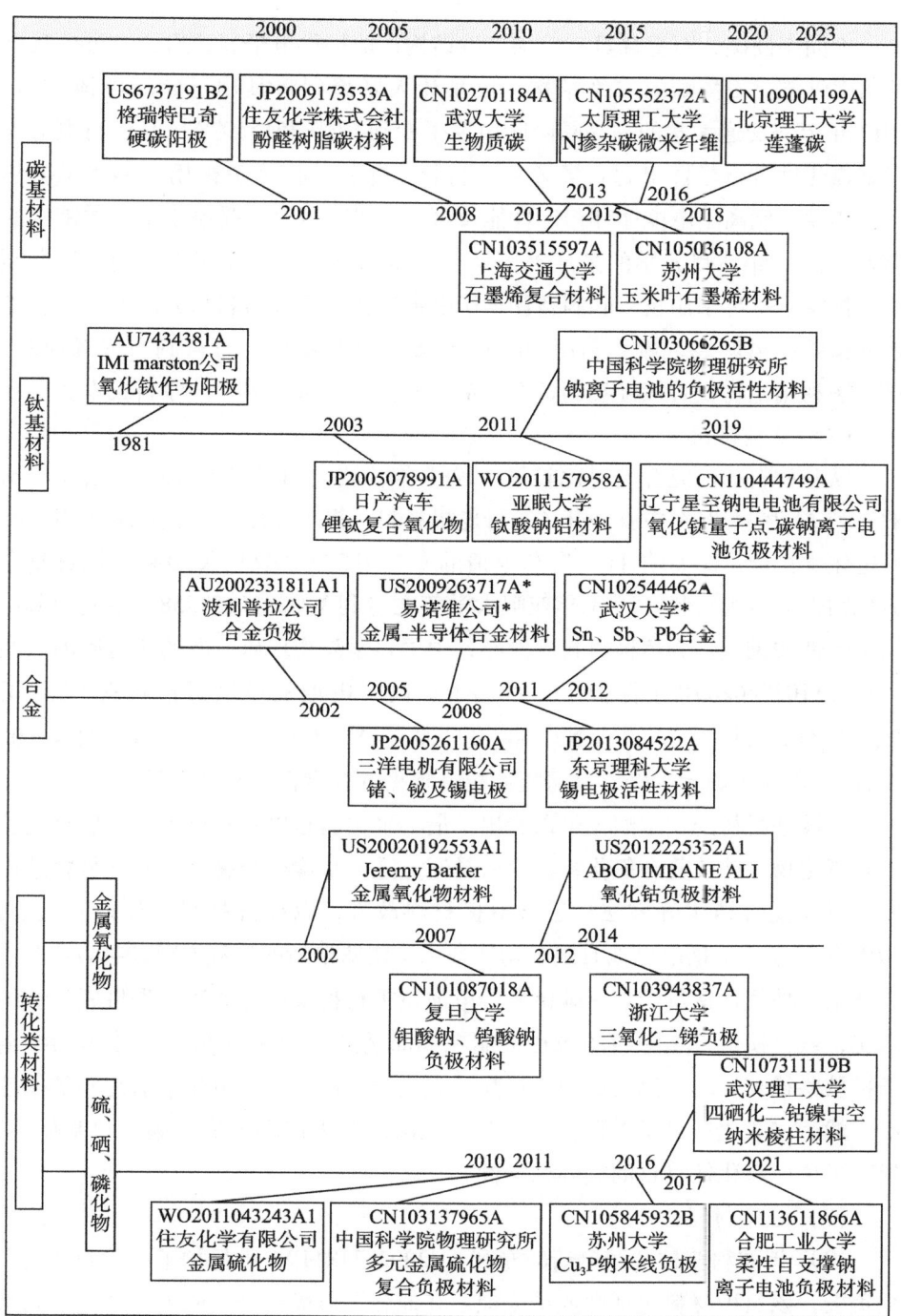

图4-9 负极材料的技术发展路线

不同于硬碳，石墨烯具有单层二维结构，能提供电子高速通道，可提升电池倍率性能。石墨烯的二维结构，极易让人联想到将其用于储能电池方向。2013年上海交通大学的马晶晶团队申请了专利CN103515597A，其将石墨烯与羟基氯化钴进行复合得到石墨烯复合材料，并将其作为负极用于钠离子电池中，实现了钠离子电池循环稳定性能及可逆容量的提升。受益于生物质制碳的启发，2015年苏州大学的晏成林团队申请的公开号为CN105036108A的专利中，披露了一种采用玉米叶制备钠离子电池电极石墨烯材料的方法，其先将玉米叶预处理再煅烧，最后利用Hummers方法进行反应，可得到石墨烯材料，该方法利用生物质直接处理制备石墨烯，降低了制备石墨烯的原料成本。

（2）钛基材料

钛基材料的研究开始得比较早。1981年，澳大利亚IMI marston公司申请的专利AU7434381A中就公开了一种电极材料，提出使用氧化钛作为阳极，提升电化学性能。2003年日产汽车申请的专利JP2005078991A中采用锂钛复合氧化物作为负极材料。2011年亚眠大学等在专利WO2011157958A中使用薄层结构的钛酸钠铝作为负极材料。同年，中国科学院物理研究所的胡勇胜团队在专利CN103066265B中保护了一种用于钠离子电池的负极活性材料$Li_{4-x}M^1_x Ti_{5-y}M^2_y O_{12}$；其中，$M^1$选自Na，$M^2$选自Mg、Al、Cu、Nb，$0<x\leq1$且$y=0$，或者$x=0$且$0<y\leq0.05$，其可提高提升负极的容量密度和库仑效率。

从钛基材料的技术演化可以看出，最早采用的是单一氧化钛，然后是锂钛复合氧化物、钠钛复合氧化物，而后是通过进一步掺杂金属、纳米化材料结构以及形成复合结构等方法，进行电极材料改性，以提升材料的性能。比如，2019年辽宁星空钠电电池有限公司的俞术雷团队申请的专利CN110444749A中公开了一种氧化钛量子点-碳钠离子电池负极材料及制备方法，先将氧化钛纳米化，氧化钛量子点颗粒的粒径控制在5nm左右，使氧化钛具有较短的钠离子扩散路径和较高的比表面积，提高了氧化钛电极材料的电化学活性和倍率性能，然后将氧化钛量子点颗粒均匀分散在碳基体表面和内嵌在碳材料基体中，提高了单一氧化钛材料的循环稳定性。

（3）合金材料

2002年波利普拉公司申请的专利AU2002331811A1中保护了一种封装的合金负极，该负极材料包括锂或钠或锂-其他金属形成的合金或钠-其他金属形成的合金；优选合金包括锂铝合金、锂硅合金、锂锡合金和钠铅合金（例如

Na₄Pb)。三洋电机有限公司在2005年申请的专利JP2005261160A中，将合金材料扩展到ⅣA族其他元素（Si、Ge）。由于Si和Ge为半导体元素，本身具有一定的电导率，通过与其他金属复合（如Ni），可提升材料导电性能。专利JP2005261160A保护了一种非水电解质二次电池，负极采用了锗、铋及锡等元素。易诺维公司在2008年申请的专利US2009263717A采用金属－半导体合金（如镍硅合金）作为负极材料。2011年东京理科大学在专利JP2013084522A中公开了一种锡电极活性材料，该材料含有Ti、V、Cr、Mn等一种或多种金属。2012年武汉大学的曹余良、杨汉西团队在专利CN102544462A中采用Sn、Sb、Pb中的一种或几种组成合金作为钠离子电池负极。

（4）转化类材料

转化类材料始于金属氧化物材料的研究。2002年，Jeremy Barker等人申请的专利US2002192553A1中，提及了一种阳极，包含选自金属氧化物（特别是过渡金属氧化物）、金属硫属化物的插入材料，该方案并未指出金属氧化物、金属硫属化物具体为何种材料。2007年复旦大学在专利CN101087018A中提出采用氧化锰、钼酸钠、钨酸钠作为钠离子负极材料。2012年ABOUIMRANE ALI在专利US2012225352A1中采用氧化钴作为负极材料。2014年浙江大学在专利CN103943837A中采用三氧化二锑作负极。

金属硫化物方面，2010年住友化学有限公司申请的专利WO2011043243A1中采用金属硫化物为负极活性物质，金属硫化物可为ZrS_2、VS_2、FeS_2、NiS_2等。为了提高放电电位平台，2011年中国科学院物理研究所的胡勇胜团队在专利CN103137965A中采用了一种多元金属硫化物复合负极材料$Mn_{1-x}M_xS$，金属离子M可选自Fe、Co、Ni、Cu中的一种或几种，$0.01<x<0.99$，该多元金属硫化物复合负极材料具有在1.2~1.8V可调的电位平台、较高的比容量（0.1~2.5V充放电可逆容量在500mA·h/g以上，0.5~2.5V充放电可逆容量在400mA·h/g以上），循环30周后容量保持率在80%以上。

金属磷化物相比金属硫化物及碳质材料，具有更高的比电容。2016年苏州大学申请的专利CN105845932B中，公开了一种Cu_3P纳米线负极的制备方法，Cu_3P纳米线不需要使用黏结剂，具有良好的电子/离子快速传输通道、优异的倍率性能和循环稳定性等。2021年合肥工业大学的余彦团队申请的专利CN113611866A中阐述了一种柔性自支撑钠离子电池负极材料及其制备方法，其以碳纤维纸为柔性导电支撑骨架，多孔碳及其表面弥散分布的细小Ni_2P纳米颗粒为活性物质，避免了使用导电剂、黏结剂和集流体，该 Ni_2P 负极材料比容量高、循环稳定性好、倍率性能优越。

金属硒化物方面，武汉理工大学于 2017 年申请的专利 CN107311119B 中，公开了一种四硒化二钴镍中空纳米棱柱材料及其制备方法，其具有中空纳米棱柱的电化学结构特性，在电极充放电循环过程中发生体积膨胀时，可提供有效的缓冲空间，可减缓结构的坍塌破裂，从而提高电极材料的循环稳定性以及循环寿命。

由此可见，转化类反应材料（金属氧化物、金属硫化物等）的进展为材料选用元素的不断创新，从最早使用的钼、钛，到后来出现的锆、钒、铁、镍，以及多元素复合，逐渐从单一元素向多元素掺杂发展，而进一步如何进行改性，将是近期发展的方向之一。

4.3.3 负极材料改性的技术演进

电池电极材料的改性是提高电池性能的一种重要手段，研究者争相研究的目标是通过改性措施来提高电池的循环寿命、倍率性能和比容量等性能。现在改性技术通常包括材料包覆、材料掺杂、材料纳米化，以及表面改性。图 4-10 展示了负极材料改性的技术发展路线。

（1）负极材料的包覆改性

钠离子电池负极材料的包覆，主要会根据主体活性材料的不同而选择，比如主体活性材料的导电性不好，则需要包覆一层导电性好的物质，如碳、金属等材料；如果活性材料稳定性不好，则需要包覆一些稳定的物质，如氧化物、氮化物等稳定性能好的物质，用于抑制电解液对材料的侵蚀，或者用于抑制活性材料充放电过程中的膨胀。有时需要同时考虑选择相互重叠包覆。包覆改性需考虑包覆材料的成本、包覆原料的价格以及包覆工艺的难度，所以通常会选用廉价碳源作为包覆的原料。

1）碳单层包覆技术。碳包覆可以通过在材料表面包覆一层碳来改善材料的导电性，包覆的主体材料大多为导电性欠佳的材料，如二氧化钛类的钛基材料、锡基材料、磷化铜之类的磷化物材料、氧化钨之类的氧化物材料，以及氮化物材料等，这些材料均可用碳包覆来改进其导电性和循环结构稳定性。

2011年，日本的株式会社丰田中央研究所提交了一份专利申请，公开号为JP2013037809A，其包覆的活性主体材料是硅，通过在聚硅烷层上包覆碳材料来提高电池的充放电循环性能。由于碳层不但能提高硅活性材料的导电性，同时聚硅烷被碳覆盖，可以抑制客体分子和离子等的出入引起的体积变化，因而还改善了活性材料的循环稳定性。

2013年华中科技大学提交了一份公开号为CN104716319A的专利，其碳包覆的主体材料为硫化物。2014年日本的丰田公司在在美国申请了一份公开号为US2015010820A1的专利，其包覆的主体材料为铌钛复合氧化物。2016年清华大学在专利CN107681126A中提出采用碳包覆红磷，红磷在充放电过程中随着锂、钠离子的嵌入和脱出会产生较大的体积变化，容易造成电极材料在集流体表面粉化和脱落，降低电池循环寿命，清华大学采用碳包覆红磷降低了红磷主体活性材料的体积变化。

另外一些导电性差的碳材料也常采用导电性好的碳材料包覆，如2017年中南大学深圳研究院申请的专利CN107994222A，其采用石墨化碳包覆无定型碳，2018年中南大学申请的专利CN109616639A中公开了一种硬碳包覆膨胀微晶石墨材料，提到在碳材料的包覆过程中适当控制碳材料层的氢原子数与碳原子数之比，不仅可以提高电极的电子传导率，还可以抑制非水电解质的还原分解，从而可以提高钠离子电池的循环寿命。

2）非碳包覆技术。包覆技术除了碳包覆之外也有非碳包覆技术，因为碳包覆技术主要改进材料导电性以及结构易膨胀材料的稳定性；如果要提高主体材料的倍率性能或比容量，则必须选择非碳包覆，比如氮化钛包覆和硫化物包覆。

在钠离子电池负极非碳包覆方面，中南大学2016年申请的专利CN106410153A，披露采用氮化钛包覆钛酸镍，能提高电池的充放电比容量、倍率性能和循环性能。2018年清华大学深圳研究生院申请的专利CN108987688A，采用离子导体金属硫化物均匀包覆多孔碳材料，提高了多孔碳材料的倍率性能。

3）多层包覆技术。由于单层包覆只能满足单一需要，但有时存在多种需要，则会采用多层包覆。韩国的蔚山科学技术院在2015年申请的专利KR1020170024918A中采用交联聚合物和碳两种涂覆层对活性材料进行包覆。中国石油大学在2019年申请的专利CN109873149A中采用二硫化钼和碳对硫化亚锡进行双层包覆，一层包覆硫化亚锡，可以缓解膨胀，能够增强主体物质硫化亚锡的导电性和稳定性，另一层包覆整个纳米球，增强纳米球的稳定性和导电性；同时，二硫化钼和双层碳对硫化亚锡的包覆，使硫化亚锡避免了与电解液直接接触，从而避免一些副反应的发生，可以增加硫化亚锡的可逆性以及结构稳定性。

2023年12月，河南科隆新能源股份有限公司申请的专利CN115448384，公开了一种多层包覆技术，其主要是以镍锰或镍铁锰氢氧化物为基体，采用共沉积方法进行外层铜包覆，共沉积铜包覆反应结束后，通过陈化反应加入硅盐，水解进行二次硅包覆，最后通过预烧使得$Cu(OH)_2$形成CuO；两次包覆过程中均不采用络合剂进行包覆。包覆铜的目的是提高钠离子电池的倍率性能，包覆硅的目的是防止因首周充电过程中晶体结构崩塌形成无定形相的问题，包覆硅能增加晶体结构的稳定性。

（2）负极材料的掺杂改性路线

包覆技术能提高电极材料的循环结构稳定性和材料导电性能，且采用非碳包覆还能提高材料的比容量，但包覆技术对电极材料的比容量提高有限。与包覆改性不同，掺杂改性能大大提高电极材料的比容量和钠离子的嵌入性能。掺杂改性技术包括早期的单掺杂技术和后期出现的多元掺杂技术。

1）单掺杂技术。单掺杂技主要在碳中掺杂氮、磷、硫、硼，在二氧化钛中掺杂铌或铈，在硒化钼中掺杂硫等。

武汉大学曹余良、杨汉西团队在2012年递交了公开号为CN102709534A的专利申请，其通过在碳中掺杂氮、磷、硫、硼，从而使碳材料有了可逆的钠离子嵌脱性能。日本国立大学法人鸟取大学在2014年申请的专利JP2016096016A中披露，其在二氧化钛中掺杂铌或铈，大大提高了二氧化钛的比容量和循环特性。中南大学在2015年申请的专利CN105428622A中提出，在硒化钼中掺杂硫元素，同样大大提高了钠离子电池的比容量和循环稳定性能。

2）多元掺杂技术。相比单掺杂技术而言，多元掺杂技术主要集中在对碳材料掺杂，包括在碳中掺杂锑与氮、铋与氮或者氮与硫等多种杂原子。

中南大学的赖延清团队在2015年申请的两件专利CN104617281A、CN105024056A中披露，采用锑与氮或者铋与氮进行二元掺杂。因为单纯的掺杂锑或铋，在钠离子电池充放电过程中，面临着导电性低、体积膨胀及颗粒团聚等问题，导致负极材料开裂粉化，从而电极容量衰减，循环稳定性差；而采用锑与氮或者铋与氮二元掺杂，则掺杂后的碳材料具有较高的比表面积和导电性，倍率性能好，比容量高且在充放电过程中结构不易破坏。

2017年深圳大学在申请的专利CN107331833A中采用氮、硫二元掺杂，氮的掺杂可以提高材料的导电性，硫的掺杂可以增加碳材料的层间距，有利于钠离子储存量的提高，促进钠离子嵌入-脱嵌过程，从而提高了钠离子电池的倍率性能。2022年华中科技大学申请的专利CN114583137A公开了一种在碳表面进行硫掺杂磷修饰的方法，掺杂的主要对象不是活性材料基体而是其磷包覆层，该方法可得到具有硫掺杂磷界面层的高性能电池负极材料，用作碱金属离子电池的高性能负极材料。硫掺杂磷界面层不仅具有好的环境稳定性，使材料可以使用水性黏结剂进行电池电极制作，并且它在循环过程中生成的磷化物能够提升材料离子电导率从而提升电池的快充性能。

在掺杂技术中，单纯地只掺杂一元杂质，则只能改变材料的导电性或者比容量，而且一元掺杂在提高材料的比容量的同时，可能会降低材料的导电性，所以最好的方法还是采用二元掺杂或多元掺杂。对于钠离子电池的负极掺杂改性，最多的为碳材料掺杂，而对于其他材料如氮化物或磷化物则少有公开，比如锡基材料、硅基材料，其本身就有较高的比容量，无须再用掺杂提高其比容量。

（3）负极材料的纳米改性路线

负极包覆改性能提高负极材料的循环稳定性和导电性，负极材料的掺杂改性能提高负极材料的比容量和导电性，而负极材料的纳米改性则能明显提高负极材料的倍率性能。

2015年申请的两件美国专利US2014212733A1、US2015147650A1采用纳米化改性技术均明显提高了钠离子电池的倍率性能。US2014212733A1对二氧化钛或氧化钒负极材料进行了纳米改性，US2015147650A1对Sb基材料采用了纳米化。2016年申请的美国专利US2018175379A采用锗碳纳米管阵列作为电极，解决了材料的结构稳定性差的问题。

（4）改性技术融合路线

由于包覆改性只能解决材料的导电性和稳定性，掺杂改性只能提高比容量，纳米化改性只能提高材料的倍率性能，所以如果想同时解决电池的循环稳定性、导电性、比容量、倍率性能等，只通过一种改性方法是难以实现的，通常会融合两种或三种改性方式。

1）碳包覆掺杂融合技术。随着掺杂技术的出现，为了提高碳包覆层的导电性，研究者尝试对包覆碳层进行掺杂杂原子的研究。如，陕西科技大学在2016年申请的专利CN106252653A中提到，由于四氧化三铁活性材料的导电性差，所以利用掺氮的碳包覆四氧化三铁活性材料，能大大提高负极材料的导电性；其采用的包覆层不是碳而是掺氮的碳。

2）碳包覆纳米融合技术。随着纳米材料的出现，研究者除了提出利用掺杂技术提高碳包覆层的导电性外，还可采用碳包覆纳米融合技术来提高导电性。

碳基纳米材料中导电性能目前最好的是石墨烯。2017年中国科学院福建物质结构研究所申请了有关石墨烯包覆材料的专利，其公开号为CN108232142A，披露采用石墨烯包覆硫化锌活性材料，解决了硫化锌材料导电性差的问题。同年，中国科学院大连化学物理研究所也递交了一份专利，公开号为CN109638230A，其采用石墨烯包覆硫化钼活性材料，改变了硫化钼容易发生结构变化，导致电池性能衰减和导电性差的问题。

2018年，厦门稀土材料研究所申请的专利CN108695496A，公开了一种石墨烯包覆多孔红磷、导电炭复合材料，其采用石墨烯包覆活性材料红磷。相比清华大学2016年在专利CN107681126A中提及的只采用碳来包覆红磷活性材料，厦门稀土材料研究所采用石墨烯包覆改性则是更进了一步，采用石墨烯包覆红磷，缓解了红磷合金化时的体积膨胀问题和红磷本身导电性差的问题。

3）碳包覆、掺杂、纳米三技术融合。厦门理工学院在2018年申请的专利CN109037617A中披露了碳包覆、掺杂和纳米技术相融合的方案，其公开了一种硒化钴/氮掺杂碳复合材料及其制备方法，采用的硒化钴为高比容量材料，氮掺杂碳复合材料为导电性好的包覆材料，硒化钴材料为纳米材料。

2019年陕西科技大学提交了一份专利，公开号为CN110021745A，其采用水热–热处理方法同时原位构造氮硫共掺杂三维石墨烯完全包覆过渡金属硫化物的复合结构。金属硫化物完全被氮硫共掺杂石墨烯包覆，金属硫化物的颗粒可控，大小均一，均匀被石墨烯包覆，该结构设计能显著解决过渡金属硫化物在储锂或储钠过程中因体积膨胀导致的容量衰减问题。

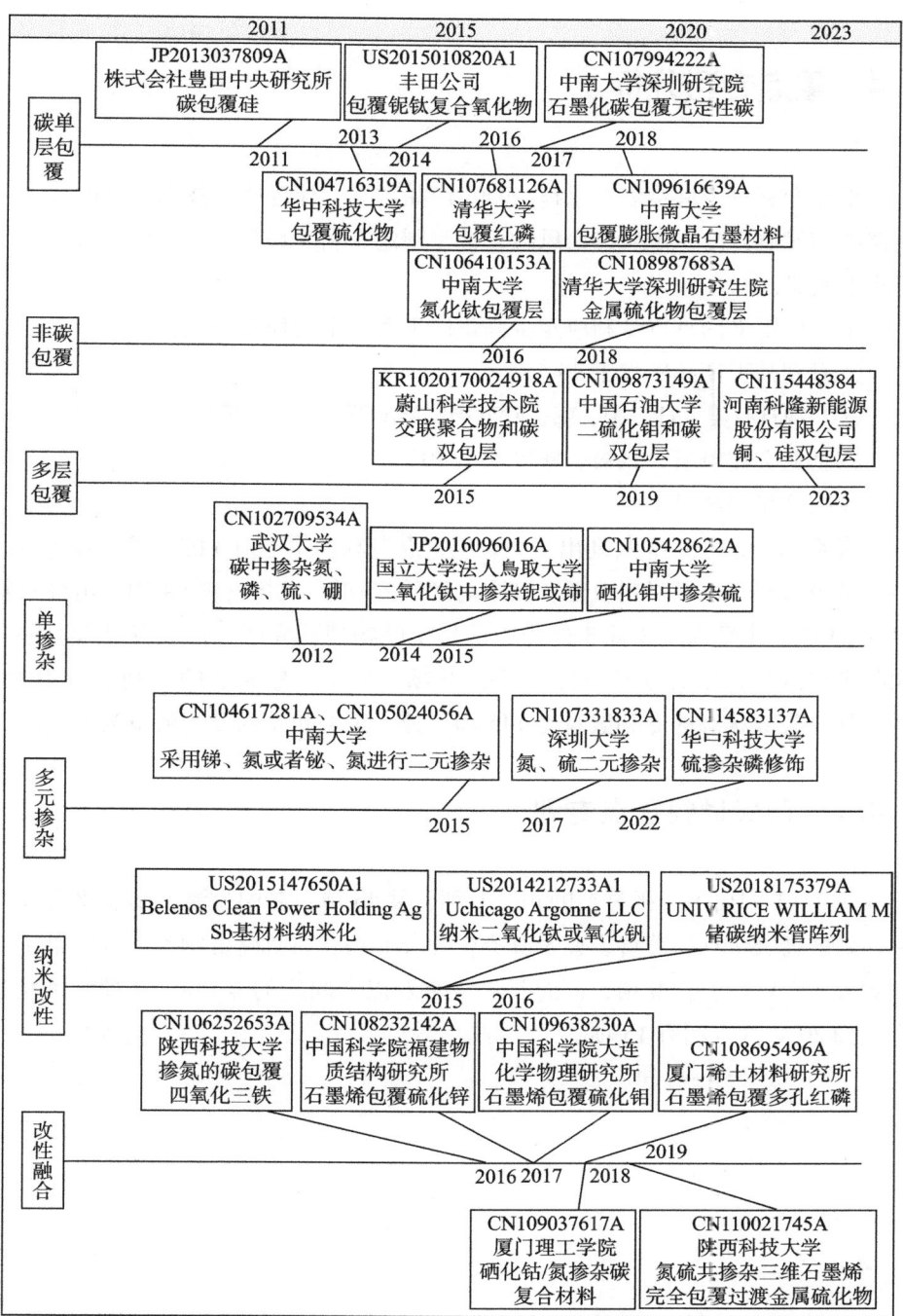

图4-10 负极材料改性的技术发展路线

4.4 重点专利分析

重点专利对于借鉴创新思路、修正产品方案、梳理所属技术领域的技术发展路线和发展方向、规避诉讼风险，甚至制定专利交易策略、计算许可费等都有重要意义。

本节所定义的重点专利应至少满足以下条件中的任意一项：

①专利被引证频次大于30。
②专利具有美、日、中、韩、欧五局同族的至少2个，且被引频次大于10。
③企业合作申请，且被引频次大于10。
④维持年限超过10年。

表4-1～表4-43共列出了286项重点专利，位于前3的技术主题为电解质、负极材料和电极材料改性，其中电解质85项，负极材料64项，电极材料改性63项。申请人位于前3的为中国科学院物理研究所、格瑞特巴奇有限公司与丰田汽车，分别为12项、10项、9项。处于有效状态的专利数量为135项，处于失效状态的专利数量为145项，处于审中状态的专利数量为6项。

4.4.1 正极材料重点专利

表4-1列出了正极材料的相关专利，共43项，其中过渡金属氧化物有27项，磷酸盐类7项，普鲁士蓝及其类似物类8项，有机化合物类1项，被引用次数大于50次的有10项，同时具有3个及以上同族的专利有19项，维持年限达到20年的专利有15项。

表4-1 正极材料重点专利列表

序号	技术主题	公开（公告）号	被引次数	同族国家/地区	维持年限	专利权人	申请日	法律状态
1	过渡金属氧化物类正极材料	CN114975982A	14	JP, KR, CN, EP, US	2	贵州振华	2022/4/29	审中
2	过渡金属氧化物类正极材料	CN112563484A	14	WO, CN	3	山东玉皇新能源科技有限公司	2020/11/19	有效
3	过渡金属氧化物类正极材料	JP2019537226A	38	JP, WO, EP, CN, US	4	乐金集团	2018/6/21	有效
4	过渡金属氧化物类正极材料	JP2018506156A	17	JP, WO, CN, EP, US	6	乐金集团	2016/6/17	有效
5	过渡金属氧化物类正极材料	CN108475782A	13	IN, WO, CN, PL, HU	7	托普索公司	2017/1/10	审中
6	过渡金属氧化物类正极材料	JP2016519400A	17	JP, KR, WO, CN, EP, PL, HU, CA	8	陶氏杜邦	2014/4/4	失效
7	过渡金属氧化物类正极材料	US20150380724A1	34	US	8	亚利桑那州董事会	2014/2/27	有效
8	过渡金属氧化物类正极材料	JP2015176678A	55	JP	9	日产自动车株式会社	2014/3/13	审中
9	过渡金属氧化物类正极材料	JP2015519686A	183	JP, KR, WO, CN, EP	11	加州理工大学	2013/1/10	有效
10	过渡金属氧化物类正极材料	US20110052986A1	33	US	13	巴克杰里米	2010/10/6	失效
11	过渡金属氧化物类正极材料	JP2010086693A	53	JP, KR, EP, CN, US	14	日立电机能源株式会社	2008/9/30	有效
12	过渡金属氧化物类正极材料	JP2010080424A	28	IN, JP	14	住友公司	2009/3/25	失效
13	过渡金属氧化物类正极材料	JP2009544121A	19	IN, JP, KH, WO, EP, CN, CA, US, ES	14	魁北克水电公司	2007/7/17	有效
14	过渡金属氧化物类正极材料	CN102150306A	39	JP, WO, CN, US	14	松下电气产业株式会社	2009/5/13	失效
15	过渡金属氧化物类正极材料	CN101176225A	16	JP, KR, WO, CN, EP, CA	2	威伦斯技术公司	2006/3/28	失效

续表

序号	技术主题	公开（公告）号	被引次数	同族国家/地区	维持年限	专利权人	申请日	法律状态
16	过渡金属氧化物类正极材料	JP2004171961A	47	DE, JP, KR, EP, US	20	住友公司	2002/11/20	失效
17	过渡金属氧化物类正极材料	JP2003315548A	25	TW, JP, KR, WO, EP, CN, US, CA	20	紫尼株式会社	2001/11/9	失效
18	过渡金属氧化物类正极材料	JP2003514367A	11	HK, AU, JP, WO, EP, CN, US	20	宝洁公司	2000/10/25	失效
19	过渡金属氧化物类正极材料	JP2003095649A	39	JP	20	日本碍子株式会社	2002/6/21	失效
20	过渡金属氧化物类正极材料	JP2002063900A	51	JP	20	日立制作所株式会社	2000/8/14	失效
21	过渡金属氧化物类正极材料	JP2001328818A	41	JP	20	物质材料研究所	2000/5/19	失效
22	过渡金属氧化物类正极材料	JP2001250552A	12	JP, EP, US	20	日产自动车株式会社	2000/3/3	失效
23	过渡金属氧化物类正极材料	US6132902A	52	US	20	富士胶片	1997/6/16	失效
24	过渡金属氧化物类正极材料	JP11049519A	16	DE, AU, JP, KR, CN, US	20	伊泽化学	1997/7/30	失效
25	过渡金属氧化物类正极材料	JP09120815A	14	JP, US	20	东芝公司	1996/8/13	失效
26	过渡金属氧化物类正极材料	JP08138669A	68	JP	20	东丽公司	1994/11/2	失效
27	过渡金属氧化物类正极材料	JP07029602A	123	JP, US	20	精工公司	1993/7/13	失效
28	磷酸盐类正极材料	CN109775680A	13	WO, US	4	上海紫剑化工科技有限公司	2019/8/7	有效
29	磷酸盐类正极材料	CN106537667A	10	TW, JP, KR, WO, CN, US	8	日本电气硝子	2015/11/5	有效
30	磷酸盐类正极材料	US20160049658A1	22	KR, US	8	SK 新技术	2015/8/12	有效

续表

序号	技术主题	公开（公告）号	被引次数	同族国家/地区	维持年限	专利权人	申请日	法律状态
31	磷酸盐类正极材料	CN103594716A	54	CN	4	天津工业大学	2013/11/21	失效
32	磷酸盐类正极材料	JP2008260666A	86	JP	16	九州大学	2007/4/13	失效
33	磷酸盐类正极材料	US4512905A	88	US	20	得克萨斯农工大学	1982/12/23	失效
34	硫酸盐类正极材料	US5618642A	35	US	20	德拉米克	1995/6/6	失效
35	普鲁士蓝及其类似物类正极材料	CN114212802A	15	DE, WO, CN, GB, US	2	宁德时代	2021/10/26	有效
36	普鲁士蓝及其类似物类正极材料	CN115023829A	32	WO, CN	3	辽宁星空钠电电池有限公司	2020/2/24	有效
37	普鲁士蓝及其类似物类正极材料	CN111377462A	30	CN	4	上海交通大学	2019/7/5	有效
38	普鲁士蓝及其类似物类正极材料	CN110235292A	23	WO, CN	5	辽宁星空钠电电池有限公司	2018/9/4	有效
39	普鲁士蓝及其类似物类正极材料	EP3614468A1	17	WO, EP	5	宁德时代	2017/5/18	有效
40	普鲁士蓝及其类似物类正极材料	CN107364875A	30	CN	5	全球能源互联网研究院	2017/6/22	失效
41	普鲁士蓝及其类似物类正极材料	US20140050982A1	35	WO, CN, US	10	夏普公司	2013/10/30	失效
42	普鲁士蓝及其类似物类正极材料	CN102522553A	46	CN	2	武汉大学	2011/12/31	失效
43	有机化合物类正极材料	JP08306364A	40	JP	20	索尼公司	1995/5/9	失效

表4-2～表4-7列举出6件正极材料重点专利的基本信息。

表4-2 正极材料重点专利1基本信息

发明名称	一种制备钠离子电池正极材料氟磷酸钒钠的方法	
入选理由	被引次数达54次	
优先权日	2013/11/21	
公开号		公开日
CN103594716A		2014/2/19
申请人/专利权人	天津工业大学	
发明点	将五价氧化钒化合物、磷酸二氢铵、还原剂和碳源混合溶解于去离子水中。将所得混合物置于水浴中，搅拌，混合均匀，即得浅绿色浆料。将浆料在真空烘箱中干燥，然后转移至管式炉中，加热，冷却，得到磷酸钒/碳前驱体。将磷酸钒/碳前驱体和氟化钠混合，球磨，混合物在氮气气氛下加热，冷却，得到磷酸钒钠负极材料	
技术效果	与传统的高温固相法、喷雾干燥法等方法相比，分散性好，纯度高，溶解充分，颗粒粒径均匀	
具体实施方式	以钒源、磷源、碳源为主要合成原料，按钒：磷：碳元素的摩尔比1：1：1.2溶于去离子水中，水浴加热，持续搅拌，得到浅绿色浆状物。真空干燥后研磨，然后转移至管式炉中，以一定的升温速度在惰性气氛中预烧，冷却后取出，得到黑色VPO_4/C前驱体粉末。将VPO_4/C与NaF按化学计量比混合，球磨3h，送入管式炉中，然后以一定的升温速度在惰性气氛中焙烧，随炉降温，得到正极活性物质$NaVPO_4F/C$	

表4-3 正极材料重点专利2基本信息

发明名称	一种钠离子电池正极材料及制法和应用	
入选理由	被引次数达14次,具有5个国家/地区的同族申请	
优先权日	2022/4/29	
公开号		公开日
CN114975982A		2022/8/30
EP4273102A2		2023/11/8
EP23170684		2023/11/29
JP2023072063		2023/11/21
KR1020230056189		2023/11/7
US20230352675A1		2023/11/2
申请人/专利权人	贵州振华新材料有限公司 贵州振华义龙新材料有限公司 贵州振华新材料股份有限公司	
发明点	一种钠离子电池正极材料,包括钠镍锰铁金属氧化物。所述钠离子电池正极中,衍射角2θ值在$42°\sim 46°$,优选为$43°$,在$45°$附近至少有两个衍射峰	
技术效果	材料即使在湿度相对较高的环境下,也不容易吸潮变质,在电池制浆过程中不会出现凝胶现象,提高了浆料的稳定性。不会因为钠离子的频繁脱嵌,导致晶体结构的塌陷、收缩,让脱出来的钠离子能回到晶体结构中去,从而保证钠离子电池具有较高的容量	
具体实施方式	正极材料其化学通式为:$Na1+aNi_{1-x-y-z}Mn_xFe_yA_zO_2$,其中:$0.40 \leq a \leq 0.25$,$0.08 < x < 0.5$,$0.05 < y < 0.5$,$0.0 < z < 0.26$;A选自Ti、Zn、Co、Al、Zr、Y、Ca、Li、Rb、Cs、W、Ce、Mo、Ba、Mg、Ta、Nb、V、Sc、Sr、B和Cu元素中的一种或两种以上的组合。其中,钠离子电池正极材料中,衍射角2θ值在$42°\sim 46°$至少有两个衍射峰,两个衍射峰的衍射角2θ值分别在$43°$附近、$45°$附近。其主要是通过加入改性元素A来改善材料的结构稳定性形成特殊的XRD结构,为钠离子的传输提供了稳定的通道,使钠离子向材料内部进行充分的传输扩散,从而降低游离在材料表面的钠离子含量即残碱量	

表4-4　正极材料重点专利3基本信息

发明名称	一种钠离子电池正极材料及其制备方法、钠离子电池	
入选理由	被引次数为14次	
优先权日	2020/11/19	
公开号	公开日	
WO2022105175A1	2022/5/27	
CN112563484A	2021/3/26	
申请人/专利权人	山东玉皇新能源科技有限公司	
发明点	通过混合钠盐、镍盐和锰盐、铁盐、钴盐、钒盐、铜盐、铬盐和/或钛盐的盐溶液，使前体混合物反应，并煅烧来制备可用于钠离子电池的新型阳极材料。钠离子电池正极材料为类球形颗粒，所述钠离子电池正极材料具有层状结构	
技术效果	具有良好的充放电比容量和循环性能。该方法控制前驱体混合物在高温高压条件下反应，有效降低钠离子电池正极材料层状结构的层间氧含量，明显提高材料的循环性能	
具体实施方式	一种钠离子电池正极材料及其制备方法、钠离子电池，该钠离子电池正极材料的化学式为$Na_xNi_yM_{1-y}O_2$。其中，$0.5 < x < 1$，$0.1 < y < 0.5$，M选自Mn、Fe、Co、V、Cu、Cr和Ti中的至少一种	

表 4-5　正极材料重点专利 4 基本信息

发明名称	电极活性材料及其制造方法	
入选理由	同族被引次数达 53 次。6 个同族,同族国家/地区有韩国、欧洲、中国、美国、日本	
优先权日	2008/8/27	
公开号		公开日
CN102132444A		2011/7/20
EP2323204A1		2011/5/18
JP201008042A		2010/4/8
US20110159345A1		2011/6/30
KR1020110056495A		2011/5/30
WO2010024304A1		2010/3/4
申请人/专利权人	住友公司	
发明点	使水溶液与含金属的沉淀剂接触并产生沉积物。将沉淀物与钠化合物混合,焙烧,得到电极活性材料。所述金属选自除碱金属之外的两种或更多种金属元素,并且优选为铁、锰、镍、钴和/或钛。沉淀剂为水溶液	
技术效果	即使在重复使用后也可保证优异的充电/放电特性;减少电极活性材料中稀土元素的用量	
具体实施方式	电极活性物质使用含有选自由碱金属元素以外的金属元素组成的组中的两种以上的金属元素的水溶液与析出剂接触而得到析出物,然后将沉淀物与钠化合物混合,煅烧混合物即可形成	

表4-6 正极材料重点专利5基本信息

发明名称	一种低水分含量的普鲁士蓝钠离子电池正极材料及其制备方法和钠离子电池
入选理由	同族被引次数为50次
优先权日	2020/2/24
公开号	公开日
CN115023829A	2022/9/6
WO2021168600A1	2021/9/2
申请人/专利权人	辽宁星空钠电电池有限公司
发明点	正极材料普鲁士蓝钠离子电池的制备方法包括：（1）在惰性气氛和一定温度下，将过渡金属盐、抗氧化剂、络合剂、pH调节剂和钠盐溶于水中，得到含过渡金属盐的混合溶液；（2）在惰性气氛和一定温度下，将亚铁氰化钠溶解，调节pH值，将钠盐溶于水中，得到含亚铁氰化钠的混合溶液；（3）将含有过渡金属盐的混合溶液和含有亚铁氰化钠的混合溶液滴加到惰性气氛和一定温度的容器中，搅拌、静置，然后洗涤、过滤或离心、喷雾干燥，得到粉末状普鲁士蓝钠离子电池正极材料；（4）将粉末状普鲁士蓝钠离子电池正极材料进行惰性气氛热处理或真空干燥，得到低水分含量的材料
技术效果	该方法生产出钠含量高、电化学性能优异、水分含量低的普鲁士蓝钠离子电池正极材料
具体实施方式	一种低水分含量的普鲁士蓝钠离子电池正极材料及其制备方法和钠离子电池，包括以下步骤：（1）将过渡金属盐、抗氧化剂、络合剂、pH调节剂、钠盐溶解于水中，得到含过渡金属盐的混合溶液；（2）将亚铁氰化钠、pH调节剂、钠盐溶解于水中，得到含亚铁氰化钠的混合溶液；（3）含过渡金属盐的混合溶液和含亚铁氰化钠的混合溶液滴加到容器中，然后搅拌、静置，随后洗涤、过滤或离心、喷雾干燥，得到普鲁士蓝钠离子电池正极材料；（4）将所述电池正极材料进行惰性气氛热处理或真空干燥。其通过控制材料缓慢结晶以及后续工艺，以及适当调控反应物浓度比例、温度、pH、转速等参数结合后续热处理工艺制得

表4-7　正极材料重点专利6基本信息

发明名称	一类钠离子电池正极材料	
入选理由	被引次数为46次	
优先权日	2020/2/24	
公开号	公开日	
CN102522553A	2012/6/27	
申请人/专利权人	武汉大学	
发明点	包括钠基过渡金属氰化物和导电添加剂(0~50)。钠基过渡金属氰化物，其中过渡金属为Fe、Co、Ni、Cu、Zn、Ti、V、Cr、Mn中的一种或几种。在这类材料中，氰根CN与过渡金属相配位形成结构稳定的氧化还原活性中心，同时钠离子可以在主体晶格内可逆地脱嵌	
技术效果	安全无毒害，具有较高的可逆容量和较好的循环性能	
具体实施方式	过渡金属氰化物是钠化合物 [$Na_4Fe(CN)_6$、$Na_4Co(CN)_6$、$Na_4V(CN)_6$、$Na_4Mn(CN)_6$、$Na_4Cr(CN)_6$、$Na_2Fe_2(CN)_6$、$NaFe_2(CN)_6$、$Na_2CoFe(CN)_6$、$Na_2NiCo(CN)_6$、$NaZn_{3/2}Fe(CN)_6$ 和 $Na_2Ni_{0.5}Cu_{0.5}Mn(CN)_6$]。所述导电添加剂为导电碳材料或导电聚合物。导电碳材料选自石墨、乙炔黑、super P、中间相微球和有机碳。导电聚合物选自聚吡咯、聚苯胺、聚噻吩、聚丙烯腈和聚苯乙烯	

4.4.2 负极材料重点专利

（1）硬碳

表4-8示出了与硬碳类负极材料相关的重点专利，共24项，其中被引用次数大于50次的有6项，同时具有3个及以上同族的专利有5项，维持年限达到10年以上的专利有1项。

表4-8 硬碳类负极材料重点专利

序号	公开（公告）号	被引次数	同族国家/地区	维持年限	专利权人	申请日	法律状态
1	CN113206246A	30	CN	3	天津理工大学	2021/4/27	有效
2	CN112838197A	22	WO，CN，EP，US	3	华为	2019/11/25	有效
3	CN111847418A	33	CN	3	香港理工大学深圳研究院	2019/4/24	失效
4	CN110719891A	12	WO，CN	4	辽宁星空钠电电池有限公司	2018/11/23	失效
5	CN109678130A	32	CN	4	电子科技大学	2018/12/20	失效
6	CN109148838A	14	WO，CN	6	中国科学院物理研究所；北京中科海钠科技有限责任公司	2017/9/29	有效
7	CN109148883A	22	WO，CN，US	2	中国科学院物理研究所；北京中科海钠科技有限责任公司	2017/9/26	失效
8	US20170207489A1	25	JP，KR，WO，CN，US	7	阿鲁娜·扎木	2016/1/15	有效
9	CN106910884A	33	CN	4	中国科学院物理研究所	2017/5/12	失效
10	CN106898778A	34	WO，CN，US	7	中国科学院物理研究所	2017/4/17	有效
11	CN106299365A	78	CN	8	郑州大学	2016/11/4	有效
12	CN106185862A	36	CN	8	中国科学院过程工程研究所	2016/6/30	有效
13	US20160344010A1	48	US	8	阿鲁娜·扎木	2015/5/21	有效
14	US20160344035A1	126	US	8	阿鲁娜·扎木	2015/5/21	有效
15	CN105914371A	37	CN	8	宁德新能源科技有限公司	2016/5/6	有效
16	CN105742602A	30	CN	8	华南理工大学	2016/3/27	有效
17	CN105374980A	55	CN	9	中国科学院物理研究所	2014/8/15	有效
18	CN105185997A	35	JP，WO，CN，US	9	中国科学院化学研究所	2015/10/27	有效
19	CN105098186A	46	WO，CN	3	中国科学院物理研究所	2014/11/11	失效
20	US20150333326A1	15	KR，US	9	三星电子集团	2014/11/11	有效

续表

序号	公开（公告）号	被引次数	同族国家/地区	维持年限	专利权人	申请日	法律状态
21	CN104843665A	57	CN	9	中国科学院化学研究所	2015/3/26	有效
22	JP2013048077A	50	JP	12	日产自动车株式会社	2012/2/2	失效
23	CN101241802A	57	CN	4	复旦大学	2008/3/13	失效
24	CN1630126A	56	CN	2	湘潭大学	2004/10/11	失效

表4-9～表4-12列举出4件硬碳类负极材料重点专利的基本信息。

表4-9 负极材料重点专利1基本信息

发明名称	一种钠离子电池生物质硬碳负极材料及其制备方法	
入选理由	被引次数达30次	
优先权日	2021/4/27	
公开号	公开日	
CN113206246A	2021/8/3	
申请人/专利权人	天津理工大学	
发明点	该方法是将生物质原料放入超声波清洗机中进行超声波清洗，获得生物质前驱体。将得到的生物质前驱体转入马弗炉中，得到预碳化产物；将预碳化产物与杂原子有机化合物按照比例混合均匀；将得到的混合物放入行星式球磨机中，得到杂原子掺杂的硬碳前驱体；使用去离子水和乙醇洗涤；将得到的产品置于真空干燥箱中进行真空干燥；得到杂原子掺杂生物质衍生硬碳材料	
技术效果	多种杂原子共掺杂能够产生协同作用，明显改善材料电化学性能；降低热解碳化过程中的升温速率，可减少硬碳材料的表面缺陷，降低材料的不可逆容量，有效提高材料的容量和首次库仑效率	
具体实施方式	一种钠离子电池生物质硬碳负极材料及其制备方法，以木材作为生物质碳源，用去离子水进行超声洗涤，烘干得到生物质前驱体，预碳化后与杂原子有机化合物进行球磨处理，混合物进行高温碳化处理后通过酸洗、烘干后得到杂原子掺杂生物质衍生硬碳材料	

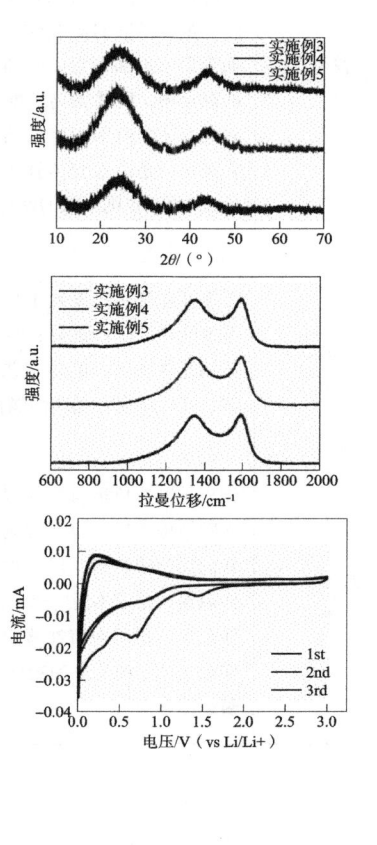

表4-10 负极材料重点专利2基本信息

发明名称	基于炭材料和沥青的钠离子电池负极材料及其制备方法和应用	
入选理由	被引次数为14次	
优先权日	2017/9/29	
公开号		公开日
CN109148838A		2019/1/4
WO2019062495A1		2019/4/4
申请人/专利权人	中国科学院物理研究所；北京中科海钠科技有限责任公司	
发明点	炭材料包括木炭或竹炭，所述木炭包括白炭、黑炭、活性炭和机械炭中的一种或多种混合物。所述竹炭包括竹子、淡竹、苦竹、黄竹或它们的混合物的碳化物。所述沥青为煤焦油沥青、石油沥青、天然沥青的混合物。所述钠离子电池负极材料具有表面有序、内部无序的结构特征。所述复合碳材料是通过将所述木炭和尺寸为2～10μm的不规则形状的沥青混合而制备的	
技术效果	倍率性能优良；兼顾了高容量和优异的导电性能；安全性能好；具有较高的工作电压和能量密度；制备工艺简单、无序度可调、产碳率高；循环性能稳定	
具体实施方式	钠离子电池负极材料为表面包覆沥青基有序碳结构的形貌呈不规则块状或竖形通道状的复合碳材料；以炭材料和沥青为前驱体原料，经机械混合后在空气中热处理，使沥青熔化后包覆在炭材料表面，之后在惰性气氛下使沥青和炭材料同时发生碳化、裂解制备而成	

表 4-11　负极材料重点专利 3 基本信息

发明名称	酚醛树脂基硬碳微球，其制备方法及负极材料和二次电池
入选理由	被引次数为 37 次
优先权日	2016/5/6
公开号	公开日
CN105914371A	2016/8/31
申请人/专利权人	宁德新能源科技有限公司
发明点	一种酚醛树脂基硬碳微球，其形状为球形，直径（d_{002}）为 0.375~0.380nm
技术效果	酚醛树脂基硬碳微球材料具有低的比表面积和结构稳定性，大的层间距和丰富的孔结构，使电池具有较高的容量和稳定的循环性能
具体实施方式	制备方法为先合成热固性酚醛树脂溶液；然后将热固性酚醛树脂溶液稀释成浓度为 5~15wt% 的水溶液，优选为 8~12wt%；将水溶液在 180~230℃ 条件下保温 5~8h 进行水热反应；在冷却后，将水热反应获得的溶液进行离心处理得到酚醛树脂微球，再经干燥得到酚醛树脂前驱体；最后将制备的酚醛树脂前驱体在惰性气体中进行碳化，即得酚醛树脂基硬碳微球。制得的酚醛树脂基硬碳微球的 d002 为 0.375~0.380nm，比表面积为 70~350m²/g，孔体积为 0.08~0.18cm³/g。

表 4－12 负极材料重点专利 4 基本信息

发明名称	钠离子电池负极材料用生物质硬碳的制备方法及其应用		
入选理由	被引次数为 33 次		
优先权日	2019/4/24		
公开号		公开日	
CN111847418A		2020/10/30	
申请人/专利权人	香港理工大学深圳研究院		
发明点	生物质硬碳的制备包括制备原料龙眼壳，用热水和酸溶液浸泡龙眼壳并干燥得到前驱体，通入保护气体，预热前驱体，冷却后研磨得到中间产物，碳化		
技术效果	具有优异的低温性能		
具体实施方式	酸性溶液选自盐酸、硝酸、硫酸中的一种或几种。所述保护气体选自氩气、氮气、氦气中的一种或多种。优选工艺：生物质硬碳的制备包括制备原料龙眼壳，将龙眼壳用水浸泡在热水和酸溶液中，并用水洗涤至中性，将前驱体在 400～600℃下以 0.5～10℃/min 的速率升温 0.5～2h，冷却后研磨得到中间产物，以 5～10℃/min 的升温速率升温至 300～600℃，保温 0.2～1h，在 1200～1500℃下以 3～10℃/min 的速率升温碳化 0.5～2h		

（2）硫化物

表 4－13 示出硫化物类负极材料重点专利共 10 项，其中被引次数大于 50 次的有 1 项，同时具有 3 个以上同族的专利有 2 项。

表 4－13 硫化物类负极材料重点专利列表

序号	公开（公告）号	被引次数	同族国家/地区	维持年限	专利权人	申请日	法律状态
1	AU2020101299A4	14	AU, CN	4	齐鲁工业大学	2020/7/9	失效
2	US20190051902A1	17	WO, US	6	纳诺泰克仪器	2017/8/14	有效

续表

序号	公开（公告）号	被引次数	同族国家/地区	维持年限	专利权人	申请日	法律状态
3	CN106816602A	40	CN	7	中南大学	2017/3/28	有效
4	CN106611837A	59	CN	4	上海交通大学	2015/10/27	失效
5	US20170104217A1	29	CN，US	8	香港城市大学	2015/10/7	失效
6	CN108292759A	13	JP，KR，WO，CN	8	纳米技术仪器公司	2016/6/21	有效
7	CN106531999A	30	CN	3	武汉理工大学	2016/11/25	失效
8	US9564656B1	44	US	8	阿鲁娜·扎木	2015/9/14	有效
9	US20180065927A1	19	IN，JP，KR，WO，CN，EP，US	6	产业技术综合研究所	2016/3/31	有效
10	CN105819507A	32	CN	8	陕西科技大学	2016/4/29	有效

表4－14、表4－15列举出2件硫化物类负极材料重点专利的基本信息。

表4－14　负极材料重点专利5的基本信息

发明名称	一种二硒（硫）化钼（钨）/碳复合材料及其制备方法和应用
入选理由	被引次数为40次
优先权日	2017/3/28
公开号	公开日
CN106816602A	2017/6/9
申请人/专利权人	中南大学
发明点	一种二硒（硫）钼（钨）/碳复合材料，由二硒化钼、二硫化钼、二硒化钨和二硫化钨与碳结合形成多孔泡沫结构得到。所述多孔泡沫结构以碳为骨架，二硒化钼、二硫化钼、二硒化钨和二硫化钨均匀沉积在碳骨架表面和/或以纳米颗粒形式嵌入碳骨架中和/或包覆在碳骨架内部
技术效果	具有高比容量以及能有效缓解充放电过程的体积膨胀的特性，能提供巨大的比表面积，缩短锂离子或钠离子在电极内部的迁移距离，降低电化学极化，提高材料的倍率性能
具体实施方式	复合材料制备方法是将钼源和/或钨源、硒源和/或硫源、碳源和二氧化硅模板剂加入水中后，加热搅拌，形成溶胶；然后将溶胶烘干后，置于惰性气氛中煅烧；煅烧产物通过腐蚀去除二氧化硅模板剂，即得复合材料

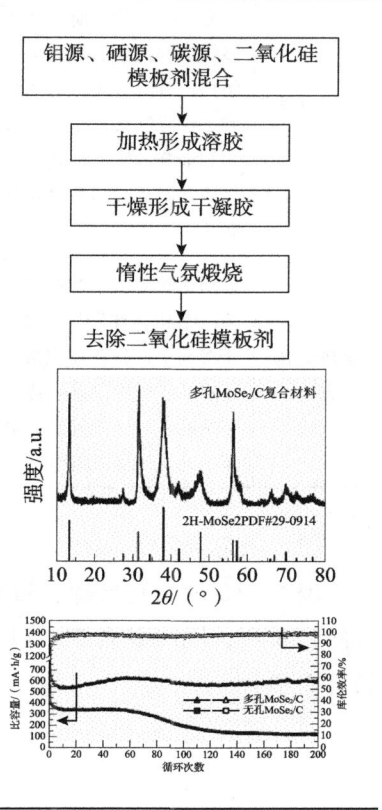

表 4-15 负极材料重点专利 6 的基本信息

发明名称	一种钴插层硫化钼二次电池材料及其制备方法和应用		
入选理由	被引次数为 59 次		
优先权日	2015/10/27		
公开号		公开日	
CN106611837A		2017/5/3	
申请人/专利权人	上海交通大学		
发明点	该材料为纳米芯片组装成三维多级结构，在两层二硫化钼原子层衬底之间插入硫化钴原子层，两层二硫化钼原子的层间距为 0.62~1.50nm，钴与钼的摩尔比小于 1		
技术效果	采用无表面活性剂的环境友好体系，由于钴元素的插层，使三维的钴插层的硫化钼多级结构在生长的过程中形成 "sanwich" 结构，对由超薄纳米片组装的多级结构起到了较好的支撑作用，可防止纳米片的团聚和堆叠，使之具有二维组装的三维稳定结构；制备的纳米材料性能稳定，循环寿命长		
具体实施方式	采用化学溶液法制备三维钴插层的硫化钼多级结构。首先将钴盐、钼盐、硫源分散于溶剂中，制备反应液，然后将配制好的反应液进行溶剂热处理，即可得到由类石墨烯的超薄纳米片自组装的三维钴均匀插层的硫化钼多级结构		

（3）石墨烯

表 4-16 示出石墨烯类重点专利 15 项，其中被引用次数大于或等于 50 次的有 5 项，同时具有 3 个以上同族的专利有 4 项，维持年限达 10 年的专利有 1 项。

表 4-16 石墨烯类负极材料重点专利列表

序号	公开（公告）号	被引次数	同族国家/地区	维持年限	专利权人	申请日	法律状态
1	US20210155484A1	11	JP, KR, CN, US	3	蜂巢电池公司	2019/11/26	有效
2	US20210151741A1	12	WO, US	3	蜂巢电池公司	2019/11/15	失效
3	US20170352868A1	50	JP, KR, WO, CN, US	7	纳诺泰克仪器	2016/6/7	有效
4	US20170338472A1	125	JP, KR, WO, CN, US	7	阿鲁娜·扎木	2016/5/17	有效
5	CN106785008A	11	WO, CN	3	清华大学	2016/12/9	失效
6	US20170062821A1	66	US	8	威廉马什赖斯大学	2015/2/17	有效
7	CN107206741A	54	IL, SG, JP, KR, WO, CN, EP, CA	8	威廉马什赖斯大学	2015/11/27	失效
8	CN105609745A	32	CN	8	广东容钠新能源科技有限公司；福建容钠新能源科技有限公司	2016/3/27	有效
9	CN105514356A	31	CN	4	东莞威胜储能技术有限公司	2015/12/25	失效
10	CN104966813A	32	CN	4	中国科学院青岛生物能源与过程研究所	2015/5/8	失效
11	CN104681823A	40	CN	9	西华师范大学	2015/1/23	失效
12	CN104600299A	13	WO, CN	10	华中科技大学	2015/1/8	有效
13	CN104409703A	31	CN	3	天津大学	2014/11/24	失效
14	CN104393254A	54	CN	5	上海交通大学	2014/9/30	失效
15	CN104269534A	32	CN	3	浙江大学	2014/7/31	失效

表 4-17、表 4-18 列举出 2 件石墨烯类负极材料重点专利的基本信息。

表 4-17　负极材料重点专利 7 的基本信息

发明名称	一种硒化镍/石墨烯钠离子电池复合负极材料及其制备方法与应用		
入选理由	被引证次数达 32 次； 2022 年 12 月，华南理工大学转让给广州市观澜生态环境科技有限公司； 2023 年 2 月，广州市观澜生态环境科技有限公司转让给广东容钠新能源科技有限公司、福建容钠新能源科技有限公司		
优先权日	2016/3/27		
公开号	CN105609745A	公开日	2016/5/25
专利权人	广东容钠新能源科技有限公司； 福建容钠新能源科技有限公司		
发明点	硒基镍/石墨烯复合正极材料的制备方法，涉及将镍源和石墨烯加入模板剂中，超声处理 1~10h 得到分散液，均匀混合硒源，在 160~240℃下进行水热反应 5~48h，将水热反应产物进行固液分离，将固体用水和乙醇洗涤 3~5 次，在 60~90℃下真空烘箱中加热干燥后得到硒基镍/石墨烯复合正极材料		
技术效果	能耗较低、控制方便、环境友好；能有效地缓解体积变化，从而保持结构的稳定性		
具体实施方式	复合负极材料由片状石墨烯均匀包裹纳米硒化镍颗粒构成。纳米硒化镍质量占硒化镍/石墨烯钠离子电池复合负极材料总质量的 60%~90%，纳米硒化镍颗粒的粒径为 50~800nm，且可在适当范围内调控		

表 4-18 负极材料重点专利 8 的基本信息

发明名称	作为碱金属电池的阳极活性材料的含金属石墨烯球		
入选理由	被引证次数为 12 次。 2024 年 2 月，全球石墨烯集团公司（GLOBAL GRAPHENE GROUP, INC.）转让给蜂巢电池公司（HONEYCOMB BATTERY COMPANY）		
优先权日	2019/11/15		
公开号		公开日	
US20210151741A1		2021/5/20	
WO2021108156A2		2021/6/3	
专利权人	蜂巢电池公司（HONEYCOMB BATTERY COMPANY）		
发明点	作为锂电池或钠电池的阳极活性材料，包含多个含金属的石墨烯球或颗粒的粉末物质，其中所述石墨烯球或颗粒包含（a）许多石墨烯片，每个石墨烯片具有 5~100μm 的长度或宽度并且形成直径为 100~20μm 的颗粒，和（b）颗粒或涂层形式的吸锂金属或吸钠金属，所述颗粒或涂层具有 0.5~10μm 的直径或厚度并且与所述石墨烯片物理接触。所述金属包括金、银、镁、锌、钛、钠、钾、铝、铁、锰、钴、镍、锡、钒、铬和/或其合金并且为 0.1~95 重量%的总颗粒重量		
技术效果	能够选择减少或消除在阳极中添加电子传导性添加剂，并降低电极电流密度		
具体实施方式	石墨烯球或颗粒包含（a）多个石墨烯片，每个石墨烯片的长度或宽度优选为 5nm~100μm，并形成直径为 100nm~20μm 的球或颗粒，和（b）颗粒或涂层形式的吸锂金属或吸钠金属，其直径或厚度为 0.5nm~10μm，并与石墨烯片物理接触，其中金属选自 Au、Ag、Mg、Zn、Ti、Na、K、Al、Fe、Mn、Co、Ni、Sn、V、Cr、其合金，或其组合，并且其量为总颗粒重量的 0.1%~95%（更通常为 0.1%~30%）		

(4) 钛基类负极材料

表 4-19 示出钛基类负极材料重点专利共 8 项，其中被引用次数大于 50 次的有 3 项，同时具有 3 个以上同族的专利有 5 项，维持年限达 10 年及以上的专利有 5 项。

表 4-19 钛基类负极材料重点专利列表

序号	公开（公告）号	被引次数	同族国家/地区	维持年限	专利权人	申请日	法律状态
1	CN109319832A	16	PT，JP，CN，EP，HU，US，ES	6	中国石油天然气股份有限公司	2018/8/30	有效
2	JP2015507696A	11	TW，AU，IN，JP，ZA，WO，EP	10	环球技术资源服务公司	2012/12/21	有效
3	US20150010820A1	45	JP，KR，CN，US	10	东芝公司	2014/7/8	有效
4	US20140287302A1	13	JP，KR，WO，CN，US	10	住友电气工业株式会社	2012/11/5	失效
5	CN103730630A	59	CN	4	北京大学	2013/12/25	失效
6	CN103456936A	40	CN	11	中国科学院物理研究所	2012/5/31	有效
7	CN101154745A	71	CN	3	复旦大学	2007/9/20	失效
8	JP2006318797A	72	DE，JP，KR，CN，EP，US	18	东芝公司	2005/5/13	有效

表 4-20、表 4-21 列举了 2 件石墨烯类负极材料重点专利的基本信息。

表 4-20 负极材料重点专利 9 的基本信息

发明名称	一种线状多孔二氧化钛材料及其制备方法与应用	
入选理由	同族 8 个，在葡萄牙、日本、中国、欧洲专利局（EPO）、匈牙利、美国、西班牙均有布局；被引次数为 16 次	
优先权日	2018/8/30	
公开号		公开日
CN109319832A		2019/2/12
EP3617146A1		2020/3/4
ES2932366T3		2023/1/18
HUE060432T2		2023/3/28
JP2020033250A		2020/3/5
JP6887470B2		2021/6/16
PT3617146T		2022/11/28
US20200071186A1		2020/3/5
申请人/专利权人	中国石油天然气股份有限公司	
发明点	线状多孔二氧化钛材料为钙钛矿相结构，且为单晶结构，该结构由具有定向生长方向的多个颗粒组成	
技术效果	二氧化钛多孔纳米线的结构长轴有利于电子的有效迁移，有利于光解水制氢或光催化降解有机污染物，多孔结构有利于锂离子、钠离子或钾离子的快速嵌入与嵌出过程，大的比表面积有利于电解液与电极的接触面积，减少电流密度，具有较好的电池快速充放电性能	
具体实施方式	用于制备线性多孔二氧化钛材料的步骤包括：将钛源分散在含有锂化合物的过氧化物水溶液中以获得溶液，将获得的溶液加热以获得线性结构的钙钛矿，将钙钛矿锂进行低温退火以获得具有线性结构的钛酸锂，将获得的钛酸锂分散在酸溶液中进行氢离子交换以获得线性结构的钛酸，处理获得的钛酸以获得最终产物，其中加热包括水热处理和/或高温退火。对线性多孔二氧化钛材料进行表面改性；以及半导体复合线性多孔二氧化钛材料	

表 4-21 负极材料重点专利 10 的基本信息

发明名称	用于钠电池阳极活性材料、阳极和钠电池	
入选理由	被引次数为 13 次；同族 5 个，在日本、韩国、中国、美国均有布局	
优先权日	2012/11/5	
公开号	公开日	
CN103931028A	2014/7/16	
KR1020140090604A	2014/7/17	
US20140287302A1	2014/9/25	
JPWO2013069597A1	2015/4/2	
WO2013069597A1	2013/5/16	
申请人/专利权人	住友电气工业株式会社	
发明点	负极活性物质包含钛酸钠	
技术效果	具有改善的循环特性和降低的含水量	
具体实施方式	阳极活性材料优选具有以下组成式（1）或（2）的氧化钛钠： $Na_2 + xTi_3O_7$ （$0 \leq x \leq 0.9$）组成式（1）； $Na_4 + xTi_5O_{12}$ （$0 \leq x \leq 1.0$）组成式（2）； 通过降低电池的含水量和优化活性材料的粒度，氧化钛钠可以具有以下组成式： $Na_2 + xTi_3O_7$ （$0 \leq x \leq 2.0$）组成式（1'） $Na_4 + xTi_5O_{12}$ （$0 \leq x \leq 2.0$）组成式（2'）	

(5) 其他负极材料

表 4-22 示出了其他类负极材料重点专利共 8 项，其中被引用次数大于 50 次的有 1 项，维持年限达到 10 年以上的专利有 1 项，同时具有 3 个以上同族的专利有 3 项。

表4-22 其他类负极材料重点专利列表

序号	技术主题	公开（公告）号	被引次数	同族国家/地区	维持年限	专利权人	申请日	法律状态
1	有机化合物类负极材料	US20190173079A1	30	US	5	纳诺泰克仪器	2018/1/2	审中
2	有机化合物类负极材料	US20190165365A1	57	US	5	纳诺泰克仪器	2017/11/30	有效
3	有机化合物类负极材料	CN104779394A	35	CN	3	复旦大学	2015/4/17	失效
4	有机化合物类负极材料	US20130189571A1	49	US	11	阿里·阿布·奥马尔	2012/4/18	有效
5	合金类负极材料	JP6253982B2	25	TW, HK, RU, IN, JP, KR, CN, EP, SG, WO, GB, CA, US	7	纳科星有限公司	2017/12/27	有效
6	合金类负极材料	US10326130B2	15	JP, WO, CN, EP, FR, US	5	法国国家科学研究中心	2019/6/18	有效
7	合金类负极材料	US10326131B2	18	US	5	David Mitlin	2019/6/18	失效
8	合金类负极材料	US11165057B2	29	JP, WO, CN, US	3	日本电气硝子	2021/11/2	有效

表 4-23、表 4-24 列举出 2 件负极材料重点专利的基本信息。

表 4-23　负极材料重点专利 11 的基本信息

发明名称	一种水系锂（钠）离子电池混合负极材料
入选理由	被引次数为 35 次
优先权日	2015/4/17
公开号	公开日
CN104779394A	2015/7/15
申请人/专利权人	复旦大学
发明点	一种水性锂（钠）混合离子电池负极材料，包括离子嵌入化合物、导电材料、能够可逆存储碱金属或碱土金属离子的有机化合物或聚合物，其中所述离子嵌入化合物为 NASICON 结构化合物，或过渡金属氧化物、焦磷酸化合物、硫化物，或层状结构化合物，并且这些材料的壳被改性掺杂材料包覆，所述有机化合物或聚合物能够可逆存储碱金属或碱土金属离子
技术效果	具有长的循环寿命、大功率、高安全性、低成本和无环境污染的特点
具体实施方式	混合负极材料由离子嵌入型化合物、导电材料、能可逆储存碱金属或碱土金属离子的有机化合物或高分子聚合物三种类型材料按一定质量比例混合而成；其混合方式包括原位生长以及各组成部分直接机械混合

表 4-24 负极材料重点专利 12 的基本信息

发明名称	新化合物作为负极活性物质在钠离子电池中的用途	
入选理由	被引次数为 29 次；同族 6 个，在日本、中国、美国有专利布局	
优先权日	2016/7/22	
公开号		公开日
CN107925075A		2018/4/17
JPWO2017029945A1		2018/6/7
JP6873406B2		2021/5/19
US11165057B2		2021/11/2
US20180219221A1		2018/8/2
WO2017029945A1		2017/2/23
申请人/专利权人	日本电气硝子株式会社	
发明点	负极活性材料包含选自硅、硼、磷和铝中的至少一种元素、铌和氧	
技术效果	工作电压高、循环特性优异	
具体实施方式	负极活性材料包含选自 Si、B、P 和 Al 中的至少一种，以氧化物的 mol% 计含有 18~90mol% 的 Nb_2O_5 和 5~85mol% 的 $SiO_2 + B_2O_3 + P_2O_5 + Al_2O_3$；$Nb_2O_5$ 是成为吸留和释放碱离子的位点的活性物质成分。Nb_2O_5 的含量优选为 5%~90%、7%~79%、9%~69%、11%~59%、13%~49%，特别优选为 15%~39%。负极活性材料包含非晶相	

4.4.3 电极材料改性重点专利

（1）电极材料包覆改性重点专利

表 4-25 示出电极材料包覆改性技术的重点专利，共 33 项，其中被引用

次数大于 60 次的有 5 项,同时具有 3 个及以上同族的专利有 10 项,维持年限达到 20 年的专利有 9 项。

表 4-25 电极材料包覆改性重点专利

序号	公开(公告)号	被引次数	同族国家/地区	维持年限	专利权人	申请日	法律状态
1	CN112259730A	15	IN, JP, KR, WO, CN, EP, US	3	江苏时代新能源科技有限公司	2020/12/8	有效
2	CN110226252A	13	WO, CN	5	辽宁星空钠电电池有限公司	2018/7/27	有效
3	JP2019505971A	21	IN, JP, KR, WO, CN, EP, US	5	乐金集团	2017/1/6	有效
4	CN108574085A	35	CN	3	复旦大学	2018/3/22	失效
5	US20180090758A1	34	US	6	蔚山科学技术院	2016/9/29	有效
6	CN109478639A	13	WO, CN	6	宁德时代新能源科技股份有限公司	2016/7/18	失效
7	CN106784696A	34	CN	3	深圳市贝特瑞纳米科技有限公司	2016/12/26	失效
8	CN106784727A	30	WO, CN	3	迈科科技	2017/1/17	失效
9	CN106684369A	31	CN	7	长沙理工大学	2017/2/16	有效
10	FR3042313A1	16	JP, KR, WO, CN, EP, FR, PL, HU, US	7	法国原子	2015/10/13	失效
11	CN106058202A	37	CN	3	华南理工大学	2016/7/29	失效
12	CN105932277A	36	CN	5	马鞍山宇驰新能源材料有限公司	2016/3/1	失效
13	KR1020160062617A	65	KR	8	蔚山国立科学技术院	2014/11/25	有效
14	KR1020160043769A	31	KR	8	蔚山国立科学技术院	2014/10/14	有效
15	CN104795551A	16	JP, KR, WO, CN, EP, US	9	中国科学院物理研究所	2014/7/17	有效
16	EP2842186A1	13	SG, WO, EP	11	新加坡国立大学	2013/4/23	有效

续表

序号	公开（公告）号	被引次数	同族国家/地区	维持年限	专利权人	申请日	法律状态
17	CN103339768A	12	JP，WO，CN，US	3	丰田自动车株式会社	2011/2/4	失效
18	US20120328936A1	107	US	11	科林·韦塞尔斯	2012/5/29	失效
19	CN102714302A	13	JP，WO，CN，US	3	住友化学株式会社	2010/12/15	失效
20	JP2012134126A	31	JP	12	住友电气工业株式会社	2011/9/5	有效
21	US20110121240A1	259	US	13	美国阿贡实验室	2010/11/22	有效
22	JP2010073580A	34	JP	14	东芝株式会社	2008/9/19	失效
23	JP2005149891A	57	JP	19	日产自动车株式会社	2003/11/14	失效
24	US20050123835A1	42	US	19	孙路英	2003/12/9	失效
25	JP2003068271A	43	JP	20	松下电气产业株式会社	2001/11/20	失效
26	JP2002042817A	69	JP	20	电装公司	2001/5/11	失效
27	JP2001501355A	41	DE，AU，JP，WO，EP，CA	20	加拿大国家研究委员会	1997/10/1	失效
28	EP999604A1	16	AU，JP，EP	20	格瑞特巴奇	1999/11/3	失效
29	JP2000128539A	56	JP	20	日本宇部兴产株式会社	1998/10/19	失效
30	JP11097008A	50	JP	20	松下集团	1997/10/6	失效
31	US5571635A	28	US，CA	20	加拿大国家研究委员会	1995/10/6	失效
32	US5529859A	83	US	20	加拿大国家研究委员会	1994/4/15	失效
33	US4963161A	15	DE，JP，EP，CA，US	20	美国电报	1989/7/10	失效

表 4-26、表 4-27 列举出 2 件电极材料包覆改性重点专利的基本信息。

表 4-26　电极材料改性重点专利 1 的基本信息

发明名称	一种层状含铜氧化物材料及其制备方法和用途	
入选理由	被引次数为 16 次；同族 7 个，在日本、韩国、中国、欧洲专利局（EPO）、美国有专利布局	
优先权日	2014/7/17	
公开号		公开日
CN104795551A		2015/7/22
EP3021386A1		2016/5/18
JP2016537294A		2016/12/1
JP6165345B2		2017/7/19
KR1020170068354A		2017/6/19
US20160211516A1		2016/7/21
WO2016008350A1		2016/1/21
申请人/专利权人	中国科学院物理研究所	
发明点	一种层状氧化铜材料，包括含钠-镍-锰的络合物（I）。镍、铜、锰和金属（M）形成具有最接近六个氧原子的八面体结构。若干个八面体结构共面排列构成过渡金属层。碱金属离子（一价钠）位于两个过渡金属层之间	
技术效果	具有较高的工作电压和首次库仑效率，循环稳定、安全性能好	
具体实施方式	层状含铜氧化物材料，其化学通式为：$Na_{0.68+a}Ni_bCu_cM_dMn_eO_{2+\delta}$；在 $Na_{0.68+a}Ni_bCu_cM_dMn_eO_{2+\delta}$ 的结构中，Ni、Cu、M、Mn 分别与最近邻的六个氧原子形成八面体结构，多个八面体结构共边排布构成了过渡金属层，碱金属离子 Na^+ 位于每两层过渡金属层之间，从而构成层状结构	

表 4-27 电极材料改性重点专利 2 的基本信息

发明名称	一种钠快离子导体镶嵌包覆的钠离子电池正极材料及其合成方法	
入选理由	被引次数为 31 次	
优先权日	2017/2/16	
公开号		公开日
CN106684369A		2017/5/17
申请人/专利权人	长沙理工大学	
发明点	正极材料钠快离子导体镶嵌包覆型钠离子电池的制备,包括在钠离子电池正极活性物质颗粒表面包覆钠快离子导体层和内核掺杂钠离子电池正极活性物质的快离子导体元素。其中,钠离子电池正极材料为 Na_xMO_2,$0.67 \leq x \leq 1$,M 为 Ni、Co、Mn、Al、Cr、Fe、Mg、V、Zn、Cu 中的一种或几种	
技术效果	能够增强 Na_xMO_2 材料的储存性能、界面稳定性以及钠离子扩散能力	
具体实施方式	钠快离子导体镶嵌包覆的钠离子电池正极材料的原位合成方法,包括将 M 金属盐与聚阴离子化合物按照钠快离子导体化合物的化学计量比分散于水或有机溶剂中,搅拌均匀,配成混合液,然后将钠离子电池正极材料加入上述混合液中,搅拌均匀,进行溶剂热或者水热反应,降温后,将产物过滤洗涤、干燥、经煅烧,即得到钠快离子导体镶嵌包覆的钠离子电池正极材料	

(2) 电极材料体掺杂改性的重点专利

电极材料体掺杂的重点专利见表 4-28,共 10 项,其中被引用次数大于 60 次的有 2 项,同时具有 3 个以上同族的专利有 5 项,维持年限达到 20 年的专利有 2 项。

表 4-28 电极材料体掺杂重点专利列表

序号	公开(公告)号	被引次数	同族国家/地区	维持年限	专利权人	申请日	法律状态
1	CN111554919A	20	WO、CN、EP、US	4	宁德时代新能源科技股份有限公司	2019/2/12	有效
2	CN109755565A	34	CN	4	中国科学院大连化学物理研究所	2017/11/8	失效
3	CN106920964A	39	CN	7	浙江大学	2017/4/5	有效

续表

序号	公开（公告）号	被引次数	同族国家/地区	维持年限	专利权人	申请日	法律状态
4	US20160308243A1	65	US	8	应用材料	2014/4/22	失效
5	CN105140468A	34	CN	3	武汉大学	2015/6/26	失效
6	US20140287305A1	151	US	10	佛罗里达大学研究基金	2014/3/21	有效
7	US20150249262A1	13	JP, KR, WO, EP	10	马里兰大学学院	2013/9/25	有效
8	JP2006117511A	14	DE, TW, JP, KR, EP, CN, CA, US	18	蔡司公司	2005/9/14	失效
9	JP2004529506A	12	TW, AU, JP, KR, WO, EP, CN, US	20	威世公司	2002/5/31	失效
10	EP820110A2	40	TW, KR, EP, CN, ID, MX, US	20	索尼公司	1997/7/15	失效

表4-29、表4-30列举出2件电极材料体掺杂改性重点专利的基本信息。

表4-29 电极材料改性重点专利3的基本信息

发明名称	一种钠离子电池正极材料$Na_3V_2(PO_4)_3/C$的制备方法
入选理由	被引次数为34次
优先权日	2015/6/26
公开号	CN105140468A
公开日	2015/12/9
申请人/专利权人	武汉大学
发明点	一种碳掺杂磷酸钒钠正极材料的制备方法，包括：称取反应原料，在球磨机中低温下反应2~20h，将高价钒化合物、钠源化合物、磷源化合物和还原剂混合，然后将得到的前驱体置于惰性气氛或还原性气氛中，在600~900℃下保持4~20h，得到碳掺杂磷酸钒钠正极材料
技术效果	制备方法流程短、易控制，制备的$Na_3V_2(PO_4)_3/C$纯度高，结晶度高，易于实现钠离子电池正极材料$Na_3V_2(PO_4)_3/C$的大规模生产
具体实施方式	称取反应原料，在球磨机中低温下反应2~20h，将高价钒化合物、钠源化合物、磷源化合物和还原剂混合，然后将得到的前驱体置于惰性气氛或还原性气氛中，在600~900℃下保持4~20h，得到碳掺杂磷酸钒钠正极材料

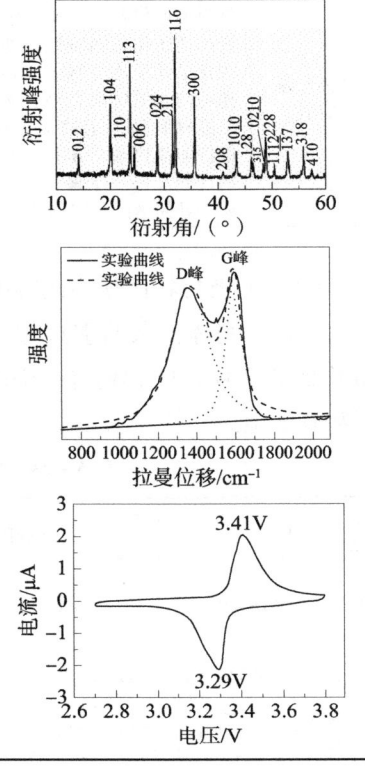

表4-30 电极材料改性重点专利4的基本信息

发明名称	过渡金属掺杂的钠离子电池用正极材料及其制备和应用		
入选理由	被引次数为34次		
优先权日	2017/11/8		
公开号		公开日	
CN109755565A		2019/5/14	
申请人/专利权人	中国科学院大连化学物理研究所		
发明点	一种过渡金属掺杂的负极材料,其正极材料的组成为钠钒磷氟碳化合物		
技术效果	过渡金属掺杂的负极材料提高了材料的结构稳定性、材料的循环稳定性、放电比容量、优异的倍率性能和循环性能		
具体实施方式	一种过渡金属掺杂的负极材料,其正极材料的组成为钠钒磷酸盐氟碳化合物(Na$_3$V$_{2-x}$M$_x$(PO$_4$)$_2$F$_3$/C),其中 $0.001 \leq x \leq 0.5$,M为过渡金属		

(3)电极材料纳米化改性的重点专利

表4-31示出涉及电极材料纳米化改性技术的重点专利,共15件。其中同时具有3个及以上同族的专利有6项,维持年限达到20年的专利有2项。

表4-31 电极材料纳米化改性重点专利

序号	公开(公告)号	被引次数	同族国家/地区	维持年限	专利权人	申请日	法律状态
1	CN110534741A	22	WO,CN	4	浙江大学	2019/9/6	有效
2	CN108987674A	39	CN	5	山东大学	2018/7/25	有效
3	JP2018535520A	12	JP,WO,CN,EP,US	5	乐金集团	2016/12/8	有效

续表

序号	公开（公告）号	被引次数	同族国家/地区	维持年限	专利权人	申请日	法律状态
4	CN108199015A	33	CN	6	同济大学	2017/12/15	有效
5	CN106960956A	33	CN	2	上海中聚佳华电池科技有限公司	2017/4/1	失效
6	CN106549155A	32	CN	3	河南师范大学	2016/10/20	失效
7	US20180183041A1	23	TW，WO	7	威廉马什赖斯大学	2016/6/9	失效
8	US20160156019A1	11	KR，US	8	东国大学产学研合作基金会	2015/6/9	有效
9	CN106575768B	27	TW，JP，KR，WO，CN，US	8	太平洋水泥株式会社	2015/9/15	有效
10	US20160285086A1	12	WO，EP，US	9	马克斯·普朗克	2013/11/8	失效
11	CN103441259A	16	WO，CN	10	恩力能源科技（南通）有限公司	2013/8/12	有效
12	CN102810669A	11	JP，KR，CN，US	11	现代自动车株式会社电子部品研究院	2011/9/14	有效
13	JP2009537963A	17	DE，PT，JP，DK，KR，EP，CN，FR，ES，AT，WO，CA，US	15	法国电力	2007/5/18	失效
14	JP2004214116A	36	JP	20	产业技术综合研究所	2003/1/8	失效
15	JP2001357845A	13	DE，JP，EP，CN，US	20	佳能公司	2000/6/16	失效

表4–32、表4–33、表4–34列举出3件电极材料纳米化改性重点专利的基本信息。

表 4-32 电极材料改性重点专利 5 的基本信息

发明名称	一种柔性 MXene 自支撑膜/金属复合材料及其制备方法、应用		
入选理由	被引次数达 39 次		
优先权日	2018/7/25		
公开号		公开日	
CN108987674A		2018/12/11	
申请人/专利权人	山东大学		
发明点	柔性 MXene 自支撑膜/金属复合材料包括柔性 MXene 自支撑膜、负载在柔性 MXene 自支撑膜上的一层金属颗粒,所述金属颗粒层的组成元素为锑、铋、锡或锗	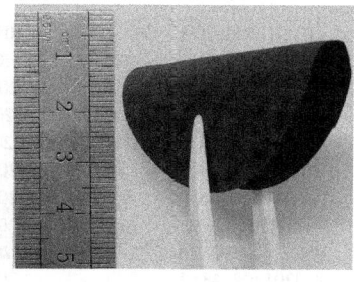	
技术效果	制备的柔性 MXene 自支撑膜机械性能好、导电性好,在其上电镀得到均匀分布的微纳米级金属颗粒,可直接用作电极片,能简化工艺,而且用作电池负极材料可获得比容量高、循环稳定性好、导电性更好的电池	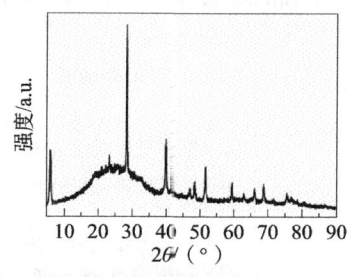	
具体实施方式	制备柔性 MXene 自支撑膜/金属复合材料,包括将 MAX 粉末加入到酸和氟化物的混合溶液中,反应一段时间,加水离心,形成剥离的 MXene 悬浮液,真空抽滤 MXene 悬浮液形成湿膜,真空干燥后形成柔性 MXene 自支撑膜,将 MXene 自支撑膜置于有机溶剂和由锑盐、铋盐、锡盐或锗盐组成的镀液中进行电镀,通过电镀形成一层微/纳米金属微球,真空干燥即得	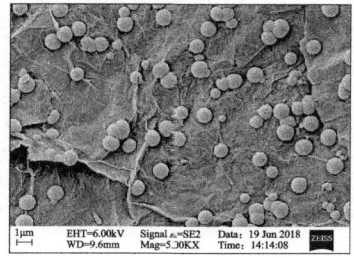	

表4-33 电极材料改性重点专利6的基本信息

发明名称	用于二次电池和二次电池，包括正极
入选理由	涉及行政诉讼； 同族11个，被引次数达12次
优先权日	2016/12/8

公开号	公开日
JP2018535520A	2018/11/29
JP7062157B2	2022/5/6
JP2021007109A	2021/1/21
JP7027626B2	2022/3/2
EP3319151A1	2019/3/6
KR1020170069153A	2017/6/20
KR102101006B1	2020/4/14
US11171322B2	2021/11/9
US20180219212A1	2018/8/2
WO2017099481A1	2017/6/15
CN107925056A	2022/5/6

申请人/专利权人	株式会社LG新能源
发明点	负极包括含有负极活性材料、导电材料和分散剂的负极活性材料层
技术效果	阴极通过改善孔结构而表现出优异的电解质润湿性
具体实施方式	导电材料是束状碳纳米管，碳纳米管单元的平均股直径为15nm。该碳纳米管的D波段在$1360±50cm^{-1}$处的最大峰强度（ID）和在$1580±50cm^{-1}$处的最大峰强度（IG）的平均值（ID/IG）为0.7~1.7，标准偏差值为1.3%~2%。所述正极活性材料层具有大于3g/cc的堆积密度，并且当根据水银孔率法测量孔径分布时，根据说明书中给出的公式（1）的平均孔径为0.1~0.5μm

表4-34 电极材料改性重点专利7的基本信息

发明名称	二次电池用正极活性物质及其制造方法
入选理由	同族数量12个，被引次数27次
优先权日	2014/9/26

公开号	公开（公告）日
CN106575768B	2019/7/23
JP6193505B2	2017/9/6
JPWO2016047491A1	2017/4/27
US10461330B2	2019/10/29
US11742485B2	2023/8/29
US20170301919A1	2017/10/19

续表

公开号	公开（公告）日
US20190348680A1	2019/11/14
KR101992614B1	2019/6/25
KR1020170063540A	2017/6/8
TWI633698B	2018/8/21
TW201618357A	2016/5/16
WO2016047491A1	2016/3/31

申请人/专利权人	太平洋水泥株式会社
发明点	一种用于二次电池的正极活性材料，其包含由式（A）：$LiFe_aMn_bM_cPO_4$、式（B）：$LiFe_aMn_bMcSiO_4$ 或式（C）：$NaFe_gMn_hQ_iPO_4$ 表示的氧化物；以及衍生自负载于其上的纤维素纳米纤维的碳。二次电池用正极活性物质，来自纤维素纳米纤维的碳作为碳化碳牢固地负载于由上述特定式表示的氧化物，所述氧化物是含锂橄榄石型金属磷酸盐、含锂橄榄石型金属硅酸盐或含钠橄榄石型金属磷酸盐
技术效果	充放电容量大，即使负载的碳源量减少也能够实现令人满意的倍率特性
具体实施方式	一种二次电池用正极活性物质，是来源于纤维素纳米纤维的碳以原子换算量 0.3～6 质量% 担载于下述式（A）、（B）或（C）所表示的化合物粒子而成的，且该二次电池用正极活性物质是含有所述化合物粒子和纤维素纳米纤维且粒径 D50 值 1～15μm 的造粒体 S 的煅烧物，$LiFe_aMn_bM_cPO_4$ …（A）式（A）中，M1 表示 Mg、Ca、Sr、Y、Zr、Mo、Ba、Pb、Bi、La、Ce、Nd 或 Gd，a、b 和 c 表示满足 $0.01 \leq a \leq 0.99$、$0.01 \leq b \leq 0.99$ 和 $0 \leq c \leq 0.3$，a 和 b 不同时为 0 且满足 $2a+2b+$（M1 的价数）$\times c=2$ 的数，$Li_2Fe_dMn_eM_f^2SiO_4$ …（B）式（B）中，M2 表示 Mg、Ca、Sr、Y、Zr、Mo、Ba、Pb、Bi、La、Ce、Nd 或 Gd，d、e 和 f 表示满足 $0.1 \leq d \leq 0.6$、$0.1 \leq e \leq 0.6$、和 $0 \leq f \leq 0.3$，d 和 e 不同时为 0 且满足 $2d+2e+$（M2 的价数）$\times f=2$ 的数，$NaFe_gMn_hQ_iPO4$ …（C）式（C）中，Q 表示 Mg、Ca、Sr、Y、Zr、Mo、Ba、Pb、Bi、La、Ce、Nd 或 Gd，g、h 和 i 表示满足 $0 < g \leq 1$、$0.5 \leq h < 1$、$0 \leq i < 1$ 和 $2g+2h+$（Q 的价数）$\times i=2$ 且满足 $g+h \neq 0$ 的数

4.4.4 电解质重点专利

表 4-35 示出了电解质材料相关的重点专利，共 81 项，其中被引用次数大于或等于 60 次的有 15 项，同时具有 3 个以上同族的专利有 44 项，维持年限达到 20 年的专利有 42 项。

表4-35 电解质相关重点专利列表

序号	技术主题	公开（公告）号	被引次数	同族国家/地区	维持年限	专利权人	申请日	法律状态
1	电解液添加剂	US059481B2	32	US	9	惠和	2013/8/30	有效
2	电解液添加剂	JP2009129541A	56	JP, WO	17	中央硝子株式会社	2007/11/19	有效
3	电解液添加剂	JP2003086233A	97	JP	20	三菱公司	2001/9/7	失效
4	电解液添加剂	JP2000331710A	34	JP, EP, US	20	格瑞特巴奇	2000/5/1	失效
5	电解液添加剂	JP2000149906A	74	JP	20	三菱公司	1998/11/4	失效
6	电解液添加剂	JP2000100467A	12	DE, JP, EP, US	20	松下集团	1999/7/19	失效
7	电解液添加剂	GB2062939A	31	GB	20	克罗瑞德	1979/11/7	失效
8	电解液添加剂	US4268486A	26	US, CA	20	奥林公司	1979/7/2	失效
9	复合固体电解质	WO2012176267A1	31	WO	2	丰田公司	2011/6/20	PCT-有效期满
10	复合固体电解质	US20090136830A1	101	US	16	美国电场升级公司	2008/11/25	有效
11	复合固体电解质	JP2000251944A	30	DE, JP, EP, US	20	东芝公司	1999/9/14	失效
12	复合固体电解质	JP2000243396A	288	JP, KR, EP, US	20	日立公司	1999/2/23	失效
13	复合固体电解质	US4041215A	38	US	20	欧文斯伊利诺斯公司	1976/4/5	失效
14	固体聚合物电解质	CN107851761A	5	JP, KR, WO, CN, EP, US	5	帝斯曼公司	2016/7/8	失效
15	固体聚合物电解质	EP2909886A1	20	DE, WO, EP	10	北卡罗来纳大学教堂山分校	2013/10/17	失效

续表

序号	技术主题	公开(公告)号	被引次数	同族国家/地区	维持年限	专利权人	申请日	法律状态
16	固体聚合物电解质	JP2003123706A	46	JP	20	索尼株式会社	2001/10/12	失效
17	固体聚合物电解质	JP11086899A	93	DE, JP, WO, EP, US	20	松下集团	1997/9/3	失效
18	固体聚合物电解质	CN107946636A	35	CN	3	北京大学深圳研究生院	2017/10/26	失效
19	离子液体电解液	CN107251310A	1	TW, KR, WO, CN, EP, PL, HU, US	8	中央硝子株式会社	2016/2/18	有效
20	离子液体电解液	JP2016105370A	13	TW, JP, KR, WO, CN, EP, US	8	中央硝子株式会社	2014/12/1	有效
21	离子液体电解液	US20160013463A1	60	US	8	法西德·鲁米	2015/4/7	有效
22	离子液体电解液	CN103765663A	18	AU, JP, KR, WO, CN, EP, CA	11	康奈尔大学	2012/7/10	有效
23	固体聚合物电解质	EP3258532A1	1	WO, EP	8	中国科学院青岛生物能源与过程研究所	2016/1/26	有效
24	醚类溶剂	US20170204124A1	40	KR, WO, US	8	中央硝子株式会社	2015/6/30	有效
25	醚类溶剂	EP1005098A2	3	JP, EP, US	20	格瑞特巴奇	1999/11/9	失效
26	醚类溶剂	US4104450A	35	DE, BE, CH, JP, GB, IT, FR, CA, NL, US	20	埃克森美	1977/8/24	失效
27	凝胶聚合物电解质	CN103950239A	37	CN	10	合肥国轩高科动力能源股份公司	2014/4/24	有效
28	其他无机固体电解质	JP2019091632A	14	JP, CN, US	5	丰田公司	2017/11/15	有效

续表

序号	技术主题	公开(公告)号	被引次数	同族国家/地区	维持年限	专利权人	申请日	法律状态
29	其他无机固体电解质	CN111373590A	18	BR, TW, RU, AU, IN, JP, KR, WO, CN, EP, CA, US	5	三菱公司	2018/10/12	有效
30	其他无机固体电解质	US20120251871A1	62	US	12	铃木将军	2012/3/28	失效
31	其他无机固体电解质	US20050279279A1	17	AU, JP, WO, EP, US	18	细野秀雄	2005/3/25	有效
32	其他无机固体电解质	US4178418A	16	DE, GB, FR, CA, US	20	泰勒斯	1978/5/3	失效
33	无机固体电解质	JP2022531271A	1	JP, WO, EP	3	国联汽车动力电池研究院有限责任公司	2019/12/19	有效
34	无机固体电解质	CN112805861A	39	JP, KR, WO, CN, EP, US	4	三星电子株式会社	2019/5/7	有效
35	水系电解液	JP2017126500A	27	JP, WO, CN, US	7	国立大学法人东京大学	2016/1/14	失效
36	无机固体电解质	DE102015013155A1	22	DE, JP, WO, CN, EP, US	7	拜耳制药股份有限公司	2015/10/9	审中
37	水系电解液	US20160240896A1	72	US	8	巴特勒迈	2016/4/29	失效
38	水系电解液	JP2002343430A	26	AU, JP, WO, EP, US	20	三菱化学株式会社	2001/5/22	失效
39	固体聚合物电解质	JP2002184462A	23	JP, EP, CN, US	20	东芝株式会社	2001/9/28	失效
40	固体聚合物电解质	JP2002015771A	46	JP	20	东芝株式会社	2001/2/28	失效
41	醚类溶剂	JP2001093572A	60	JP	20	日立制作所株式会社	1999/9/27	失效

续表

序号	技术主题	公开（公告）号	被引次数	同族国家/地区	维持年限	专利权人	申请日	法律状态
42	水系电解液	JP2000348776A	35	TW, JP, KR, EP, CN, US	20	东芝公司	2000/3/30	失效
43	水系电解液	US5525442A	120	US	20	美国西屋公司	1990/9/14	失效
44	水系电解液	JP08503522A	13	DE, HK, PT, JP, DK, KR, EP, ES, BR, AT, SG, WO, US, CA	20	贵州大学	1993/11/26	失效
45	碳酸酯类溶剂	US20190123390A1	52	US	5	巴特勒迈	2018/8/31	有效
46	碳酸酯类溶剂	US20180254524A1	38	US	6	巴特勒迈	2017/5/18	有效
47	碳酸酯类溶剂	US20160126589A1	34	WO, US	8	巴特勒迈	2014/10/31	有效
48	碳酸酯类溶剂	US20120082890A1	45	US	12	董健	2011/9/26	有效
49	碳酸酯类溶剂	CN101212065A	57	CN	16	财团法人工业技术研究院	2006/12/30	有效
50	碳酸酯类溶剂	JP2004519829A	13	AU, JP, KR, WO, EP, US	20	陶氏杜邦	2001/12/18	失效
51	碳酸酯类溶剂	US6274269B1	103	US	20	格瑞特巴奇	2000/1/25	失效
52	碳酸酯类溶剂	US6180283B1	35	US	20	格瑞特巴奇	1999/12/13	失效
53	碳酸酯类溶剂	US6136477A	91	JP, EP, US	20	格瑞特巴奇	1999/5/26	失效
54	碳酸酯类溶剂	US6120941A	34	US	20	布鲁克哈	1998/4/20	失效

续表

序号	技术主题	公开（公告）号	被引次数	同族国家/地区	维持年限	专利权人	申请日	法律状态
55	碳酸酯类溶剂	EP980108A1	14	JP, EP, US	20	格瑞特巴奇	1999/8/13	失效
56	碳酸酯类溶剂	EP971432A1	32	AU, JP, EP, US	20	格瑞特巴奇	1999/7/9	失效
57	碳酸酯类溶剂	EP951085A1	13	DE, AU, JP, EP, US	20	格瑞特巴奇	1999/3/11	失效
58	碳酸酯类溶剂	EP918364A1	20	DE, AU, JP, EP, US	20	格瑞特巴奇	1998/10/23	失效
59	碳酸酯类溶剂	EP829911A2	17	US	20	格瑞特巴奇	1997/9/3	失效
60	碳酸酯类溶剂	US5616429A	44	US	20	格瑞特巴奇	1995/5/24	失效
61	碳酸酯类溶剂	US5569558A	62	DE, AU, JP, WO, EP, US	20	格瑞特巴奇	1995/6/5	失效
62	碳酸酯类溶剂	US4895778A	11	JP, US	20	联合信号公司	1986/9/29	失效
63	氧化物固体电解质	CN111886090A	8	JP, KR, WO, CN, EP	5	马里兰大学派克分院	2019/2/15	有效
64	氧化物固体电解质	US20180309165A1	27	DE, CN, US	6	通用汽车	2017/4/21	有效
65	氧化物固体电解质	US20170358816A1	13	JP, CN, US	6	丰田公司	2017/6/8	失效
66	氧化物固体电解质	JP2017037769A	15	JP, WO, CN, US	7	日本电气硝子株式会社	2015/8/10	有效
67	氧化物固体电解质	US2016014917OA1	13	JP, KR, WO, EP, US	8	东京阿卡工业有限公司	2014/6/19	有效
68	氧化物固体电解质	CN104685694A	17	JP, WO, EP, CN, CA	2	材料和系统研究公司	2013/5/20	失效
69	氧化物固体电解质	CN104412338A	14	TW, JP, WO, CN, EP, US	3	出光公司	2013/6/12	失效
70	氧化物固体电解质	US4610866A	21	JP, US, CA	20	巴特勒迈	1985/10/11	失效

第4章 重点关键技术分析

续表

序号	技术主题	公开（公告）号	被引次数	同族国家/地区	维持年限	专利权人	申请日	法律状态
71	氧化物固体电解质	US4259297A	14	BR, DE, EP, CA, US	20	奥林公司	1979/9/4	失效
72	氧化物固体电解质	GB1386525A	14	JP, GB, FR, US	20	产业技术综合研究所	1973/3/29	失效
73	电解液添加剂	US9059481B2	32	US	9	惠和	2013/8/30	有效
74	电解液添加剂	JP2009129541A	56	JP, WO	15	中央硝子株式会社	2007/11/19	有效
75	电解液添加剂	US20070045125A1	190	US	17	瓦赫宁根大学	2006/8/25	有效
76	电解液添加剂	JP2003086233A	97	JP	20	三菱公司	2001/9/7	失效
77	电解液添加剂	JP2003055052A	33	JP	20	日本碍子	2001/9/4	失效
78	电解液添加剂	JP2000331710A	34	JP, EP, US	20	格瑞特巴奇	2000/5/1	失效
79	电解液添加剂	JP2000149906A	74	JP	20	三菱公司	1998/11/4	失效
80	电解液添加剂	JP2000100467A	12	DE, JP, EP, US	20	松下集团	1999/7/19	失效
81	电解液添加剂	US9059481B2	32	US	9	惠和	2013/8/30	有效

表4–36、表4–37、表4–38列举出电解质重点专利的基本信息。

表4–36 电解质重点专利1的基本信息

发明名称	用于碱金属离子电池的基本上为固态的柔性电解质	
入选理由	被引次数为101次	
优先权日	2008/11/25	
公开号		公开日
US20090136830A1		2009/5/28
US8216722B2		2012/7/10
申请人/专利权人	美国电场升级公司	
发明点	一种碱金属离子电池,包括含有碱金属的阳极、阴极和用于在阳极和阴极之间传导碱金属离子的电解质隔板。在选定的实施方案中,电解质分离器包括第一相,所述第一相包含摩尔比小于10:1的聚(环氧烷)和碱金属盐。电解质分离器还可以包括第二相,该第二相包括对碱金属离子导电的离子导电颗粒。这些离子导电颗粒可以包括离子导电陶瓷颗粒、玻璃颗粒、玻璃–陶瓷颗粒或它们的混合物	
技术效果	电解质隔板减少了电池中的热失控和可燃性,即使在非常薄时也能保持其结构完整性,并且表现出良好的离子导电性	
具体实施方式	电解质隔板可包括第一相和第二相,第一相包含摩尔比为约8:1的聚(环氧乙烷)和碱金属盐,第二相包含对碱金属离子导电的离子导电颗粒。离子导电颗粒可包括陶瓷颗粒、玻璃颗粒、玻璃–陶瓷颗粒或其组合。所述电解质隔板还可以包括第三相,所述第三相包含用有机溶剂渗透的多孔颗粒	

表4-37 电解质重点专利2的基本信息

发明名称	蓄电装置用水系电解液以及包含该水系电解液的蓄电装置	
入选理由	被引次数为27次； 有6个同族，在中国、日本、美国有布局	
优先权日	2016/1/14	
公开号		公开日
CN108475589A		2018/8/31
JP2017126500A		2017/7/20
JP6613474B2		2019/12/4
US10658706B2		2020/5/19
US20190044190A1		2019/2/7
WO2017122597A1		2017/7/20
申请人/专利权人	国立大学法人东京大学	
发明点	一种包含水作为溶剂的蓄电装置用电解液，其特征在于，相对于碱金属盐1mol，溶剂量为超过4mol且15mol以下	
技术效果	具有高容量和优异的安全性和循环特性；在超过1.23V的高电压下能稳定工作	
具体实施方式	在蓄电装置为钠离子二次电池的情况下，能使用包含能电化学地吸纳、放出钠离子的负极活性物质的电极，如能代替上述锂金属等而使用包含钠金属，或者钠元素的合金、金属氧化物、金属硫化物、金属氮化物这样的金属化合物	

表 4-38 电解质重点专利 3 的基本信息

发明名称	一种固体电解质材料、固态电池及其应用	
入选理由	被引次数为 35 次	
优先权日	2017/10/26	
公开号	公开日	
CN107946636A	2018/4/20	
申请人/专利权人	北京大学深圳研究生院	
发明点	固体电解质材料为具有微孔通孔的固体颗粒,固体颗粒的微孔中具有液态离子导体。使用时,固体颗粒与相邻固态微粒形成固液固相界面,所有固体颗粒相互接触形成网络,所有固体颗粒中的液态离子导体相连通形成金属离子快速传输通道网络	
技术效果	降低了固-固界面的界面电阻,使离子传输更加通畅,进而提高电池动力学性能,提高电极材料负载量,提高能量密度	
具体实施方式	采用具有微孔通孔的固体颗粒,并在固体颗粒的微孔中填充液态离子导体,液态离子导体通过毛细作用填充在微孔中;固体颗粒表面和内部具有很多相互连通的微孔	

4.4.5 钠离子电池黏结剂重点专利

表 4-39 示出了黏结剂相关的重点专利列表,共 12 项,其中被引用次数大于 60 次的有 1 项,同时具有 3 个及以上同族的专利有 8 项,维持年限达到

20 年的专利有 1 项。

表 4-39 黏结剂重点专利列表

序号	公开（公告）号	被引次数	同族国家/地区	维持年限	专利权人	申请日	法律状态
1	KR1020200106174A	13	JP，KR，WO，EP，CA	5	南达科他州董事会	2019/1/9	有效
2	US20170309943A1	50	US	7	亚利桑那州立大学	2015/9/15	有效
3	JP2017036273A	15	JP，KR，WO，CN，EP，US	7	斯特拉化学株式会社	2016/8/9	有效
4	CN107534181A；	4	JP，KR，WO，CN，EP	7	北卡罗来纳大学教堂山分校	2016/5/19	失效
5	JP2016157679A	37	JP	8	中央硝子株式会社	2015/12/25	有效
6	CN106797052A	17	WO，CN，EP，US	8	内华达大学拉斯维加斯分校	2014/8/22	失效
7	JP2016027028A	34	JP，CN，EP	8	中央硝子株式会社	2015/6/30	失效
8	CN110010963A	1	PT，JP，KR，WO，CN，EP，CA，US	9	波尔图大学	2015/2/26	失效
9	US20150243997A1	17	KR，US	9	三星电子集团	2014/2/24	有效
10	JP2013229319A	18	JP，WO	10	日产自动车株式会社	2013/3/27	审中
11	CN107673319A	2	TW，JP，KR，WO，CN，EP，CA，US	11	阿科玛	2012/4/6	失效
12	US5677082A	72	DE，JP，EP，US	20	蔚山科学技术院	1996/5/29	失效

表 4-40 列举了黏结剂重点专利的基本信息。

表 4-40 黏结剂重点专利的基本信息

发明名称	二次电池用负极及包括该负极的二次电池	
入选理由	被引证次数 17 次	
优先权日	2014/2/24	
公开号	公开日	
KR102201317B1	2021/1/11	
KR1020150100129A	2015/9/2	
US20150243997A1	2015/8/27	
US9941520B2	2018/4/10	
申请人/专利权人	三星电子集团	
发明点	一种用于二次电池的负极，该负极包括：集电器；集电器上的中间层，其由至少一种选自阳离子取代的聚羧酸及其共聚物的第一聚合物组成；在中间层上的负极活性材料层，该负极活性材料层包括负极活性材料和黏结剂	
技术效果	能够更好地抑制硅基材料的体积膨胀和副反应的发生	
具体实施方式	黏结剂由选自阳离子取代的多羧酸及其共聚物的至少一种组成	

4.4.6 钠离子电池隔膜重点专利

表4-41示出钠离子电池隔膜相关的9项重点专利,其中被引用次数大于60次的有2项,同时具有3个及以上同族的专利有4项,维持年限达到20年的专利有1项。

表4-41 钠离子电池隔膜重点专利

序号	公开(公告)号	被引次数	同族国家/地区	维持年限	专利权人	申请日	法律状态
1	US20200112050A1	53	US	4	马里兰大学学院	2018/3/29	失效
2	CN116722306A	30	JP, KR, WO, CN, EP, US	4	旭化成株式会社	2019/9/25	审中
3	CN108807798A	44	CN	3	南京大学	2018/8/1	失效
4	CN105655526A	18	WO, CN	3	宁波艾特米克锂电科技有限公司	2016/2/16	失效
5	CN104300102A	12	DE, CN, US	9	福特全球技术公司	2014/7/16	有效
6	CN103383996A	31	JP, WO, CN, US	11	江苏华东锂电技术研究院有限公司;清华大学	2013/6/27	有效
7	US20130224632A1	180	US	11	法西德·鲁米	2013/1/10	有效
8	EP1769545A2	1	JP, WO, EP	19	特拉维夫大学未来技术发展	2005/4/20	失效
9	US5631102A	64	US	20	威尔格瑞巴奇	1996/2/12	失效

表4-42、表4-43列举了2件钠离子电池隔膜重点专利的基本信息。

表 4-42 钠离子电池隔膜重点专利 1 的基本信息

发明名称	聚酰亚胺微孔隔膜的制备方法	
入选理由	被引次数为 31 次；具有 4 个国家或地区的同族申请	
优先权日	2013/6/27	
公开号		公开日
CN103383996A		2015/7/22
JP6073528B2		2017/2/1
US20160111696A1		2016/4/21
WO2014206315A1		2014/12/31
申请人/专利权人	江苏华东锂电技术研究院有限公司；清华大学	
发明点	一种聚酰亚胺微孔隔膜的制备方法，以表面处理剂对无机模板剂进行表面修饰，使无机模板剂具有疏水性，然后将表面修饰后的无机模板剂与聚酰亚胺溶液混合，制备得到有机无机杂化膜	
技术效果	隔膜具有耐高温特性	
具体实施方式	一种聚酰亚胺微孔隔膜的制备方法，包括以下步骤：采用柔性单体，以一步法制备可溶性聚酰亚胺，并形成聚酰亚胺溶液；提供无机模板剂，该无机模板剂为无机纳米颗粒，在有机溶剂中通过表面处理剂对该无机模板剂进行表面处理，使无机模板剂分散在该有机溶剂中，形成无机模板剂分散液；将该聚酰亚胺溶液和无机模板剂分散液混合并超声处理，形成制膜液；将该制膜液涂覆在基板表面并烘干，形成有机无机复合膜；以及将该有机无机复合膜置于模板脱除剂溶液中，该有机无机复合膜中的无机模板剂与该模板脱除剂反应，从而去除该有机无机复合膜中的无机模板剂，得到该聚酰亚胺微孔隔膜	

表4-43 钠离子电池隔膜重点专利2的基本信息

发明名称	一种基于金属-有机框架材料的复合电池隔膜及其制备方法		
入选理由	被引次数为44次		
优先权日	2018/8/1		
公开号		公开日	
CN108807798A		2018/11/13	
申请人/专利权人	南京大学		
发明点	基于金属有机框架材料的复合电池隔膜及其制备方法和应用,包括以下步骤:(1)合成金属有机框架材料前驱体;(2)将金属有机框架材料前驱体与二维材料或聚合物材料复合,制得金属有机框架材料的复合电池隔膜		
技术效果	隔膜孔隙率高、比表面积大,可改善隔膜的电解液浸润性,大大提高了隔膜的离子迁移数;隔膜孔径可调,合适的孔尺寸可有效控制电解液离子的穿梭,抑制不良副反应的发生,提高电池容量,延长循环寿命		
具体实施方式	将 0.875g Cu(NO_3)$_2$·3H_2O 和 0.42g $C_9H_6O_6$ 分别溶于150mL乙醇中,待完全溶解后,将两者混合,搅拌1h,得到MOF前驱体分散液;然后将10mg GO加入到100mL去离子水中,搅拌1h,再超声5h,得到GO悬浮液;接着取5mL所得到的GO分散液加入到真空抽滤瓶中进行抽滤;待GO悬浮液抽干后,加入20mL所制备的MOF前驱体分散液继续抽滤;继续加入20mL乙醇进行抽滤清洗后,将所得到的薄膜从抽滤膜上揭下来,然后置于60℃真空烘箱中干燥24h,最终得到MOF@GO复合薄膜		

第 5 章 重要创新主体分析

本章是针对重要创新主体的深度分析。首先，分析了专利技术创新主体之间的合作申请情况、国内各个技术分支中的发明人情况；其次，重点介绍了中科海钠与中科院物理研究所、宁德时代、中南大学这三个重要发明团队的专利布局情况；最后，对负极材料领域的发明人进行了关联分析。

5.1 全球专利合作申请情况分析

5.1.1 全球专利合作申请总体分析

钠离子电池领域的全球专利申请共13337项，其中涉及合作申请的专利技术为1290项[①]，具体合作申请的申请人国别分布情况如图5-1所示，分别为中国申请人为740项，占全球专利申请总量的57.4%；日本申请人为364项，占全球专利申请总量的28.2%；韩国申请人为82项，占全球专利申请总量的6.4%；美国申请人为52项，占全球专利申请总量的4.0%；法国申请人为42项，占全球专利申请总量的3.3%；德国申请人为18项，占全球专利申请总量的1.4%；加拿大申请人为14项，占全球专利申请总量的1.1%[②]。

参与合作申请的申请人排位如图5-2所示，其中合作申请最多的申请人为住友公司，其次为丰田公司，然后为产业技术综合研究所[③]。

[①] 不考虑与个人的合作申请，含集团内部关联方合作申请。
[②] 按申请人国别统计，1项申请的申请人来自多个国家的，按国别分别统计，所占比重合计超过100%，汇总统计时经过去重处理，申请人来自多个国家的不重复统计。
[③] 属于同一集团的申请人进行合并，数据仅包含合并后申请人对外合作申请的情况。

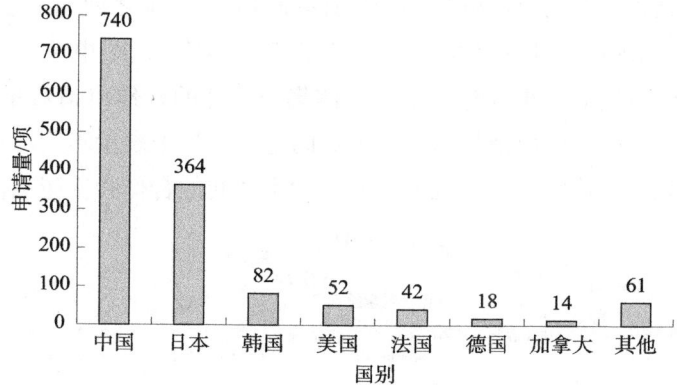

图 5-1 钠离子电池领域具有合作申请的申请人国别情况

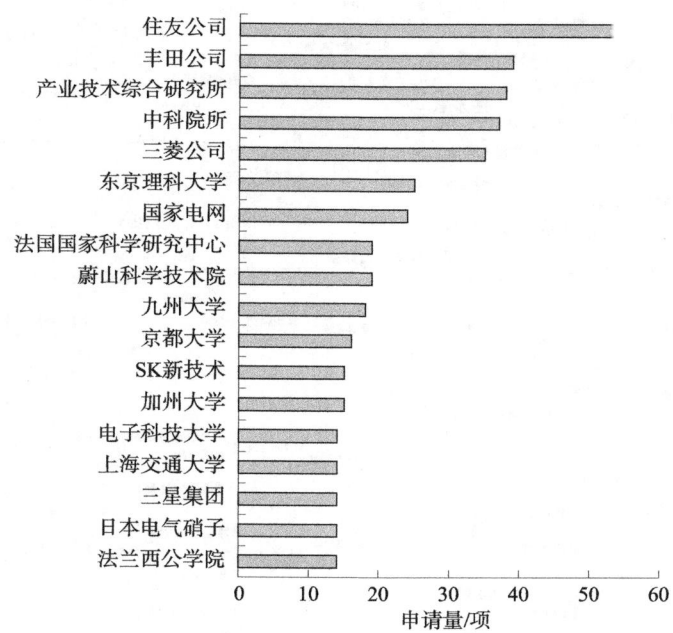

图 5-2 钠离子电池对外合作申请的申请人排名

5.1.2 重要申请人专利合作申请

图 5-3 展示了钠离子电池领域全球对外合作申请量排名在前 30 的申请人

的合作申请情况。图中通过连线仅体现不同申请主体之间对外的合作关系（申请主体集团内部各申请人之间的合作关系不体现），图中节点大小表示申请主体合作申请量的大小（包含申请主体集团内部的合作申请数量），节点越大说明申请主体的合作申请量越大，节点间连线的粗细表示不同申请主体间的合作申请的频次，连线越粗，说明不同申请主体间的合作频次越高。

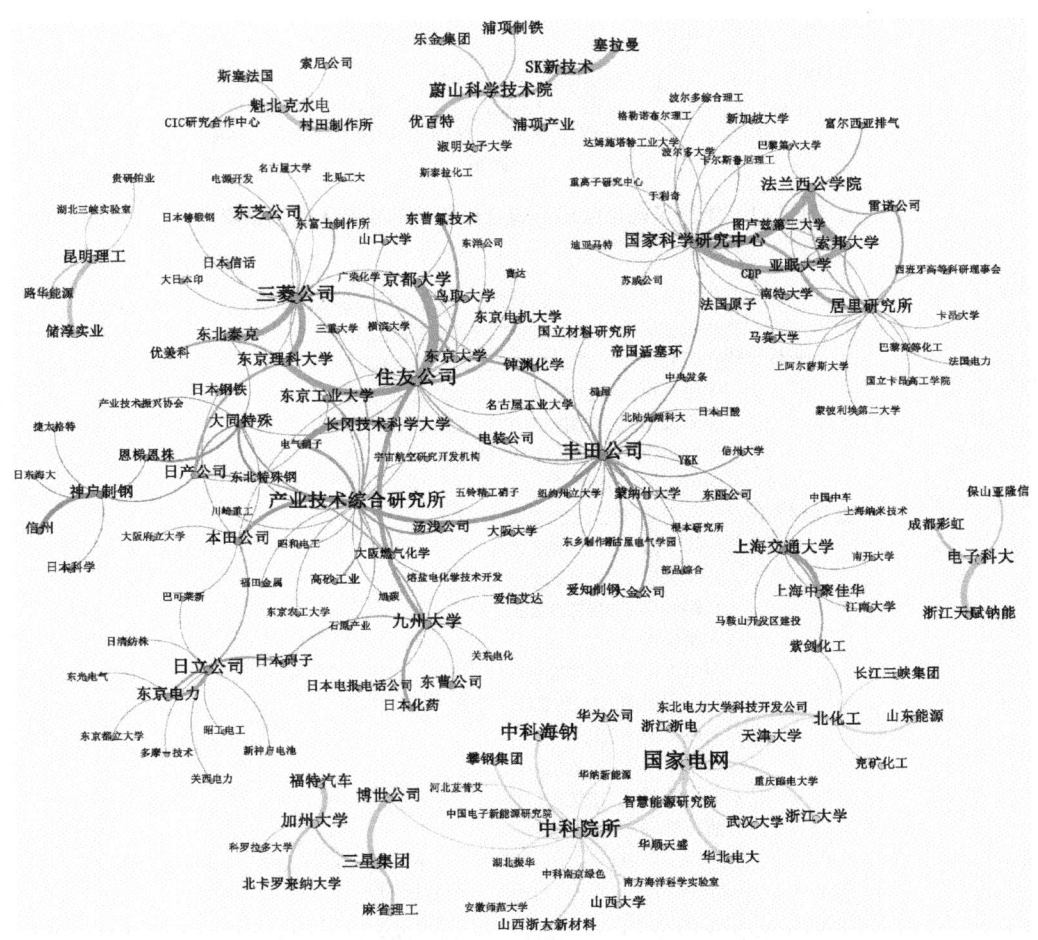

图 5-3 钠离子电池领域全球申请人专利合作申请网络

图中展示的企业、高校及科研单位的专利合作申请网络中，共有 15 个比较突出且处于核心地位的参与合作申请的重要申请人（以下简称核心合作申请人）。其中，有 11 个国外申请人，分别为法国的国家科学研究中心，日本的住友公司、产业技术综合研究所、丰田公司、三菱公司、东京理科大学、九州大学、京都大学，美国的加州大学，韩国的蔚山科学技术院、SK 新技术；4个国内申请人，分别为中科院所、国家电网、上海交通大学和电子科技大学（简称电子科大）。从合作频次上看，涉及对外合作频次最高的为住友公司和京都大学之间的合作，两者合作申请达 13 项。从对外合作的广度上来看，丰田公司与不同专利技术创新主体合作数量最多，29 家不同专利技术创新主体与丰田公司有过合作申请。

总体来看，国外申请人的专利合作申请起步比国内申请人早，专利申请量大，是国内申请人的强劲对手。对于国外申请人，值得关注和重视的是住友公司。在国内合作申请人中，上海交通大学的专利合作申请起步较早，2013 年已开始进行钠离子电池方面的研究。国家电网、中国科学院除了与其他企业或院校有合作专利申请，他们之间也有合作申请。

（1）法国国家科学研究中心的专利合作申请情况分析

法国国家科学研究中心隶属于法国 NAIADES 计划团体。该中心对外专利合作申请有 19 项，其中与高校的专利合作申请有 15 项，与法兰西公学院的专利合作申请有 10 项。值得关注的一件专利为其和索邦大学、法兰西公学院及图卢兹第三大学合作申请的专利 EP16728993，共有 10 篇同族专利，在日本、欧洲、美国均有布局。

（2）日本住友公司的专利合作申请情况分析

住友公司对外合作申请了 53 项专利，与高校合作比较多，且每个高校都有自己的主攻研究方向。住友公司与京都大学合作申请了 13 项专利，合作技术方向主要为电池负极材料，涉及硫化物负极材料和磷化物负极材料；与东京理科大学合作了 9 项专利，主要研究方向在正极 - 过渡金属氧化物和合金材料；与九州大学合作了 6 项专利，合作方向主要在电极材料掺杂；与东京电机大学合作申请了 5 项专利，主要的合作方向为过渡金属氧化物正极材料。住友公司的部分合作申请情况见表 5 - 1。

表 5 - 1 住友公司的部分合作申请情况

序号	公开号	合作对象	合作方向
1	JP6598707B2	京都大学	负极 - 转化类材料（磷化物）
2	JP2018041629A	京都大学	负极 - 钛基材料
3	JP5670339B2	京都大学	负极 - 转化类材料

续表

序号	公开号	合作对象	合作方向
4	JP2013229321A	九州大学	电极材料掺杂
5	JP5174439B2	九州大学	电极材料掺杂
6	JP2009129741 A	九州大学	电极材料掺杂
7	JP6103456B2A	东京理科大学	正极－过渡金属氧化物
8	JP2012212648 A	东京理科大学	负极合金材料
9	JP2019091528A	东京电机大学	正极－过渡金属氧化物

住友公司在 2016 年申请的合作专利申请 JP6598707B2 披露了一种 Sn－P 负极材料，其理论容量为 1000AH/g，而硬碳的理论容量只有 300AH/g。这说明京都大学与住友公司进行着高容量负极材料的研究合作。

（3）上海交通大学的专利合作申请情况分析

上海交通大学在钠离子电池领域共申请了 38 项专利，合作申请有 14 项，主要合作者为上海中聚佳华电池科技有限公司，共合作申请了 6 项专利。

上海交通大学的合作申请中只有 3 项失效，其余都为授权有效状态和审中状态，由此可见上海交通大学的合作申请专利质量较高。

合作申请中的主要发明人为马紫峰，有 8 项合作专利申请；其次为王红，有 5 项合作专利申请。

尤其要提及的是上海交通大学的合作专利申请 CN104716314A，发明名称为"一种普鲁士蓝/还原氧化石墨烯复合材料及其制备方法和应用"。宁德时代也在做类似材料的研究，如宁德时代的合作专利申请 CN109728295A，发明名称为"一种正极活性材料及其制备方法及钠离子电池"。CN104716314A 和 CN109728295A 两者都为普鲁士蓝类材料及其制备的研究。

由于普鲁士蓝类材料在作为钠离子电池材料时或多或少会含有一定含量的吸附水、晶格水和配位水，吸附水和晶格水通过普通高温加热方法即可除去，配位水则无法除去，如果温度升高到足够配位水去除时，普鲁士蓝类材料会发生分解反应，因此，目前并未有很有效的方法去除普鲁士蓝材料晶格内的配位水。上海交通大学的专利申请 CN104716314A 是全球首次提出利用普鲁士蓝类材料和石墨烯之间的电子自交换反应来达到有效去除普鲁士蓝材料晶格中的配位水的专利。

5.2 国内发明人排名分析

5.2.1 钠离子电池领域国内发明人排名

表5-2示出钠离子电池领域排名前10位发明人的情况，其中有9位发明人来自高校及科研单位。

表5-2 钠离子电池领域排名前10位发明人专利申请量

发明人	申请量/项	发明人所属申请人
黄剑锋	198	陕西科技大学；蒙娜丽莎集团股份有限公司
曹丽云	170	陕西科技大学
李嘉胤	149	陕西科技大学；蒙娜丽莎集团股份有限公司
张治安	109	中南大学
赖延清	102	中南大学
李长东	100	宁德时代
胡勇胜	94	中国科学院物理研究所/中科海钠
陈立泉	87	中国科学院物理研究所/中科海钠
李 劼	83	中南大学
许占位	83	陕西科技大学

5.2.2 钠离子电池重点技术领域国内发明人排名

表5-3~表5-6示出钠离子电池各重点技术领域的发明人前10排名。电极活性材料（正极材料、负极材料、电解质）领域国内发明人专利申请量相对较多，主要来自宁德时代、中南大学、陕西科技大学和中国科学院物理研究所；在钠离子电池的非活性材料（即隔膜、黏结剂、电池辅助部件）领域，国内发明人的专利申请量均较少，且较为平均，前10位发明人的专利申请量基本在10~20项，专利申请量靠前的申请人主要来自企业，如中科海钠、众钠能源、传艺科技、储淳实业等。

表5-3 正极材料、负极材料领域发明人前10排名

正极材料			负极材料		
发明人	申请量/项	发明人所属申请人	发明人	申请量/项	发明人所属申请人
李长东	60	宁德时代	黄剑锋	180	陕西科技大学；蒙娜丽莎集团股份有限公司
赖延清	56	中南大学	曹丽云	154	陕西科技大学；蒙娜丽莎集团股份有限公司
张治安	56	中南大学	李嘉胤	134	陕西科技大学
谢英豪	49	宁德时代	许占位	81	陕西科技大学
余海军	49	宁德时代	胡勇胜	62	中国科学院物理研究所；中科海钠
李劼	48	中南大学	陈立泉	56	中国科学院物理研究所；中科海钠
李爱霞	48	宁德时代	张治安	55	中南大学
胡勇胜	46	中国科学院物理研究所；中科海钠	赖延清	49	中南大学
唐堃	43	中国科学院物理研究所；中科海钠	李长东	47	宁德时代
陈立泉	42	中国科学院物理研究所；中科海钠	唐堃	38	中国科学院物理研究所；中科海钠

表5-4 电极材料改性、电芯结构设计领域发明人前10排名

电极材料改性			电芯结构设计		
发明人	申请量/项	发明人所属申请人	发明人	申请量/项	发明人所属申请人
黄剑锋	129	陕西科技大学；蒙娜丽莎集团股份有限公司	刘杨	16	深圳新宙邦科技股份有限公司
曹丽云	111	陕西科技大学；蒙娜丽莎集团股份有限公司	郑仲天	16	深圳新宙邦科技股份有限公司
李嘉胤	93	陕西科技大学；蒙娜丽莎集团股份有限公司	敖小虎	15	深圳新宙邦科技股份有限公司
张治安	78	中南大学	张治安	15	中南大学
赖延清	68	中南大学	刘中波	14	深圳新宙邦科技股份有限公司

续表

电极材料改性			电芯结构设计		
发明人	申请量/项	发明人所属申请人	发明人	申请量/项	发明人所属申请人
李 劼	60	中南大学	唐永炳	12	深圳先进技术研究院；深圳中科瑞能实业有限公司
许占位	53	陕西科技大学	胡勇胜	12	中国科学院物理研究所；中科海钠
李长东	50	宁德时代	陈立泉	11	中国科学院物理研究所；中科海钠
张 凯	44	中南大学	王永刚	11	复旦大学
胡勇胜	41	中国科学院物理研究所；中科海钠	梁成都	11	宁德时代

表5-5 电解质、隔膜领域发明人前10排名

电解质			隔膜		
发明人	申请量/项	发明人所属申请人	发明人	申请量/项	发明人所属申请人
胡勇胜	31	中国科学院物理研究所；中科海钠	赵建庆	22	众钠能源
陈立泉	26	中国科学院物理研究所；中科海钠	邹伟民	21	传艺科技
郑仲天	22	深圳新宙邦科技股份有限公司	邹嘉逸	21	传艺科技
刘 杨	22	深圳新宙邦科技股份有限公司	康书文	20	传艺科技
孙春胜	21	香河昆仑	徐雄文	19	湖南立方新能源
毛 冲	21	赛纬电子	周 勇	19	江苏久泰电池科技有限公司
戴晓兵	21	赛纬电子	张维民	18	传艺科技
吴 锋	20	北京理工大学	梁 风	18	储淳实业
敖小虎	19	深圳新宙邦科技股份有限公司	梁成都	15	宁德时代
刘中波	19	深圳新宙邦科技股份有限公司	向孙祖	14	储淳实业

表 5-6 黏结剂、电池辅助部件领域发明人前 10 排名

黏结剂			电池辅助部件		
发明人	申请量/项	发明人所属申请人	发明人	申请量/项	发明人所属申请人
胡勇胜	13	中国科学院物理研究所；中科海钠	邹伟民	17	传艺科技
陈立泉	12	中国科学院物理研究所；中科海钠	康书文	15	传艺科技
梁凤	11	储淳实业	王鹏	15	宁德时代
郭玉国	10	中国科学院化学研究所	蒋水连	15	雄韬电源
向孙祖	10	储淳实业	邹嘉逸	15	传艺科技
陈军	10	南开大学	张维民	13	传艺科技
唐永炳	9	深圳先进技术研究院；深圳中科瑞能实业有限公司	叶永煌	12	宁德时代
康书文	9	传艺科技	刘倩	12	宁德时代
王元杰	9	大连中比动力电池有限公司	唐堃	11	中国科学院物理研究所；中科海钠
曹仕良	9	大连中比动力电池有限公司	赵建庆	10	众钠能源

表 5-3 示出正极材料、负极材料领域专利申请量排名前 10 发明人。正极材料领域专利申请量排名前 10 的发明人主要来自宁德时代（李长东、谢英豪、余海军、李爱霞）、中南大学（赖延清、张治安、李劼）、中国科学院物理研究所（陈立泉、胡勇胜、唐堃）；负极材料领域专利申请量排名前 10 的发明人主要来自陕西科技大学（黄剑锋、曹丽云、李嘉胤、许占位）、中国科学院物理研究所（陈立泉、唐堃）、中南大学（张治安、赖延清）、宁德时代（李长东）。大学、科研院所是电极活性材料的研究主流力量，企业中宁德时代产出的研究成果较多。

赖延清所在的研发团队在正极材料领域主要围绕钠离子电池正极聚阴离子化合物硫酸盐、焦磷酸盐、氟代磷酸盐等方向展开研究。其中，申请号为 CN201510848151 的专利，其同族专利被引用次数达到 37 次，该专利申请主要保护硫酸铁钠@碳复合材料，复合材料采用硫酸钠、硫酸亚铁和抗氧化剂进行水热反应后再煅烧制备而成，该申请中硫酸铁钠的化学式为 $Na_{2+2x}Fe_{2-x}(SO_4)_3$，其中 x 为 1~2。一方面，通过控制 x 的比值，即通过调整 Fe、Na 比值，增加可

嵌入 Na 的含量，进而提高理论比容量；另一方面，在反应工艺上控制水热温度为 150~200℃、煅烧温度为 350~700℃，可操作性高且成本低。

负极材料方面，黄剑峰专利申请量最多，共有 180 项专利申请，2015 年至今该团队在负极材料领域均有专利布局，且黄剑峰的负极材料专利申请涵盖碳质材料（如硬碳、软碳、石墨烯）、转化类材料（如氧化物、硫化物、硒化物、磷化物）、有机类材料，涉及的材料广泛且种类多样。专利申请号为 CN201610285755 的同族专利被引用次数达到 32 次，该专利请求保护了一种以硫源、钒源为反应物，利用低温水热合成制备得到的纳米片自组装微米花状 VS_2（二硫化钒），由于低温水热反应温度在 120~200℃，且原料硫化物易于获得，因此可实现产业化且成本低，同时，制得的 VS_2 具有一定构型（微米花状），嵌入 Na 的能力强且稳定。

电极材料改性、电芯结构设计领域专利申请量排名前 10 发明人见表 5-4。电极材料改性方面，排名前 10 的发明人有 9 位来自高校及科研院所。其中，陕西科技大学和中南大学各有 4 位发明人。前 10 发明人的专利布局热点主要围绕纳米化、包覆等方向开展研究。电芯结构设计方面，整体申请量均不大，排名前 10 的发明人专利申请量均在 10~20 件，发明人主要来自深圳新宙邦科技股份有限公司、中南大学、中国科学院物理研究所、复旦大学、宁德时代、深圳先进技术研究院。其中，来自深圳新宙邦科技股份有限公司的发明人占到 4 席。

电解质、隔膜领域专利申请量排名前 10 的发明人见表 5-5。中国科学院物理研究所发明人胡勇胜在电解质领域共申请 31 项专利，涉及水系电解液、无机电解质、电解质添加剂、有机电解质。中国科学院物理研究所的专利申请 CN201711171126 请求保护一种 NASICON 结构钠离子固体电解质/卤化钠复合材料，将 $Na_3Zr_2Si_2PO_{12}$ 与卤化钠进行复合，通过固相反应或溶胶凝胶法进行制备，制得的卤化钠/$Na_3Zr_2Si_2PO_{12}$ 复合材料与纯相 $Na_3Zr_2Si_2PO_{12}$ 相比，能提高离子电导率。在隔膜领域，排位前 10 发明人均来自企业，主要涉及众钠能源、传艺科技、储淳实业、湖南立方、江苏久泰电池科技有限公司、宁德时代。

表 5-6 示出黏结剂、电池辅助部件领域专利申请量排名前 10 的发明人。黏结剂方面，国内发明人的专利申请量较少，来自中科院物理所的胡勇胜和陈立泉、来自储淳实业的梁风和向孙祖、来自中国科学院化学研究所的郭玉国、来自南开大学的陈军等的专利申请量超过 10 项。在黏结剂的细分领域上，排在前列发明人的主要研究方向均集中在 PVDF。在电池辅助部件方面，前 10 发明人主要来自传艺科技、宁德时代、雄韬电源、众钠能源、中科院物理所。其

中,来自传艺科技和宁德时代的发明人占到6席。

5.3 国内重要发明团队分析

本节选取中国科学院物理研究所和中科海钠、宁德时代、中南大学为研究对象,对以上申请人的研发团队进行分析,研究这些团队在钠离子电池领域的专利布局特点、专利合作申请情况以及主要发明人技术研究方向等。

5.3.1 中科海钠与中国科学院物理研究所

中国科学院物理研究所的前身是成立于1928年的国立"中央研究院"物理研究所和成立于1929年的北平研究院物理学研究所,1950年在两所合并的基础上成立了中国科学院应用物理研究所,1958年更名中国科学院物理研究所。中国科学院物理研究所的研究方向以凝聚态物理为主,包括凝聚态物理、光学、原子分子物理、等离子体物理、软物质与生物物理、理论和计算物理、材料科学与工程等。中国科学院物理研究所现有控股、参股公司10家,其中科技型企业共9家,涉及锂电池、钠电池、碳化硅、钕铁硼等多个领域。

中科海钠是一家专注于新一代储能体系——钠离子电池研发与生产的高新技术型企业。它聚焦低成本、长寿命、高安全、高能量密度的钠离子电池产品,潜在应用覆盖低速电动车、规模储能、电动汽车、国家安全等领域。

中国科学院物理研究所持有北京中科海钠的股份,北京中科海钠为中国科学院下属企业,中科海钠董事长胡勇胜同时也属于中国科学院物理研究所的研究员,团队成员在两家单位存在交叉任职,使中国科学院物理研究所与中科海钠联系紧密,故将中科海钠与中国科学院物理研究所合并分析,以下合称"中科海钠研发团队"。

5.3.1.1 年度申请趋势分析

中科海钠研发团队的年度专利申请量分布如图5-4所示。第一阶段在2011—2016年,对钠离子电池研发处于试验和试探阶段,专利申请量6年中最多11项。第二阶段在2017—2022年,对钠离子电池技术的研发产出已经趋于稳定,年度专利申请量在10~25项,到2023年增长最快,专利申请量达到47项。

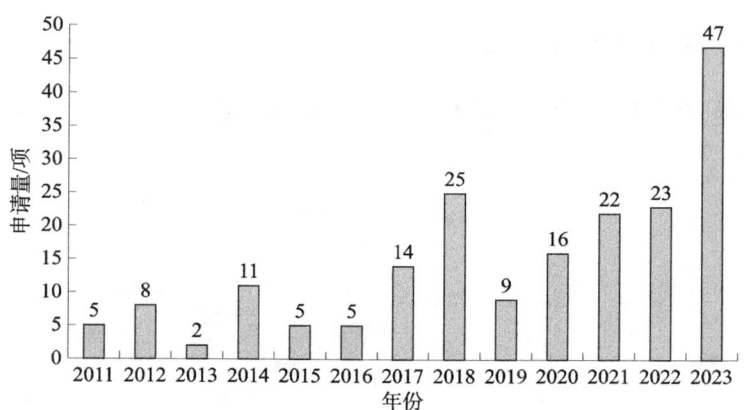

图 5-4 中科海钠研发团队年度专利申请量分布

5.3.1.2 申请人合作网络分析

中科海钠研发团队涉及合作申请的专利共计 30 项，图 5-5 示出中科海钠研发团队相关申请人专利申请合作网络。合作申请涉及的申请主体主要为中国科学院物理研究所、北京中科海钠科技有限责任公司、溧阳中科海钠科技有限责任公司。除中科海钠内部合作申请外，中科海钠研发团队还有 10 项是与外部企业及科研院所的合作申请，主要涉及国家电网、长三角物理研究中心、中国长江三峡集团、华为公司等。对外合作技术领域主要涉及负极材料、电解质、电极材料改性等。

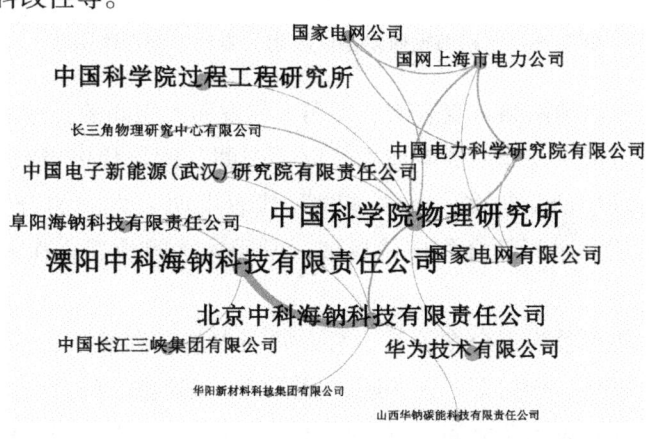

图 5-5 中科海钠研发团队相关申请人专利申请合作网络

5.3.1.3 发明人合作网络分析

中科海钠研发团队共有 149 位发明人，发明人之间的专利申请合作网络如图 5-6 所示。

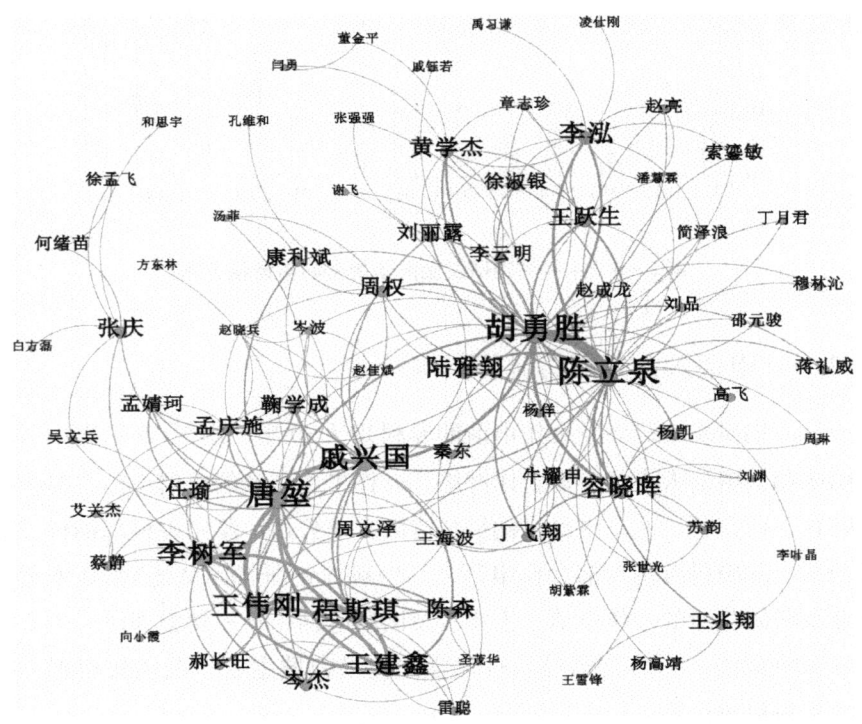

图 5-6　中科海钠研发团队发明人专利申请合作网络

发明人合作申请网络直观表明了发明人与发明人之间的合作关系，以区分团队中的主要申请人及非主要申请人，以"圆圈"间接代表专利申请量，"圆圈"越大，专利申请量越多；以"连线"代表发明人之间的合作关联，"连线"越粗，发明人之间的合作申请越多，发明人之间为强合作关系，反之为弱合作关系。

陈立泉、胡勇胜为强合作关系，两人共同申请专利最多，共有 75 项；其次为戚兴国、唐堃、李树军、王伟刚、程斯琪、王建鑫之间的合作申请，该团队与胡勇胜、陈立泉团队之间也有合作申请。其余发明人之间合作频次相对较低。可见，在中科海钠研发团队中，以陈立泉、胡勇胜为主导研发力量，戚兴国、唐堃、李树军、王伟刚、程斯琪、王建鑫等人为第二梯队。

5.3.1.4 主要发明人的技术贡献率分析

中科海钠研发团队排名前10发明人及其对团队的技术贡献情况见表5-7和图5-7。其中，申请贡献率体现出发明人在所在团队的申请比例，而引用贡献率间接体现发明人专利申请的技术贡献，占比越高，贡献越大。

表5-7 中科海钠研发团队前10位发明人对团队的技术贡献情况[①]

发明人	个人申请量/项	个人被引次数	申请贡献率[②]	引用贡献率[③]	技术贡献率[④]	研发团队总申请量/项	研发团队总被引次数
胡勇胜	96	1152	50.0%	76.0%	126.0%	192	1516
陈立泉	88	1158	45.8%	76.4%	122.2%		
唐 堃	71	247	37.0%	16.3%	53.3%		
戚兴国	45	265	23.4%	17.5%	40.9%		
李树军	37	56	19.3%	3.7%	23.0%		
王伟刚	37	98	19.3%	6.5%	25.8%		
程斯琪	32	70	16.7%	4.6%	21.3%		
王建鑫	28	59	14.6%	3.9%	18.5%		
李 泓	23	381	12.0%	25.1%	37.1%		
容晓晖	21	116	10.9%	7.7%	18.6%		

胡勇胜及陈立泉在钠离子电池领域分别申请专利96项及88项，引用贡献率分别为76.0%、76.4%，且胡勇胜、陈立泉作为团队主要研究人员，申请贡献率较高，因此对团队的技术贡献最大。而李泓的引用贡献率在团队中相对较高，该发明人的专利申请量虽然不大，但是申请的专利被引次数较多，因而技术贡献率较高（如专利 CN201710880097、CN201210272123 等）。

[①] 本表中的技术贡献率来源于《产业专利分析报告（第58册）：自动驾驶》，张茂于主编。
[②] 申请贡献率：发明人专利申请数与申请人专利申请数量的比值。
[③] 引用贡献率：发明人专利申请的被引用数量与申请人专利被引用总数的比值。
[④] 技术贡献率表示申请贡献率与引用贡献率的总和。

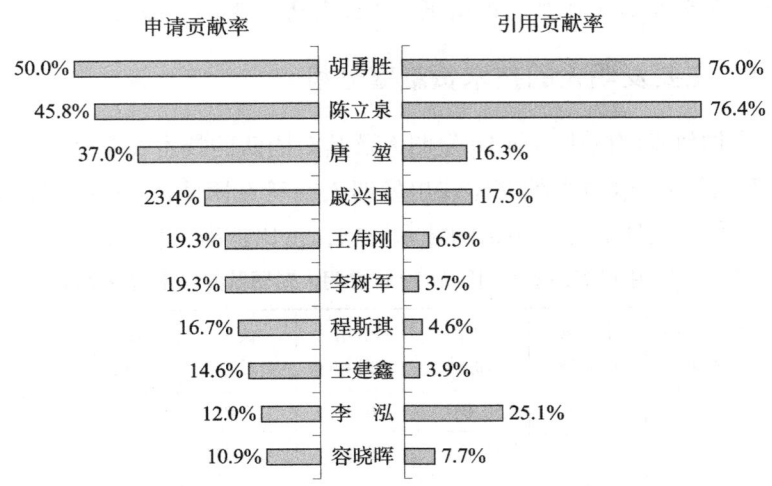

图 5-7　中科海钠研发团队前 10 发明人技术贡献情况

5.3.1.5　主要发明人的专利申请布局周期分析

中科海钠研发团队前 10 位发明人在钠离子电池领域的专利申请布局周期及专利法律状态信息见表 5-8。中科海钠研发团队共申请 192 项专利，以发明申请为主（占比 93.8%），实用新型占比（6.2%）较小；个人专利申请布局周期与团队专利申请布局周期相契合的发明人有胡勇胜、陈立泉、李泓，使中科海钠研发团队在 2011—2023 年一直都有专利申请，胡勇胜、陈立泉、李泓三人的专利产出稳定。

表 5-8　中科海钠研发团队前 10 发明人专利申请布局周期及专利法律状态

发明人	申请量/项	专利申请布局周期	发明数量/项	实用新型数量/项	授权量/件	审中量/件
研发团队总计	192	2011/6/28—2023/11/28	180	12	69	77
胡勇胜	96	2011/6/28—2023/9/25	94	2	46	24
陈立泉	88	2011/6/28—2023/9/25	88	0	38	20
唐　堃	71	2017/9/26—2023/11/28	66	5	19	39
戚兴国	45	2016/1/11—2023/11/28	45	0	9	21
李树军	37	2022/4/12—2023/11/28	35	2	11	26
王伟刚	37	2020/3/18—2023/10/16	37	0	11	25

续表

发明人	申请量/项	专利申请布局周期	发明数量/项	实用新型数量/项	授权量/件	审中量/件
程斯琪	32	2021/11/15—2023/11/28	32	0	6	26
王建鑫	28	2021/11/15—2023/11/13	28	0	6	22
李泓	23	2011/6/28—2023/6/27	23	0	4	4
容晓晖	21	2017/9/26—2023/9/25	21	0	7	12

而唐堃的专利申请布局周期为2017年9月—2023年11月，有5项实用新型，审中量39项，正处于研发活跃期。

5.3.1.6 主要发明人的布局热点分析

中科海钠研发团队前10位发明人的专利布局热点见表5-9。中科海钠研发团队的研发热点为负极材料、正极材料、电解质。

表5-9 中科海钠研发团队前10位发明人专利布局热点 （单位：项）

发明人	正极材料	负极材料	电解质	电极材料改性	电芯结构设计	隔膜	黏结剂	电池辅助部件
研发团队总计	97	115	45	90	17	22	25	16
胡勇胜	46	62	31	41	11	9	13	7
陈立泉	42	56	26	39	10	4	12	2
唐堃	43	38	13	38	4	11	7	11
戚兴国	33	22	12	27	1	5	6	4
李树军	27	25	4	23	2	4	2	4
王伟刚	30	21	4	29	0	1	1	3
程斯琪	29	23	2	24	0	3	1	1
王建鑫	25	23	2	22	0	2	1	2
李泓	7	15	8	4	4	2	3	0
容晓晖	17	17	1	15	1	2	5	0

正负极材料的研发过程中，电极材料改性技术是提升材料性能的有效方式。例如，胡勇胜、陈立泉团队的专利申请 CN202010052128 请求保护一种层状氧化物正极材料的多元素掺杂技术、CN201811631507 请求保护一种硬碳负极材料的纳米化技术，胡勇胜、戚兴国团队的专利申请 CN201910264829 请求

保护一种 O3 相层状氧化物正极材料内核外包覆 NASICON 结构的活性材料技术，纳米化、包覆、元素掺杂等改性技术均有涉及，且从多元素的复合到电解质包覆层，形式多样。中科海钠研发团队在钠离子电池材料领域各技术分支均拥有有效专利，在钠离子电池领域具备全产业链技术。

值得一提的是，唐堃的专利申请覆盖钠离子电池领域全部分支，在正极材料方面申请了 43 项专利。唐堃作为 2018 年成立的溧阳中科海钠的董事长，其通过产业链技术全覆盖的专利申请策略，结合实用新型专利申请周期短、不需要实质审查、利于推进技术产业化等优势，能加快溧阳中科海钠技术成果转化的速度。

5.3.1.7　中科海钠研发团队部分重要专利及海外布局分析

中科海钠研发团队的重要专利①见表 5 – 10，共有 45 项。

（1）申请号：CN201410549896

申请日是 2014 年 10 月 16 日，于 2016 年 8 月 24 日获得授权，同族被引用次数达到 80 次。该专利保护了一种层状氧化物材料、制备方法、极片、二次电池和用途，通式为 $Na_xCu_iFe_jMn_kM_yO_{2+\beta}$。其中，M 为对过渡金属位进行掺杂取代的元素，具体为 Li^+、Ni^{2+}、Mg^{2+}、Mn^{2+}、Zn^{2+}、Co^{2+}、Ca^{2+}、Ba^{2+}、Sr^{2+}、Mn^{3+}、Al^{3+}、B^{3+}、Cr^{3+}、Co^{3+}、V^{3+}、Zr^{4+}、Ti^{4+}、Sn^{4+}、V^{4+}、Mo^{4+}、Mo^{5+}、Ru^{4+}、Nb^{5+}、Si^{4+}、Sb^{5+}、Nb^{5+}、Mo^{6+}、Te^{6+} 中的一种或多种；x，y，i，j，k，β 分别为对应元素所占的摩尔百分比；x，y，i，j，k，β 之间的关系满足 $y+i+j+k=1$，且 $x+my+2i+3j+4k=2(2+\beta)$；$0.8 \leq x \leq 1$；$0 < i \leq 0.3$；$0 < j \leq 0.5$；$0 < k \leq 0.5$；$-0.02 \leq \beta \leq 0.02$；$m$ 为 M 的化合价态；该材料主要用于正极材料，应用本发明的层状氧化物材料的钠离子二次电池，依靠二价到三价铜转变，三价到四价铁的转变和三价到四价锰的变价实现比较高的首周充电容量，循环性能优异，安全性能好。

---

① 在本章中，重要专利选取的标准为：具有海外同族，或者同族被引次数超过 5 次，或者维持年限在 5 年以上的有效发明专利。

第5章 重要创新主体分析

表 5-10 中科海钠研发团队重要专利列表

序号	申请号	申请类型	申请日	同族国家	专利名称	权利要求数量/项	同族被引次数	授权日	维持年限
1	CN201810933542	发明	2018/8/16	CN	一种钠离子电池陶瓷隔膜及钠离子二次电池和应用	8	5	2021/10/29	5
2	CN201710904851	发明	2017/9/29	WO, CN	钠离子电池负极材料及其制备方法和应用	9	15	2019/7/23	6
3	CN202010604410	发明	2020/6/29	CN	一种包覆改性的钠离子电池正极材料及制备方法和电池	6	7	2023/8/29	3
4	CN201811340119	发明	2018/11/12	CN	一种包覆结构的钠离子电池正极材料及制备方法和应用	6	16	2022/4/26	5
5	CN202010019573	发明	2020/3/18	CN	降低钠离子电池层状正极材料表面残碱含量的方法及应用	6	20	2022/4/29	3
6	CN202010141998	发明	2020/3/4	CN	一种煤基钠离子电池负极材料的性能改进方法及其应用	9	12	2023/1/17	3
7	CN202310483350	发明	2023/5/4	CN	一种复合钠正极材料及钠离子电池	8	5	2023/7/18	0
8	CN201410342541	发明	2014/7/17	JP, KR, WO, CN, EP, US	一种层状含铜氧化物材料及其制备方法和用途	6	26	2017/7/14	9
9	CN201410549896	发明	2014/10/16	JP, KR, WO, CN, EP, US	一种层状氧化物材料、制备方法、极片、二次电池和用途	10	80	2016/8/24	9

续表

序号	申请号	申请类型	申请日	同族国家	专利名称	权利要求数量/项	同族被引次数	授权日	维持年限
10	CN201811500620	发明	2018/12/10	CN	一种含有内禀空位的二次电池电极材料及电池	9	4	2022/2/22	5
11	CN201510030075	发明	2015/1/21	CN	一种铜基富钠层状氧化物材料及其制备方法和用途	10	36	2017/5/31	8
12	CN201410195531	发明	2014/5/9	CN	一种隧道型氧化物材料及其制备方法和用途	7	21	2017/7/7	9
13	CN201110326377	发明	2011/10/24	CN	钠离子电池负极活性物质及其制备方法和应用	9	22	2015/3/4	12
14	CN201210107136	发明	2012/4/12	CN	碱金属二次电池及其使用的负极活性物质、负极和负极活性物质的制备方法	7	7	2016/3/23	11
15	CN201810820784	发明	2018/7/24	CN	钠离子电池炭负极材料及其制备方法、应用和用途	9	1	2020/12/1	5
16	CN201811394930	发明	2018/11/22	CN	混合离子电子导电聚合物基界面层及其制备方法和用途	8	2	2021/5/25	5
17	CN201811455854	发明	2018/11/30	CN	一种高盐水系电解液、电池及其用途	9	3	2021/7/16	5
18	CN201810584942	发明	2018/6/8	WO、CN、US	一种具有高斜坡容量的碳基负极材料及其制备方法和用途	9	13	2022/2/22	5

续表

序号	申请号	申请类型	申请日	同族国家	专利名称	权利要求数量/项	同族被引次数	授权日	维持年限
19	CN201410772952	发明	2014/12/12	CN	NASICON 型钠离子固体电解质材料及其制备方法	6	12	2018/2/13	9
20	CN201510580480	发明	2015/9/11	CN	基于 NASICON 结构的钠离子固体电解质复合材料及其制备方法和应用	10	9	2019/4/5	8
21	CN201711171126	发明	2017/11/22	CN	NASICON 结构钠离子固体电解质/卤化钠复合材料及其制备方法和应用	7	1	2021/4/9	6
22	CN201710049914	发明	2017/1/23	CN	一种电池极片及其制备方法以及二次电池和应用	7	4	2020/10/2	6
23	CN201811637131	发明	2018/12/29	CN	一种宽温电解液、二次电池及其用途	9	6	2022/4/8	5
24	CN201510947119	发明	2015/12/17	CN	一种钠离子二次电池负极活性物质及其制备方法和应用	10	2	2018/2/13	8
25	CN202110603734	发明	2021/5/31	WO, CN	一种铜锰有序高电压铜基氧化物材料和应用	5	3	2023/3/14	2
26	CN201210272123	发明	2012/8/1	CN	钠离子二次电池及其用的活性物质、正负极活性物质的制备方法	9	37	2016/5/4	11

续表

序号	申请号	申请类型	申请日	同族国家	专利名称	权利要求数量/项	同族被引次数	授权日	维持年限
27	CN201611115534	发明	2016/12/7	CN	一种具有凹坑图案的用于二次电池的电极及其制备方法和用途	21	15	2019/10/22	7
28	CN201510170014	发明	2015/4/10	CN	对称钠离子二次电池的P2相层状电极材料及制备方法	10	17	2017/8/25	8
29	CN201410364241	发明	2014/7/28	CN	一种水溶液钠离子电池及其正极材料、制备方法和用途	8	13	2018/2/13	9
30	CN202110105222	发明	2021/1/26	CN	自补钠的钠离子电池正极活性材料及其制备方法和应用	8	21	2023/10/13	2
31	CN201810208864	发明	2018/3/14	CN	一种核壳结构钠离子电池正极材料及其制备方法和用途	7	29	2020/8/4	5
32	CN201910264829	发明	2019/4/3	CN	NASICON结构钠离子固态电解质包覆的正极材料、制备方法和应用	6	7	2021/10/22	4
33	CN201810939799	发明	2018/8/17	CN	一种掺杂型包覆钠离子电池正极材料及其制备方法和用途	5	20	2022/4/26	5
34	CN201210505811	发明	2012/11/30	CN	热解硬炭材料及其制备方法和用途	21	20	2015/9/16	11
35	CN201510708632	发明	2015/10/27	JP, WO, CN, US	一种钠离子二次电池负极材料及其制备方法和用途	18	41	2017/2/1	8

续表

序号	申请号	申请类型	申请日	同族国家	专利名称	权利要求数量/项	同族被引次数	授权日	维持年限
36	CN201610505671	发明	2016/6/30	CN	一种热解硬碳材料及其用途	6	36	2018/9/11	7
37	CN201710028862	发明	2017/1/16	CN	一种具有纵向孔结构的热解硬碳材料及其制备方法和应用	9	11	2020/12/1	6
38	CN201811631507	发明	2018/12/28	CN	基于酚醛树脂的钠离子电池硬碳负极材料及其制备方法和应用	8	25	2021/5/25	5
39	CN201410245029	发明	2014/6/4	CN	基于醌类结构的电池负极活性材料及其制备方法和用途	12	14	2017/9/26	9
40	CN201810100843	发明	2018/2/1	CN	一种高盐浓度水溶液钾-钠混合离子电池和应用	5	7	2021/5/25	5
41	CN201410347935	发明	2014/7/21	CN	一种富钠P2相层状氧化物材料及其制备方法和用途	10	31	2017/5/31	9
42	CN201410361096	发明	2014/7/25	CN	一种层状O3相含镍氧化物正极材料及其制备方法和用途	8	12	2019/2/15	9
43	CN202010086561	发明	2020/2/11	CN	一种钠离子电池高镍层状氧化物材料及其制备方法和应用	9	26	2022/11/1	3
44	CN201810466162	发明	2018/5/16	CN	具有阴离子变价的钠镁锰基层状氧化物材料、制备方法和用途	9	4	2022/10/25	5
45	CN202010010840	发明	2020/1/6	CN	钠锂铁锰基层状氧化物材料、制备方法和用途	10	6	2023/9/29	3

(2) 申请号：CN201210272123

申请日是2012年8月1日，于2016年5月4日获得授权，同族被引用次数达到37次。该专利保护了一种钠离子二次电池及活性物质、正负极及活性物质制法，该电极活性材料化学式为 $Na_x[Mn_{(x-y)}A_y]Ti_{1-x}O_{2-\delta}$，其中 A 为 Al、Fe、Ni、Cu、Zn、Co、Mo、V、Cr 其中的一种；$0.2<x<0.8$，$0\leq y\leq 0.1$，$0\leq\delta\leq 0.05$。特别地，该活性材料即可作正极又可作负极，作为正极时的储钠电压在 2.6~3.6V；作负极时储钠电压在 1.5~2.6V，可利用该材料分别作正负极构建全电池。同时，解决材料的稳定性问题，现有技术中提及使用 $NaMnO_2$ 在空气中不稳定。一方面，该材料中实现锰的稳定化；另一方面，通过元素的掺杂，改善电压平台，实现电化学性能提高。

(3) 申请号：CN201610505671

申请日是2016年6月30日，于2018年9月11日获得授权，同族被引用次数36次。该专利请求保护一种热解硬碳材料及其用途，硬碳材料以废弃生物质为原料，经粉碎、干燥、两步碳化后制备得到。其中，控制预碳化温度为300~600℃，二次碳化温度为1000~1600℃，废弃生物质具体为玉米瓤、玉米残渣、玉米秆和玉米皮中的一种或多种。制得的硬碳含碳量不低于95%，并在反应过程中加入含有碳氢化合物的气体以在反应后形成软碳包覆层，使得到的硬碳材料的碳损低，从而实现高的制备效率；同时，使用的废弃生物质原料可实现资源再利用；另外，通过引入气相手段进行包覆过程，利于提高硬碳的电化学性能。

从表5-10中的同族国家列可以看出，中科海钠研发团队共有12项专利在全球4个国家及地区布局。其中，美国（US）5项，日本（JP）3项，欧洲（EP）、韩国（KR）各2项（见图5-8）。

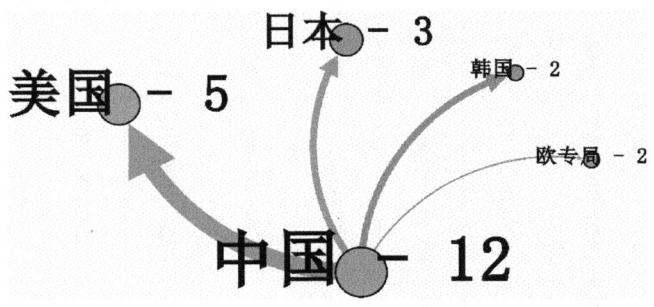

图5-8 中科海钠研发团队专利域外布局分布（单位：项）

5.3.1.8 中科海钠研发团队的专利运营分析

中科海钠研发团队间存在专利权的转让关系，共涉及11件。从表5-11中可见，专利权转让共10件，专利申请权转让1件。从转让人角度，中国科学院物理研究所相关专利经转让后权利人变更为北京中科海钠或北京卫蓝新能源科技有限公司（以下简称卫蓝新能源）；溧阳中科海钠相关专利经转让后增加权利人／申请人北京中科海钠；北京中科海钠经转让后增加申请人溧阳中科海钠。其中，中国科学院物理研究所对卫蓝新能源持有一定股份，卫蓝新能源也为中国科学院物理研究所下属企业，陈立泉、李泓持有一定股份。中科海钠与中国科学院物理研究所的专利转让均涉及中国科学院物理研究所的下属企业，不涉及其他单位。通过专利转让行为，不仅可以实现"产学研"相结合，还可以使专利更利于产业化应用。

表5-11 中科海钠研发团队专利转让列表

序号	申请号	类型	状态	转让人	受让人
1	CN201821846108	实用新型	授权	溧阳中科海钠科技有限责任公司	溧阳中科海钠科技有限责任公司；北京中科海钠科技有限责任公司
2	CN201811334259	发明	实质审查	溧阳中科海钠科技有限责任公司	溧阳中科海钠科技有限责任公司；北京中科海钠科技有限责任公司
3	CN201510030075	发明	授权	中国科学院物理研究所	北京中科海钠科技有限责任公司
4	CN201410347935	发明	授权	中国科学院物理研究所	北京中科海钠科技有限责任公司
5	CN201510708632	发明	授权	中国科学院物理研究所	北京中科海钠科技有限责任公司
6	CN201210176523	发明	授权	中国科学院物理研究所	北京中科海钠科技有限责任公司
7	CN201410549896	发明	授权	北京中科海钠科技有限责任公司；中国科学院物理研究所	北京中科海钠科技有限责任公司；溧阳中科海钠科技有限责任公司
8	CN201210272123	发明	授权	中国科学院物理研究所	北京中科海钠科技有限责任公司

续表

序号	申请号	类型	状态	转让人	受让人
9	CN201210107136	发明	授权	中国科学院物理研究所	北京中科海钠科技有限责任公司
10	CN201410403810	发明	授权	中国科学院物理研究所	北京卫蓝新能源科技有限公司
11	CN201110326377	发明	授权	中国科学院物理研究所	北京中科海钠科技有限责任公司

5.3.2 宁德时代

宁德时代成立于2011年，成立之初即开展锂电池的研究与应用。近几年，该企业开始对钠离子电池领域进行技术研发，2021年发布了第一代钠离子电池。该公司专注于新能源汽车动力电池系统、储能系统的研发，拥有在动力和储能电池领域，材料电芯、电池系统、电池回收和二次利用等全产业链研发及制造能力。

5.3.2.1 年度申请趋势分析

宁德时代年度专利申请量分布如图5-9所示。宁德时代在钠离子电池领域申请的376项专利中，申请时间段分布在2015年9月—2023年11月，且每年均有专利产出。宁德时代在钠离子电池领域的专利布局起步较晚，但年均申请量较多，达到41.8项/年，创新活跃，且近几年技术研发成果较多，2021—2023年专利申请量快速增长，2022年达到峰值121项。

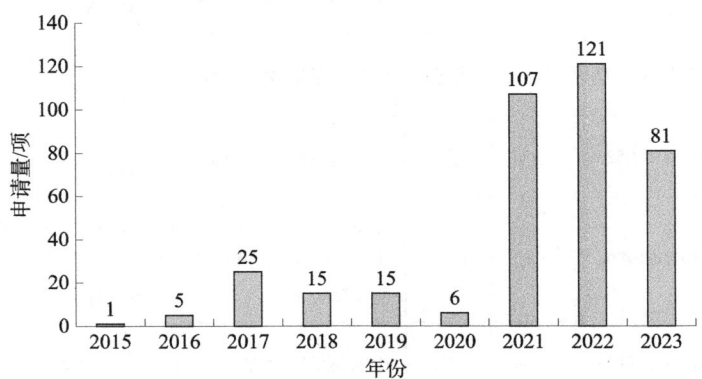

图5-9 宁德时代年度专利申请量分布

5.3.2.2 申请人合作网络分析

宁德时代涉及合作申请的专利共计106项，图5-10示出宁德时代相关申请人专利申请合作网络。合作申请涉及的申请主体主要为广东邦普循环科技有限公司、湖南邦普循环科技有限公司、湖南邦普汽车循环有限公司、宜昌邦普循环科技有限公司。合作技术领域主要涉及负极材料、正极材料、电极材料改性等。

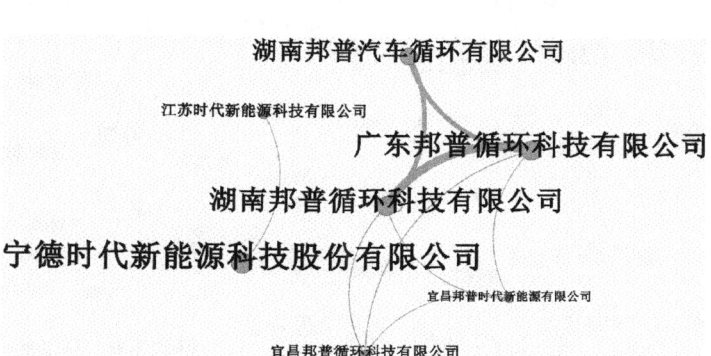

图5-10　宁德时代相关申请人专利申请合作网络

5.3.2.3 发明人合作网络分析

在钠离子电池领域，宁德时代共申请专利376项，涉及发明人431位，发明人之间的专利申请合作网络如图5-11所示。

宁德时代相比中科海钠与中国科学院物理研究所，发明人分布较为分散，呈现多研发团队的现象，如由金海族、叶永煌等组成的团队，梁成都、郭永胜等组成的团队。由李长东、谢英豪、余海军、李爱霞、张学梅等所组团队为强合作关系，该团队的申请量较大，专利合作申请较多。以梁成都、郭永胜带头的团队，与张欣欣、刘倩等发明人合作申请专利，为较强的合作关系。

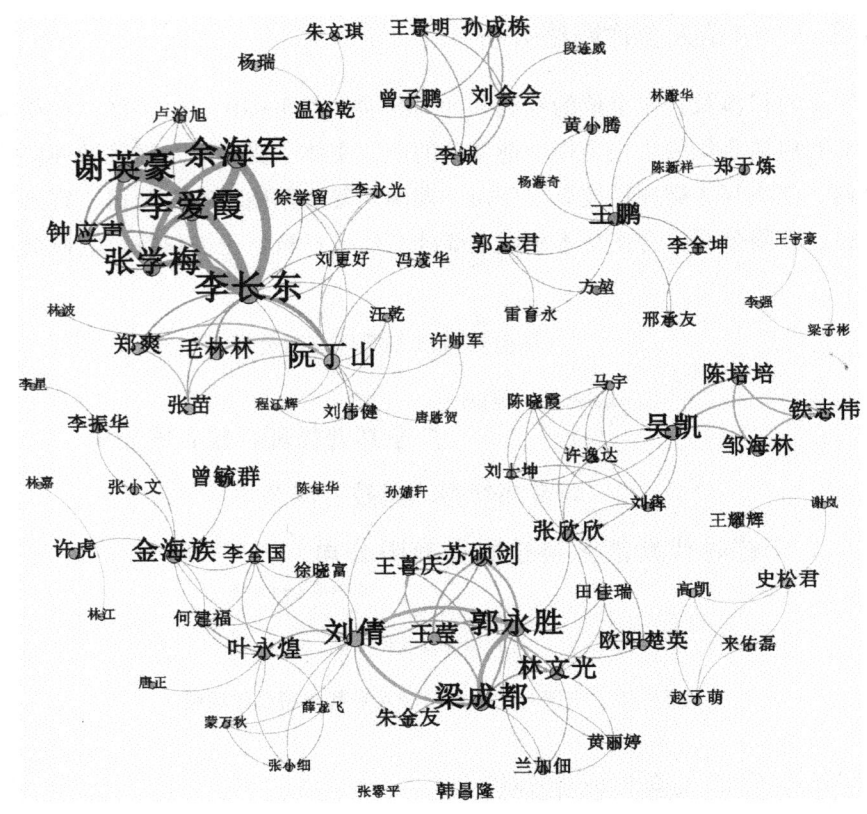

图 5-11 宁德时代发明人网络

5.3.2.4 主要发明人的技术贡献率分析

宁德时代排名前 10 发明人及其对团队的技术贡献情况见表 5-12 和图 5-12。宁德时代的发明人申请贡献率呈梯度排列，李长东、谢英豪、余海军、李爱霞、张学梅的申请贡献率占比排名前 5。郭永胜、梁成都虽然申请贡献率不高，分别为 10.1%、9.8%，但其引用贡献率高，分别达到 42.0%、30.4%，因此他们对团队的技术贡献率很高，排名第一和第三。除梁成都、郭永胜外，其余发明人专利的引用贡献度较均衡。

表 5-12 宁德时代前 10 位发明人技术贡献情况

发明人	个人申请量/项	个人被引次数	申请贡献率	引用贡献率	技术贡献率	研发团队总申请量/项	研发团队总被引次数
李长东	100	189	26.6%	17.1%	43.7%		
谢英豪	66	144	17.6%	13.1%	30.7%		
余海军	66	144	17.6%	13.1%	30.7%		
李爱霞	65	143	17.3%	13.0%	30.3%		
张学梅	44	120	11.7%	10.9%	22.6%	376	1103
郭永胜	38	335	10.1%	30.4%	40.5%		
梁成都	37	463	9.8%	42.0%	51.8%		
刘 倩	36	222	9.6%	20.1%	29.7%		
阮丁山	31	73	8.2%	6.6%	14.8%		
吴 凯	26	6	6.9%	0.5%	7.4%		

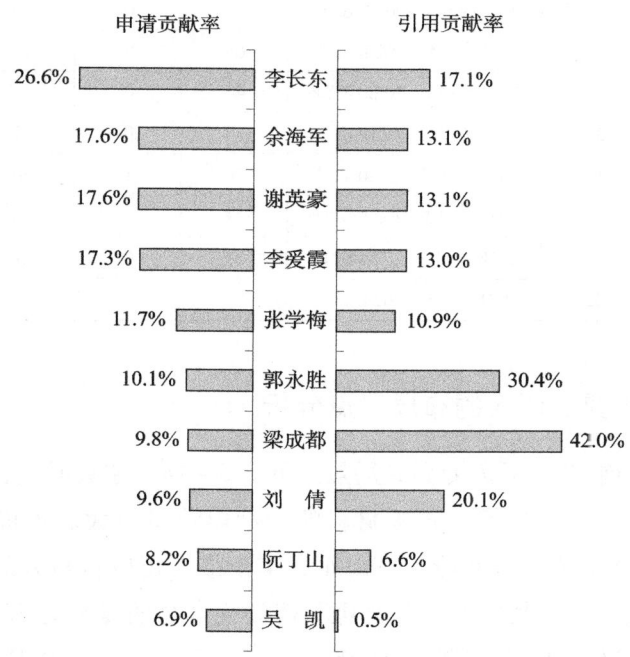

图 5-12 宁德时代发明人技术贡献情况

5.3.2.5 主要发明人的专利申请布局周期分析

宁德时代的前 10 发明人在钠离子电池领域的专利申请布局周期及专利法律状态见表 5-13。宁德时代在钠离子电池领域以发明申请为主（占比 89.4%），实用新型占比（10.6%）较小。10 位发明人整体专利申请布局周期都不长，李长东研发产出相对稳定，正处于活跃期。宁德时代超过半数的专利申请处于审中状态，审中量占比较高，近期专利布局活跃。

表 5-13 宁德时代前 10 发明人专利申请布局周期及专利法律状态

发明人	申请量/项	专利申请布局周期	发明数量/项	实用新型数量/项	授权量/件	审中量/件
研究团队总计	376	2015/9/24—2023/11/14	336	40	120	243
李长东	100	2016/6/16—2023/6/29	100	0	20	79
谢英豪	66	2021/9/15—2023/6/29	66	0	16	50
余海军	66	2021/9/15—2023/6/29	66	0	16	50
李爱霞	65	2021/9/15—2023/6/29	65	0	16	49
张学梅	44	2021/9/15—2022/4/28	44	0	13	31
郭永胜	38	2016/7/18—2021/12/31	38	0	17	16
梁成都	37	2016/7/18—2020/6/2	36	1	20	12
刘倩	36	2017/6/13—2022/6/14	34	2	15	17
阮丁山	31	2018/8/31—2023/6/13	31	0	6	18
吴凯	26	2021/4/23—2023/11/9	26	0	5	21

5.3.2.6 主要发明人的布局热点分析

宁德时代前 10 发明人专利布局热点见表 5-14。宁德时代在钠离子电池各技术分支均有专利申请，正极材料的专利申请量最大。正极材料共申请 115 项专利，李长东、谢英豪、余海军、李爱霞在正极材料方面的专利申请量超过或接近半数，其中，涉及普鲁士蓝类化合物的专利有 45 项（包括专利申请 CN201711041125、CN201710994177、CN201710353220 等），涉及聚阴离子化合物的专利有 29 项（含专利申请 CN201811019663 等），涉及过渡金属氧化物的专利有 38 项（含专利申请 CN201910995176 等）。吴凯在电解质领域的专利布局相对较多，电解质方面的专利申请围绕电解质添加剂开展。刘倩在电池辅助部件方面布局有 9 项专利。

表 5-14　宁德时代前 10 位发明人专利布局热点　　　　　　　（单位：项）

发明人	正极材料	负极材料	电解质	电极材料改性	电芯结构设计	隔膜	黏结剂	电池辅助部件
研发团队总计	115	88	46	83	18	48	71	95
李长东	61	47	0	52	1	6	8	2
谢英豪	50	22	0	36	0	5	5	1
余海军	50	22	0	36	0	5	5	1
李爱霞	48	22	0	35	0	5	5	1
张学梅	26	19	0	25	0	2	5	0
郭永胜	29	7	2	8	6	13	4	1
梁成都	26	7	3	8	7	11	5	0
刘倩	22	5	2	5	5	9	3	9
阮丁山	12	17	1	14	2	1	2	1
吴凯	2	13	14	0	0	10	3	4

5.3.2.7　宁德时代研发团队部分重要专利及海外布局分析

宁德时代重要专利见表 5-15，共有 69 项。

（1）申请号：CN201710994177

申请日是 2017 年 10 月 23 日，于 2021 年 5 月 11 日获得授权。该专利保护了一种普鲁士蓝类正极材料及制备方法和应用，主要以多孔的普鲁士蓝类物质为对象进行结构设计，形成分子式为 $A_x M_c [M'(CN)_6]_y$ 的材料，A 为 H^+、Li^+、Na^+、K^+、NH_4^+ 中的一种或几种，可用来为过渡金属 M、M' 进行多元素掺杂，M 可选自 Mn、Fe、Co、Ni、Cu、Zn、V、Cr 中的一种，M' 可选自 Mn、Fe、Co、Ni、Cu、Zn、V、Cr 中的一种，结合掺杂的金属，改变比表面积，缩短离子和电子的扩散和传输路径，提高导离子性和导电子性，避免物理、化学性质的不均一；制备时，利用液相法，无须煅烧，耗能少。

（2）申请号：CN201710454471

申请日是 2017 年 6 月 15 日，于 2020 年 10 月 2 日获得授权。该专利保护了一种电解液及电池，电解液中的添加剂采用多腈基六元氮杂环化合物，该电解质可用于钠离子电池中，应用过程中，利用化合物中的腈基基团中的氮原子与正极材料表面形成氧化抑制膜,降低正极材料表面副反应,同时,利用六元氮杂环的结构,改善电化学性能,延长循环寿命。

(3) 申请号:CN201711267311

申请日是2017年10月5日,于2021年5月18日获得授权。该专利保护了一种集流体,采用绝缘层代替现有的金属箔集流体,绝缘层承载导电层,且300nm≤导电层厚度≤2μm,绝缘层不导电,提高在异常下的短路电阻,降低短路产热量,导电层起到导电和集流作用;保护层位于导电层的至少一个表面上,保护层提高机械性能,提升电池安全性,实现在电池工作出现异常时不影响电池工作的效果。

由于全球在新能源领域的利好政策,宁德时代放眼海外,在全球进行专利布局。图5-13示出宁德时代专利域外布局情况。宁德时代有253项专利在全球15个国家及地区进行布局,涵盖欧洲(EP)、波兰(PL)、葡萄牙(PT)、印度(IN)、日本(JP)、韩国(KR)、美国(US)、印度尼西亚(ID)、英国(GB)、德国(DE)、法国(FR)、西班牙(ES)、加拿大(CA)、芬兰(FI)、匈牙利(HU)。为了利于钠离子电池产品在国外的推广,2018年宁德时代在德国的图林根建立公司,并在该地设立工厂。

宁德时代在中国公开的专利中没有专利的转让、许可、质押等行为。

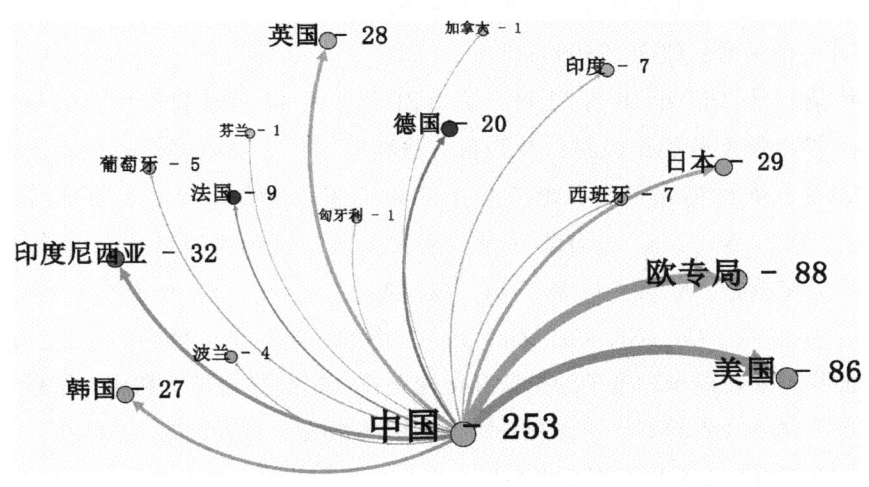

图5-13 宁德时代专利域外布局情况

表 5-15 宁德时代部分重要专利

序号	申请号	申请类型	申请日	同族国家	专利名称	权利要求数量/项	同族被引次数	授权日	维持年限
1	CN201710224328	发明	2017/4/7	CN, US	正极片及储能装置	23	5	2021/9/21	6
2	CN201711268372	发明	2017/12/5	JP, CN, EP, US	一种集流体、其极片和电化学装置	21	58	2021/8/20	6
3	CN201711267311	发明	2017/12/5	JP, CN, EP, PL, US	一种集流体、其极片和电池	19	43	2021/5/18	6
4	CN201710454471	发明	2017/6/15	JP, WO, CN, EP, US	一种电解液及电池	14	43	2020/10/2	6
5	CN201811368959	发明	2018/11/16	WO, EP, CN, US	一种电池	13	5	2021/3/19	5
6	CN201811367999	发明	2018/11/16	WO, EP, CN, PL, US, ES	一种电池	12	8	2021/4/27	5
7	CN201811368698	发明	2018/11/16	WO, EP, CN, US	一种电池	13	11	2021/6/8	5
8	CN201811367011	发明	2018/11/16	WO, EP, CN, US	一种正极极片及电化学装置	12	9	2021/1/12	5
9	CN201811366715	发明	2018/11/16	PT, WO, CN, EP, US, ES	一种电池	13	5	2021/3/23	5
10	EP17910424	发明	2017/5/18	WO, EP	电化学储能器件包含普鲁士蓝正极材料，以及该材料的制备方法	12	17	2023/8/9	6

续表

序号	申请号	申请类型	申请日	同族国家	专利名称	权利要求数量/项	同族被引次数	授权日	维持年限
11	CN202210495818	发明	2022/5/9	WO, CN	电池单体及制造方法、电池及用电装置	16	1	2022/8/26	1
12	CN202111201841	发明	2021/10/15	DE, WO, CN, GB	一种沉积型磷酸铁钠正极材料及其制备方法和应用	10	4	2023/7/7	2
13	US17732571	发明	2022/4/29	US	电池	13	0	2023/5/23	1
14	CN202210253128	发明	2022/3/15	DE, WO, CN, GB, US	硬碳负极材料的制备方法和应用	5	6	2023/9/12	1
15	CN201910026396	发明	2019/1/11	PT, IN, JP, KR, WO, CN, EP, US, ES	正极活性材料、正极片及钠离子电池	16	17	2022/4/22	4
16	US17216890	发明	2021/3/30	PT, EP, CN, US	电池包及电动汽车	20	21	2023/5/9	2
17	CN202210537274	发明	2022/5/18	WO, CN	电池和用电设备	22	1	2023/4/14	1
18	CN202111082327	发明	2021/9/15	DE, WO, CN, GB, ES, US	层状钠离子电池正极材料及其制备方法	9	6	2023/4/11	2
19	CN202111444990	发明	2021/11/30	DE, WO, CN, GB	P2型锰基钠离子电池正极材料的制备方法	6	4	2023/7/7	2
20	CN202110742607	发明	2021/6/26	JP, KR, WO, CN, EP, US	钠金属电池、电化学装置	9	12	2022/5/6	2

续表

序号	申请号	申请类型	申请日	同族国家	专利名称	权利要求数量/项	同族被引次数	授权日	维持年限
21	CN202211043966	发明	2022/8/30	WO, CN	粘结剂、制备方法、正极极片、二次电池及用电装置	26	2	2023/5/16	1
22	CN202211045483	发明	2022/8/30	WO, CN	粘结剂、制备方法、正极极片、二次电池及用电装置	30	3	2023/4/7	1
23	CN202110742606	发明	2021/6/26	WO, CN, EP, US	平板式钠金属电池、电化学装置	10	3	2022/3/22	2
24	CN201680087757	发明	2016/7/18	WO, CN	钠离子电池极片、其制备方法及含有该极片的钠离子电池	15	11	2022/3/8	7
25	CN201910111957	发明	2019/2/12	WO, CN, EP, US	正极活性材料、其制备方法及钠离子电池	16	29	2022/4/22	4
26	CN202111272725	发明	2021/10/29	DE, WO, CN, GB	一种钠离子电池正极材料及其制备方法及钠离子电池	6	2	2023/12/12	2
27	CN202111247001	发明	2021/10/26	DE, WO, CN, GB	掺杂锰系钠离子电池正极材料的制备方法	7	7	2023/12/12	2
28	CN202111422025	发明	2021/11/26	DE, WO, CN, GB, US	棒状钠正极材料及其制法和应用	10	2	2023/2/14	2
29	CN202110742798	发明	2021/6/26	JP, KR, WO, CN, EP	钠离子电池的负极极片、电化学装置及电子设备	8	10	2022/5/6	2

续表

序号	申请号	申请类型	申请日	同族国家	专利名称	权利要求数量/项	同族被引次数	授权日	维持年限
30	US17810644	发明	2022/7/5	US	聚合物集电体、其制备方法以及与其相关的二次电池、电池模块、电池组和设备	19	0	2023/11/28	1
31	CN202111259839	发明	2021/10/28	DE, WO, CN, GB, US	金属硫化物离子电池负极材料及其制备方法	9	6	2023/5/9	2
32	CN202111259960	发明	2021/10/28	DE, WO, CN, GB	石墨烯基钠离子电池负极材料的制备方法	9	2	2023/7/7	2
33	CN201910107675	发明	2019/2/2	WO, CN, EP, US	钠离子电池	18	14	2021/8/6	4
34	CN202210421738	发明	2022/4/21	DE, WO, CN, GB, ES, US	硬碳负极材料的制备方法及其应用	7	3	2023/5/5	1
35	CN202210758315	发明	2022/6/30	DE, WO, CN, GB, FR	高性能硬碳材料的制备方法及其应用	7	4	2023/9/8	1
36	CN202210751507	发明	2022/6/29	WO, CN, FR	硬碳负极材料的制备方法及其应用	10	5	2023/4/11	1
37	CN202211205884	发明	2022/9/30	WO, CN	BAB型嵌段共聚物、制备方法、粘结剂、正极敷片、二次电池及用电装置	20	5	2023/6/20	1

· 198 ·

续表

序号	申请号	申请类型	申请日	同族国家	专利名称	权利要求数量/项	同族被引次数	授权日	维持年限
38	CN201711042638	发明	2017/10/30	FI, PT, EP, CN, PL, HU, US, ES	正极片及其制备方法及钠离子电池	10	17	2020/10/13	6
39	CN202011423372	发明	2020/12/8	IN, JP, KR, WO, CN, EP, US	普鲁士蓝类过渡金属氰化物及其制备方法与应用	22	24	2021/5/4	3
40	CN202111259968	发明	2021/10/28	WO, CN, GB	掺杂氟的普鲁士蓝类钠离子电池正极材料的制备方法	9	12	2023/9/12	2
41	CN202111246996	发明	2021/10/26	DE, WO, CN, GB, US	普鲁士蓝类钠离子电池正极材料的制备方法	10	15	2023/4/11	2
42	US16684213	发明	2019/11/14	US	普鲁士蓝正极材料及其制备方法、电化学储能器件	14	10	2022/8/23	4
43	CN202211087961	发明	2022/9/5	WO, CN	一种废旧普鲁士蓝电池正极材料的回收方法	4	2	2023/12/12	1
44	CN202211254739	发明	2022/10/13	WO, CN	一种普鲁士蓝类电极材料及其制备方法及应用	24	1	2023/10/17	1
45	CN201910800432	发明	2019/8/28	WO, CN, EP, US	钠离子电池用正极材料及其制备方法	10	15	2022/3/25	4

续表

序号	申请号	申请类型	申请日	同族国家	专利名称	权利要求数量/项	同族被引次数	授权日	维持年限
46	CN202111161800	发明	2021/9/30	WO, CN, GB	掺杂型磷酸铁钠正极材料及其制备方法和应用	9	7	2023/7/7	2
47	CN202111164539	发明	2021/9/30	DE, WO, CN, GB, ES, US	层状碳掺杂磷酸铁钠正极材料的制备方法	6	5	2023/3/24	2
48	CN202111272724	发明	2021/10/29	DE, WO, CN, GB, US	掺杂型磷酸钒钠及其制备方法和应用	9	5	2023/6/13	2
49	CN202111421179	发明	2021/11/26	DE, WO, CN, GB, US	多孔钠离子电池正极材料磷酸铁钠的制备方法	10	3	2023/3/7	2
50	CN201710994177	发明	2017/10/23	CN	普鲁士蓝类正极材料及其制备方法及电化学储能装置	12	16	2021/5/11	6
51	CN201711287809	发明	2017/12/7	CN	非水电解液及二次电池	6	2	2020/12/11	6
52	CN201710526909	发明	2017/6/30	CN	电池包充电方法、装置和设备	9	2	2019/12/13	6
53	CN201811019663	发明	2018/9/3	CN	正极活性材料、其制备方法及钠离子电池	20	12	2021/6/15	5
54	CN201910276069	发明	2019/4/8	CN	正极极片及钠离子电池	20	5	2021/7/9	4
55	CN201910275491	发明	2019/4/8	CN	正极极片及钠离子电池	14	6	2021/10/15	4
56	CN201810677146	发明	2018/6/27	CN	正极活性材料、正极极片及钠二次电池	8	3	2023/6/16	5
57	CN201710035982	发明	2017/1/17	CN	正极浆料、正极极片及储能装置	9	13	2020/7/3	6

续表

序号	申请号	申请类型	申请日	同族国家	专利名称	权利要求数量/项	同族被引次数	授权日	维持年限
58	CN201710797162	发明	2017/9/6	CN	电极片及电化学储能装置	9	6	2020/11/6	6
59	CN201710333407	发明	2017/5/12	CN	电解液以及包括该电解液的二次电池	9	9	2020/2/21	6
60	CN201710672186	发明	2017/8/8	CN	一种电解液及电池	15	7	2020/12/11	6
61	CN201711097835	发明	2017/11/9	CN	电解液及电化学储能装置	9	11	2022/7/12	6
62	CN201810712498	发明	2018/6/29	CN	正极极片及钠离子电池	14	7	2021/11/9	5
63	CN202310638796	发明	2023/6/1	CN	接枝聚合物、制备方法、粘结剂、正极极片、二次电池和用电装置	32	6	2023/11/21	0
64	CN201811009373	发明	2018/8/31	CN	一种钠离子电池正极材料及其制备方法	7	9	2020/4/7	5
65	CN201710353220	发明	2017/5/18	CN	普鲁士蓝类正极材料及其制备方法、电化学储能装置	10	15	2020/5/15	6
66	CN201710442457	发明	2017/6/13	CN	钠离子电池	11	4	2020/5/19	6
67	CN201711033478	发明	2017/10/30	CN	钠离子电池用普鲁士蓝类正极材料及其制备方法及钠离子电池	12	3	2021/2/23	6
68	CN201711226486	发明	2017/11/29	CN	正极片及电化学电池	9	6	2021/5/4	6
69	CN201812207508	发明	2018/10/17	CN	一种共掺杂柔性钠离子电池正极材料及其制备方法	8	9	2021/11/16	5

5.3.3 中南大学

中南大学由原湖南医科大学、长沙铁道学院与中南工业大学于2000年4月合并组建而成，其中涉及钠离子电池研究的主要为冶金与环境学院。

中南大学冶金与环境学院始建于1952年，是中南大学的二级学院，由武汉大学、湖南大学等五所院校的冶金类系、科合并进入中南矿冶学院后组建而成。学院设有7个研究所［重（贵）金属冶金及材料研究所、轻金属及工业电化学研究所、碱法冶金研究所、冶金物理化学与材料化学研究所、环境工程研究所、稀有金属冶金研究所、钢铁冶金研究所］，研究领域全面覆盖重、轻、稀、贵等各类金属的提取与加工。

5.3.3.1 年度申请趋势分析

图5-14示出中南大学年度专利申请量分布。中南大学在钠离子电池领域的专利布局起步较早，始于2011年；2015年专利申请量开始快速增加，在2017年达到峰值47项，此后趋于平稳，年均专利申请量达到22.6项/年。

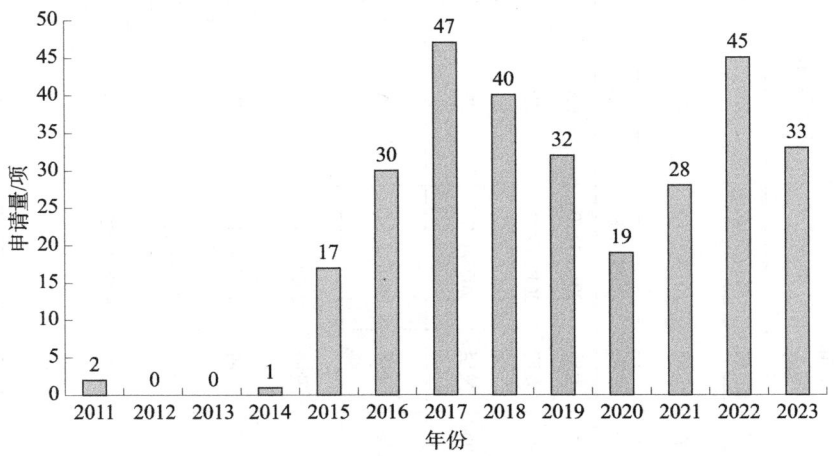

图5-14 中南大学年度专利申请量分布

5.3.3.2 申请人合作网络分析

中南大学涉及合作申请的专利共计5项，全部为对外的合作申请，中南大学相关申请人专利申请合作网络如图 5-15 所示。与中南大学开展专利合作申请的主要申请主体为广东博力威科技股份有限公司、广东聚圣科技有限公司、聚圣科技（珠海）有限公司、湖南农业大学。合作技术领域主要涉及负极材料和电解质等。

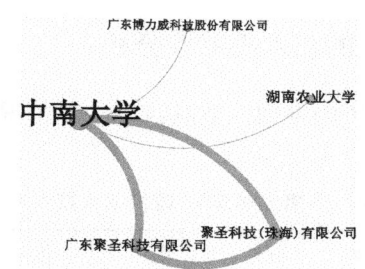

图 5-15　中南大学相关申请人专利申请合作网络

5.3.3.3　发明人合作网络分析

在钠离子电池领域，中南大学申请专利 294 项，涉及发明人共计 393 人，发明人的专利申请合作网络如图 5-16 所示。

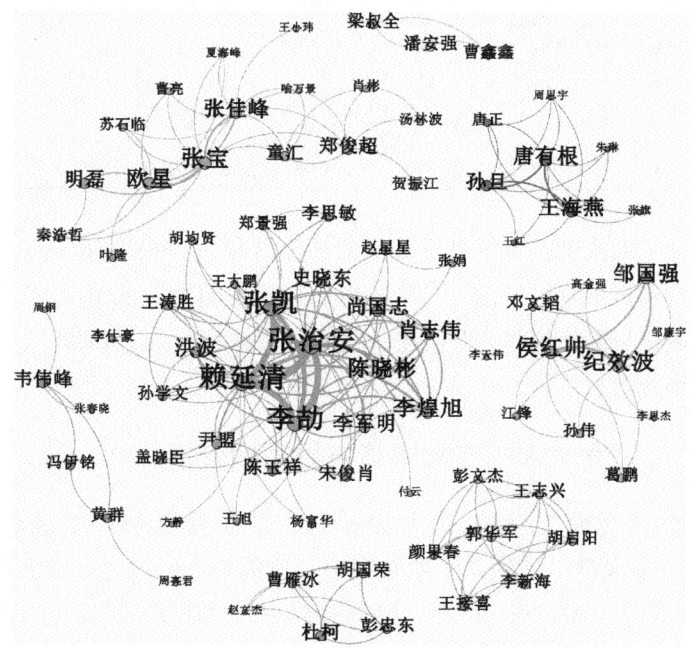

图 5-16　中南大学发明人专利申请合作网络

中南大学发明人分布较为分散，呈现多研发团队的现象，以张治安、赖延清、李劼、张凯等组成的团队专利申请量最大。其他研发较为活跃的团队还有以张宝为代表的团队及以纪效波为代表的团队。各团队间较为独立，彼此之间基本无合作申请。

5.3.3.4 主要发明人的技术贡献率分析

中南大学排名前10位的发明人及其技术贡献情况如表5-16和图5-17所示。

表5-16 中南大学前10位发明人技术贡献情况

发明人	个人申请量/项	个人被引次数	申请贡献率	引用贡献率	技术贡献率	研发团队总申请量/项	研发团队总被引次数
张治安	108	1193	36.7%	52.7%	89.4%	294	2263
赖延清	99	1006	33.7%	44.5%	78.2%		
李 劼	82	870	27.9%	38.4%	66.3%		
张 凯	62	624	21.5%	27.6%	48.7%		
张 宝	32	239	10.9%	10.6%	21.5%		
纪效波	32	157	10.9%	6.9%	17.8%		
侯红帅	31	154	10.5%	6.8%	17.3%		
李煌旭	28	315	9.5%	13.9%	23.4%		
欧 星	28	97	9.5%	4.3%	13.8%		
陈晓彬	26	339	8.8%	15.0%	23.8%		

中南大学发明人的技术贡献程度呈明显梯队分布，张治安、赖延清、李劼、张凯四人的技术贡献率居于前4，明显高于其他发明人。前10位发明人中，专利申请量不占优势的李煌旭、陈晓彬，其引用贡献分别占比13.9%、15.0%，使其技术贡献率相对较高。

5.3.3.5 主要发明人的专利申请布局周期分析

中南大学排名前10位发明人的专利申请布局周期及专利法律状态见表5-17。中南大学申请的294项专利中，全部为发明专利，专利申请布局周期为2011年8月—2023年10月。中南大学专利授权量较高，占比达53.4%。

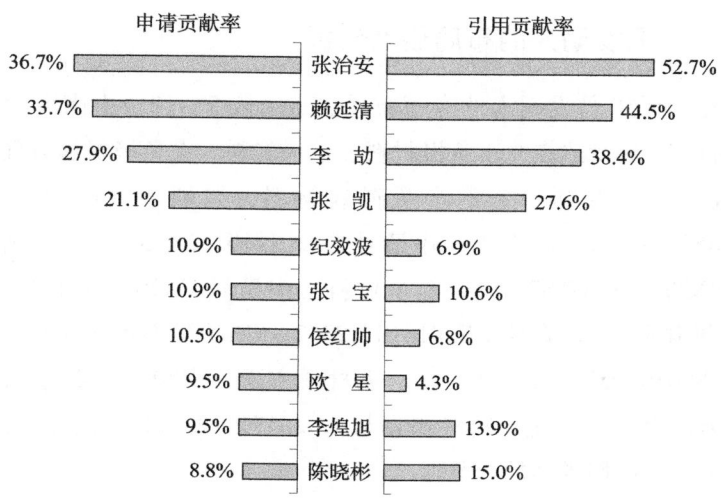

图 5-17 中南大学前 10 位发明人技术贡献情况

表 5-17 中南大学前 10 位发明人专利申请布局周期及专利法律状态

发明人	申请量/项	专利申请布局周期	发明数量/项	实用新型数量/项	授权量/项	审中量/项
研究团队总计	294	2011/8/17—2023/10/13	294	0	157	93
张治安	108	2015/1/29—2023/6/21	108	0	79	20
赖延清	99	2015/1/29—2023/6/29	99	0	70	21
李劼	82	2015/1/29—2023/6/29	82	0	61	12
张凯	62	2017/3/28—2022/9/27	62	0	41	9
张宝	32	2017/3/19—2023/3/23	32	0	13	11
纪效波	32	2016/3/8—2023/7/24	32	0	16	10
侯红帅	31	2016/3/8—2023/7/24	31	0	16	10
李煌旭	28	2016/11/4—2021/11/26	28	0	21	3
欧星	28	2018/9/29—2023/3/31	28	0	9	11
陈晓彬	26	2016/4/20—2017/8/15	26	0	22	0

张治安、赖延清、李劼的专利申请布局周期与中南大学的专利申请布局周期较契合，专利申请质量高，超过半数的发明专利获得授权。

5.3.3.6 主要发明人的布局热点分析

中南大学前 10 位发明人的专利布局热点见表 5-18。中南大学在钠离子电池领域的技术研发热点在于负极材料、正极材料。在负极材料方面,中南大学共申请 150 项专利,主要涉及碳基材料,如硬碳(CN201810159334、CN201810859808 等)、石墨烯(申请号 CN201810112352 等),二氧化钛材料(申请号 CN201711287587 等),硅基材料(申请号 CN201811165622 等),转化类材料氧化物(申请号 CN201810112352、CN202010457758 等)、硫化物(申请号 CN201910537862 等)。在正极材料方面,中南大学共申请 131 项专利,主要涉及聚阴离子化合物(申请号 CN201711129571 等)、过渡金属氧化物(申请号 CN201810019537 等)。

表 5-18 中南大学前 10 位发明人的专利布局热点　　　　（单位:项）

发明人	正极材料	负极材料	电解质	电极材料改性	电芯结构设计	隔膜	黏结剂	电池辅助部件
研发团队总计	131	150	31	174	24	18	18	19
张治安	55	55	2	77	15	3	3	8
赖延清	53	48	3	65	10	3	5	8
李劼	47	37	2	59	8	1	4	6
张凯	36	27	2	40	6	1	3	4
张宝	16	19	2	22	0	0	0	2
纪效波	11	20	3	16	0	3	1	0
侯红帅	11	19	3	16	0	3	1	0
李煌旭	25	7	0	16	4	1	1	2
欧星	15	17	0	15	3	0	0	2
陈晓彬	19	12	0	18	3	1	1	3

5.3.3.7 中南大学研发团队部分重要专利分析

中南大学部分重要专利见表 5-19。

(1) 申请号:CN201610452201

申请日是 2016 年 6 月 21 日,于 2018 年 9 月 14 日获得授权,其同族专利被引用次数达到 57 次。该专利保护一种钠离子电池过渡金属磷化物/多孔碳负极复合材料及其制备方法，复合材料由过渡金属磷化物纳米颗粒弥散分布在多孔碳材料内部构成，其制备过程是将过渡金属盐与有机配体通过原位生长法得到过渡金属有机框架结构，将所述过渡金属有机框架结构与磷源分别置于管式炉的两端，加热管式炉，同时从放置无机磷源的管式炉一端通入流动惰性气体，进行热处理，后将产物依次经过洗涤、干燥，即得该复合材料。制得的过渡金属磷化物/多孔碳复合材料用作钠离子电池负极材料具有高比容量以及良好的倍率性能，且其制备方法简单，成本低廉，具有广阔的工业化应用前景。

（2）申请号：CN201510075048

申请日是 2015 年 2 月 12 日，于 2017 年 2 月 1 日获得授权，其同族专利被引用次数为 40 次。该专利保护了一种钠离子电池锑/掺氮碳纳米片负极复合材料的制备方法，复合材料中纳米锑颗粒均匀分布在掺氮碳纳米片上，制备方法是在氧化石墨上原位聚合多巴胺的同时加入锑前驱体与表面活性剂，反应后经冷冻干燥的前驱体材料，再经高温碳化还原得到。本发明的制备方法操作简单，成本低，制得的钠离子电池负极具有质量比容量高、倍率性能良好及循环稳定的优点。

（3）申请号：CN201710193486

申请日是 2017 年 3 月 28 日，于 2019 年 8 月 16 日获得授权，其专利同族被引用次数为 37 次。该专利保护了一种二硒（硫）化钼（钨）/碳复合材料及其制备方法和应用，该复合材料是由二硒化钼、二硫化钼、二硒化钨、二硫化钨中至少一种与碳复合构成多孔泡沫结构，其制备方法是将钼源和/或钨源、硒源和/或硫源、碳源和二氧化硅模板剂加入水中后，加热搅拌，形成溶胶，溶胶经过烘干后，置于惰性气氛中煅烧，煅烧产物通过腐蚀去除二氧化硅模板剂，即得复合材料。该方法实现了二硒（硫）化钼（钨）活性物质和碳合成、复合，以及造孔同步进行，大大简化工艺流程，有利于工业化生产；制备的复合材料具有特殊多孔状泡沫状结构，具有高比容量以及能有效缓解充放电过程体积膨胀的特性，用于锂离子电池或钠离子电池，表现出优异循环性能、高比容量等优点。

中南大学在海外没有专利布局。

表5-19 中南大学部分重要专利

序号	申请号	申请类型	申请日	同族国家	专利名称	权利要求数量/项	同族被引次数	授权日	维持年限
1	CN201910367824	发明	2019/5/5	CN	一种复合固体电解质材料及其制备方法和应用	8	29	2021/6/22	4
2	CN201910268983	发明	2019/4/4	CN	一种正极补钠剂在钠离子电池中的应用	7	23	2021/2/19	4
3	CN201610375296	发明	2016/5/31	CN	一种钠离子电池用复合正极材料及其制备方法	9	25	2018/9/18	7
4	CN201510075048	发明	2015/2/12	CN	一种钠离子电池锑掺氮碳纳米片负极复合材料的制备方法	10	40	2017/2/1	8
5	CN201610319170	发明	2016/5/13	CN	一种钠离子电池硫掺杂多孔碳材料及其制备方法	9	22	2018/2/27	7
6	CN201510848151	发明	2015/11/27	CN	一种钠离子电池正极碳复合材料及其制备方法	8	37	2017/12/15	8
7	CN201510861022	发明	2015/11/30	CN	一种钠离子电池硫掺杂硒化钼负极复合材料及其制备方法	7	24	2018/7/6	8
8	CN201710193486	发明	2017/3/28	CN	一种二硒（硫）化钼（钨）/碳复合材料及其制备方法和应用	8	38	2019/8/16	6
9	CN201410101331	发明	2014/3/19	CN	一种锂硫电池正极用S/TiO_2复合材料的制备方法	7	30	2016/4/6	9

续表

序号	申请号	申请类型	申请日	同族国家	专利名称	权利要求数量/项	同族被引次数	授权日	维持年限
10	CN201711115912	发明	2017/11/13	CN	一种利用废苯制备石墨烯的方法	10	21	2020/6/23	6
11	CN201510717165	发明	2015/10/29	CN	一种钠离子电池二硒化铁/硫掺杂石墨烯负极复合材料及其制备方法	6	23	2018/2/23	8
12	CN201510957850	发明	2015/12/17	CN	一种掺杂海绵石墨烯负极复合材料的制备方法	9	22	2018/7/17	8
13	CN201710091514	发明	2017/2/20	CN	一种用于钠离子电池的碳化钼/氮钠/石墨烯复合正极材料及其制备方法	9	21	2019/4/9	6
14	CN201510616884	发明	2015/9/25	CN	一种用于钠离子电池的硫亚铁钠/石墨烯复合材料及其制备方法	23	23	2017/11/28	8
15	CN201710330646	发明	2017/5/11	CN	一种碳包覆磷酸铁钠复合材料及制备方法及其在钠离子电池中的应用	7	27	2020/5/5	6
16	CN201910429078	发明	2019/5/22	CN	一种掺氟碳复合磷酸焦磷酸铁钠介孔碳复合材料及其制备在钠离子电池中的应用	12	22	2020/11/24	4

续表

序号	申请号	申请类型	申请日	同族国家	专利名称	权利要求数量/项	同族被引次数	授权日	维持年限
17	CN201711118490	发明	2017/11/13	CN	一种钠离子电池正极材料及其制备方法	7	23	2021/3/12	6
18	CN201510046305	发明	2015/1/29	CN	一种用于钠离子电池的硒化锡/氧化石墨烯负极复合材料及制备方法	9	31	2017/1/18	8
19	CN201610503515	发明	2016/6/30	CN	一种离子电池氧化物正极材料及其制备方法和应用	7	35	2020/10/30	7
20	CN201910811222	发明	2019/8/30	CN	用于钠二氧化碳电池上的有机正极及其制备方法和钠二氧化碳电池	10	8	2020/8/14	4
21	CN201710091453	发明	2017/2/21	CN	一种硫酸钠废液的回收再利用方法	10	9	2019/6/7	6
22	CN201610963046	发明	2016/11/4	CN	一种钠离子电池钛酸镍负极材料及其制备方法	10	7	2019/9/24	7
23	CN201710180617	发明	2017/3/23	CN	一种钠离子电池用碳负极材料及其制备方法	8	10	2019/9/27	6
24	CN201711129571	发明	2017/11/15	CN	一种氟化磷酸锰钠/碳复合材料及其制备方法和作为钠离子正极材料的应用	9	14	2020/4/14	6

续表

序号	申请号	申请类型	申请日	同族国家	专利名称	权利要求数量/项	同族被引次数	授权日	维持年限
25	CN201711115026	发明	2017/11/20	CN	一种钠离子电池正极材料及其制备方法、钠离子电池	9	11	2020/7/24	6
26	CN201910310881	发明	2019/4/18	CN	钠离子电池正极材料及其制备方法与应用	7	10	2020/9/15	4
27	CN201811420710	发明	2018/11/26	CN	一种补钠正极活性材料、正极材料、钠离子电池及其制备和应用	14	13	2020/9/29	5
28	CN201710512704	发明	2017/6/28	CN	一种多孔碳布、制备方法及其应用	5	11	2021/1/5	6
29	CN201810925512	发明	2018/8/14	CN	一种3D多孔锌负载集流体、亲钠或钾的电池负极及其制备和应用	32	13	2021/4/27	5
30	CN201811504374	发明	2018/12/10	CN	一种NaF/金属复合补钠正极活性材料、正极及其制备和在钠电中的应用	7	11	2021/6/1	5
31	CN201911393780	发明	2019/12/30	CN	微米空心多孔复合球状钠离子电池正极材料及其制备方法	13	7	2022/1/25	4
32	CN201911393479	发明	2019/12/30	CN	微纳尺度空心多孔钠离子电池正极材料及其制备方法	14	10	2022/8/5	4
33	CN201711202145	发明	2017/11/27	CN	一种锂、钠离子电池阻燃剂及其制备和应用方法	7	5	2021/2/2	6

续表

序号	申请号	申请类型	申请日	同族国家	专利名称	权利要求数量/项	同族被引次数	授权日	维持年限
34	CN201611117330	发明	2016/12/7	CN	一种焦磷酸钴钠的制备方法及其在钠离子电池中的应用	9	9	2019/7/16	7
35	CN201610969030	发明	2016/11/4	CN	一种碳纳米片矩阵材料的制备方法及其在钠离子电池中的应用	8	9	2018/11/20	7
36	CN201610395066	发明	2016/6/6	CN	一种锂离子/钠离子电池用复合负极材料及其制备方法	7	8	2019/4/5	7
37	CN201610969567	发明	2016/11/4	CN	一种用于钠离子电池的 NiTiO$_3$/C 复合材料、制备和应用	9	11	2019/11/29	7
38	CN201710721003	发明	2017/8/22	CN	一种钠离子电池负极球状 V$_2$O$_3$/C 材料的制备方法	9	11	2020/6/16	6
39	CN201610130141	发明	2016/3/8	CN	一种磷掺杂二维碳材料的制备方法及其在钠离子电池中的应用	10	18	2018/9/25	7
40	CN201711221089	发明	2017/11/28	CN	一种碳纳米片材料及其制备和在钠离子电池中的应用	10	15	2020/1/7	6
41	CN201711222698	发明	2017/11/29	CN	一种碳纳米片负极材料的制备方法及其在钠离子电池中的应用	7	9	2020/6/26	6
42	CN201711210219	发明	2017/11/27	CN	一种三维多孔碳材料及其制备和在钠离子电池中的应用	17	5	2021/1/29	6

续表

序号	申请号	申请类型	申请日	同族国家	专利名称	权利要求数量/项	同族被引次数	授权日	维持年限
43	CN201811477200	发明	2018/12/5	CN	一种硫掺杂微晶石墨及其制备方法和作为钠离子电池负极材料的应用	8	8	2021/2/9	5
44	CN201810798843	发明	2018/7/19	CN	一种球形钠离子电池正极四元材料及其制备方法	9	20	2021/5/11	5
45	CN202010980091	发明	2020/9/17	CN	一种 $NaMn_{0.5}Ni_{0.5}B_xO_2$ 材料及其制备和在钠离子电池中的应用	26	9	2022/9/27	3
46	CN201910911808	发明	2019/9/25	CN	一种钠离子电池多元正极材料及其制备方法	8	18	2022/4/26	4
47	CN202010983945	发明	2020/9/18	CN	一种 O3 型层状钠离子电池正极材料及其制备方法	5	11	2022/7/26	3
48	CN201510481626	发明	2015/8/7	CN	一种钠离子电池导电聚合物/SnSe$_x$/纳米花负极复合材料及其制备方法	6	10	2017/8/25	8
49	CN201610246447	发明	2016/4/20	CN	一种 $Na_{2-2x}Fe_{1+x}P_2O_7$/碳复合材料及其制备方法和应用	9	6	2018/2/16	7
50	CN201610965135	发明	2016/11/4	CN	一种氮化钛包覆钛酸镍复合材料及其制备方法和应用	10	9	2019/1/18	7

续表

序号	申请号	申请类型	申请日	同族国家	专利名称	权利要求数量/项	同族被引次数	授权日	维持年限
51	CN201610970093	发明	2016/11/5	CN	一种钠离子电池的NiTiO$_3$/C负极材料、制备及应用	6	5	2019/1/29	7
52	CN201710184329	发明	2017/3/24	CN	一种钠离子电池碳/碳复合材料及其制备方法	6	19	2019/7/30	6
53	CN201710190865	发明	2017/3/28	CN	一种锑/碳纳米纤维柔性材料及其制备方法和应用	10	8	2019/8/23	6
54	CN201710183115	发明	2017/3/24	CN	一种多孔碳纳米管状材料及其制备方法和应用	7	14	2019/8/23	6
55	CN201710355136	发明	2017/5/18	CN	一种核-壳结构的焦磷酸钴钠/碳正极复合材料、制备方法和应用	8	12	2019/11/5	6
56	CN201711257134	发明	2017/12/4	CN	一种复相结构层状钠离子电池正极材料及制备方法	6	5	2020/3/20	6
57	CN201711256230	发明	2017/12/4	CN	一种具有多相复合层状结构的钠离子电池正极材料的制备方法	6	9	2021/4/16	6
58	CN201811307199	发明	2018/11/5	CN	具有核壳结构的复合钠离子正极材料及其制备方法	5	16	2021/10/22	5
59	CN201910463191	发明	2019/5/30	CN	一种异原子掺杂多孔碳材料及其制备方法和应用	8	14	2022/6/7	4

续表

序号	申请号	申请类型	申请日	同族国家	专利名称	权利要求数量/项	同族被引次数	授权日	维持年限
60	CN202210818632	发明	2022/7/13	CN	一种稳定氧变价的钠离子电池正极材料及其制备方法	9	5	2023/9/12	1
61	CN202210541178	发明	2022/5/18	CN	钠离子电池正极材料、前驱体以及制备方法	10	13	2023/7/14	1
62	CN201910763182	发明	2019/8/19	CN	一种过渡金属硫硒复合物及其制备方法	18	8	2021/1/19	4
63	CN201811188854	发明	2018/10/12	CN	一种碳硒材料及其制备方法和在储能器件中的应用	5	5	2021/7/27	5
64	CN201810283605	发明	2018/4/2	CN	一种碳包覆二硫化镍钠离子电池负极材料的制备方法和应用	10	12	2020/10/27	5
65	CN201811143694	发明	2018/9/29	CN	一种钠离子电池负极材料立方状纳米硫化锌锡的制备方法	6	16	2020/12/1	5
66	CN201810440772	发明	2018/5/10	CN	一种具有玫瑰状二硫化钒/碳量子点复合材料及其制备方法和应用	8	12	2020/12/25	5
67	CN201911265057	发明	2019/12/11	CN	一种钠离子电池钴铁硫铜氧化物负极材料及其制备方法	8	7	2022/1/18	4
68	CN201910559665	发明	2019/6/26	CN	一种钠离子电池负极材料铍铜双金属硫化物的制备方法	9	15	2022/2/1	4

续表

序号	申请号	申请类型	申请日	同族国家	专利名称	权利要求数量/项	同族被引次数	授权日	维持年限
69	CN201610374804	发明	2016/5/31	CN	钠离子电池用氮掺杂金红石型TiO_2/C负极材料的制备方法	7	13	2018/3/27	7
70	CN201510860848	发明	2015/11/30	CN	一种用于钠离子电池的多孔立方$ZnSnO_3$@石墨烯负极材料及其制备方法	8	10	2018/2/6	8
71	CN201710386691	发明	2017/5/26	CN	一种碳包覆$MoSe_2$/石墨烯电纺纳米纤维及其制备方法	8	12	2019/10/8	6
72	CN201810375555	发明	2018/4/25	CN	钠离子电池负极复合材料硒化亚铁/石墨烯及其制备方法	12	18	2020/7/17	5
73	CN202110349409	发明	2021/3/31	CN	双金属硒化物碳微球复合材料及其制备方法和应用	7	8	2022/8/12	2
74	CN201610402215	发明	2016/6/8	CN	一种钠离子电池碳负极材料及其制备方法	9	13	2018/9/11	7
75	CN201710195007	发明	2017/3/28	CN	一种钠离子电池碳基复合负极材料及其制备方法	11	13	2020/3/27	6
76	CN201811476709	发明	2018/12/5	CN	一种硬碳包覆膨胀微晶石墨材料及其制备方法和在钠离子电池中的应用	5	11	2020/7/7	5
77	CN201811095277	发明	2018/9/19	CN	一种松树基生物质活性炭及其制备方法和在电化学储能中的应用	7	9	2020/8/28	5

第5章 重要创新主体分析

续表

序号	申请号	申请类型	申请日	同族国家	专利名称	权利要求数量/项	同族被引次数	授权日	维持年限
78	CN201610628577	发明	2016/8/3	CN	一种二硒化锡/聚乙烯亚胺复合材料及其制备方法和应用	9	8	2018/5/25	7
79	CN201810005040	发明	2018/1/3	CN	一种生物质活性碳基碳材料及其制备方法和在钠离子电池中的应用	8	5	2020/7/24	5
80	CN201510617363	发明	2015/9/25	CN	一种钛掺杂的碳包覆磷酸铁钠材料及其制备方法	15	18	2018/1/2	8
81	CN201610937269	发明	2016/11/1	CN	一种具有花状结构的焦磷酸铁钠材料及其制备方法和应用	7	8	2019/5/3	7
82	CN201810343930	发明	2018/4/17	CN	改性的氟磷酸钒钠正极材料的制备方法及其应用	10	8	2020/6/12	5
83	CN201811377465	发明	2018/11/19	CN	层状金属有机磷酸盐框架钠离子正极材料及其制备方法	20	5	2020/6/16	5
84	CN201711118657	发明	2017/11/13	CN	一种焦磷酸锰钠/碳复合正极材料及其制备和应用	7	10	2020/9/8	6
85	CN201710681999	发明	2017/8/10	CN	一种富钠磷酸钒铁钠材料及其制备方法和在钠离子电池中的应用	8	13	2020/10/16	6
86	CN201710363954	发明	2017/5/22	CN	一种掺氮碳包覆球状磷酸钒锰钠复合材料及其制备方法和在钠离子电池中的应用	6	19	2020/10/16	6

续表

序号	申请号	申请类型	申请日	同族国家	专利名称	权利要求数量/项	同族被引次数	授权日	维持年限
87	CN201910590817	发明	2019/7/2	CN	氟化磷酸焦磷酸铁钠@C@RGO复合材料及其制备和在钠离子电池中的应用	16	12	2020/12/25	4
88	CN201810617750	发明	2018/6/15	CN	一种富钠相离子电池正极材料及其制备和应用	18	12	2021/1/29	5
89	CN201810617749	发明	2018/6/15	CN	一种过渡金属掺杂的磷酸钛锰钠碳复合正极材料及在钠离子电池中的应用	22	6	2021/3/12	5
90	CN202110096679	发明	2021/1/25	CN	一种钠离子电池正极材料氟磷酸钒钠的制备方法	9	5	2022/6/21	2
91	CN201610666309	发明	2016/8/12	CN	一种钠离子电池正极材料 $Na_2Fe_2(SO_4)_3$@氧化铝复合材料及其制备方法	7	19	2018/5/25	7
92	CN201610955176	发明	2016/10/27	CN	一种锡硒@氧化锡氧化复合材料及其制备方法及应用	10	9	2018/10/12	7
93	CN201710365046	发明	2017/5/22	CN	一种具有三明治结构的碳包覆焦磷酸锰钠@还原氧化石墨烯复合材料及其制备方法和应用	6	19	2020/4/21	6

续表

序号	申请号	申请类型	申请日	同族国家	专利名称	权利要求数量/项	同族被引次数	授权日	维持年限
94	CN201910083312	发明	2019/1/28	CN	一种基于黄铜矿制备铜基富钠层状氧化物材料的方法	3	7	2021/2/2	4
95	CN201811521970	发明	2018/12/13	CN	富钠过渡金属氧化物复合补钠正极活性材料、正极材料及其制备和在钠电中的应用	10	12	2021/6/4	5
96	CN201810143618	发明	2018/2/11	CN	一种金属氮化物的应用，包含金属氮化物的电解液及其在二次电池中的应用	16	4	2021/2/9	5
97	CN201811283239	发明	2018/10/31	CN	一种低温柔性聚合物固态电解质及其制备方法和应用	6	1	2021/8/31	5
98	CN201711276189	发明	2017/12/6	CN	一种三明治结构碳基复合材料及其制备方法和应用	10	4	2020/6/9	6
99	CN201711261632	发明	2017/12/4	CN	一种碳纳米片材料的制备方法及其在钠离子电池中的应用	8	3	2020/8/18	6
100	CN201610970817	发明	2016/11/5	CN	一种碳包覆 $NiTiO_3$/CNT 负极材料、制备及应用	8	2	2019/1/29	7
101	CN201810647088	发明	2018/6/22	CN	一种纳米硫/金属硫化物复合材料及其制备方法和作为电极材料的应用	8	3	2020/7/31	5

续表

序号	申请号	申请类型	申请日	同族国家	专利名称	权利要求数量/项	同族被引次数	授权日	维持年限
102	CN201710188335	发明	2017/3/27	CN	一种三维石墨烯的制备方法及其应用	7	2	2019/4/30	6
103	CN201710189278	发明	2017/3/27	CN	一种大面积石墨烯的制备方法及其应用	9	2	2020/3/10	6
104	CN201610983304	发明	2016/11/9	CN	一种焦磷酸铁钠的制备方法及其在钠离子电池中应用	9	3	2019/5/3	7
105	CN201810617748	发明	2018/6/15	CN	一种钛锰双金属磷酸钠@碳复合材料及其制备和在钠离子电池中的应用	16	1	2020/9/4	5
106	CN201710582633	发明	2017/7/17	CN	一种钛酸钴/二氧化钛/钴@碳复合材料及其制备方法和作为钠离子负极材料的应用	9	3	2019/11/12	6

5.3.3.8　中南大学研发团队的专利运营分析

中南大学研发团队共 51 项专利涉及专利权的转让，从表 5-20 中可见，其中专利权转让共 43 项，专利申请权转让 8 项。从转让人角度，中南大学专利权转让主要涉及湖南钠邦新能源有限公司，共 26 项；中南大学还分别转让给湖南宸宇富基新能源科技有限公司、帕瓦（兰溪）新能源科技有限公司和深圳市津工能源有限公司各 4 项专利。通过专利转让行为，不仅能够实现"产学研"相结合，还能使专利技术更快推进产业化应用。

表 5-20　中南大学研发团队专利转让

序号	申请号	类型	状态	转让人	受让人
1	CN202110134865	发明	授权	中南大学	深圳市津工能源有限公司
2	CN201711129571	发明	授权	中南大学	湖南钠邦新能源有限公司
3	CN201711156026	发明	授权	中南大学	湖南钠邦新能源有限公司
4	CN201910590755	发明	授权	中南大学	湖南钠邦新能源有限公司
5	CN201710195233	发明	授权	中南大学	湖南宸宇富基新能源科技有限公司
6	CN201711202145	发明	授权	中南大学	深圳市津工能源有限公司
7	CN202210231620	发明	授权	中南大学	湖南金钺新材料有限责任公司
8	CN201610130141	发明	授权	中南大学	深圳市津工能源有限公司
9	CN201711221089	发明	授权	中南大学	湖南宸宇富基新能源科技有限公司
10	CN201711210219	发明	授权	中南大学	湖南宸宇富基新能源科技有限公司
11	CN201910911808	发明	授权	中南大学	帕瓦（兰溪）新能源科技有限公司
12	CN201710355136	发明	授权	中南大学	湖南钠邦新能源有限公司
13	CN202010038176	发明	授权	中南大学	湖南钠邦新能源有限公司
14	CN202210549684	发明	授权	中南大学	湖南钠邦新能源有限公司
15	CN202310435990	发明	授权	中南大学	深圳市津工能源有限公司
16	CN201811143694	发明	授权	中南大学	帕瓦（兰溪）新能源科技有限公司
17	CN201911265057	发明	授权	中南大学	帕瓦（兰溪）新能源科技有限公司
18	CN201910559665	发明	授权	中南大学	帕瓦（兰溪）新能源科技有限公司
19	CN201610374804	发明	授权	中南大学；马鞍山绿色兄弟科技有限责任公司	马鞍山绿色兄弟科技有限责任公司；深圳市智能兄弟科技有限公司
20	CN201710091514	发明	授权	中南大学	湖南钠邦新能源有限公司

续表

序号	申请号	类型	状态	转让人	受让人
21	CN201710330646	发明	授权	中南大学	湖南钠邦新能源有限公司
22	CN201811377465	发明	授权	中南大学	江西潮实新能源科技有限公司
23	CN201810617748	发明	授权	中南大学	湖南钠邦新能源有限公司
24	CN201711118657	发明	授权	中南大学	湖南钠邦新能源有限公司
25	CN201710681999	发明	授权	中南大学	湖南钠邦新能源有限公司
26	CN201710363954	发明	授权	中南大学	湖南钠邦新能源有限公司
27	CN201910429078	发明	授权	中南大学	湖南钠邦新能源有限公司
28	CN201910590817	发明	授权	中南大学	湖南钠邦新能源有限公司
29	CN201810562767	发明	授权	中南大学	湖南钠邦新能源有限公司
30	CN201810617750	发明	授权	中南大学	湖南钠邦新能源有限公司
31	CN201910413099	发明	授权	中南大学	湖南钠邦新能源有限公司
32	CN201810617749	发明	授权	中南大学	湖南钠邦新能源有限公司
33	CN201711118490	发明	授权	中南大学	湖南钠邦新能源有限公司
34	CN201910814375	发明	授权	中南大学	湖南钠邦新能源有限公司
35	CN202111423185	发明	授权	中南大学	湖南钠邦新能源有限公司
36	CN201910809842	发明	授权	中南大学	湖南钠邦新能源有限公司
37	CN202110096679	发明	授权	中南大学	广州鹏辉能源科技股份有限公司
38	CN201910820560	发明	授权	中南大学	湖南钠邦新能源有限公司
39	CN201910814280	发明	授权	中南大学	湖南钠邦新能源有限公司
40	CN202210440489	发明	授权	中南大学	湖南钠邦新能源有限公司
41	CN202210465578	发明	实质审查	中南大学	广州鹏辉能源科技股份有限公司
42	CN202210876996	发明	实质审查	中南大学	深圳市津工能源有限公司
43	CN202110483080	发明	实质审查	中南大学	湖南钠邦新能源有限公司
44	CN202110483076	发明	实质审查	中南大学	湖南钠邦新能源有限公司
45	CN202110513010	发明	实质审查	中南大学	湖南钠邦新能源有限公司
46	CN202211173151	发明	实质审查	中南大学	深圳市津工能源有限公司
47	CN202310433810	发明	实质审查	中南大学	深圳市津工能源有限公司
48	CN201710582633	发明	授权	中南大学	湖南宸宇富基新能源科技有限公司
49	CN201710365046	发明	授权	中南大学	湖南钠邦新能源有限公司
50	CN202210727547	发明	实质审查	中南大学	深圳市津工能源有限公司
51	CN201610810315	发明	授权	湖南国拓机械有限责任公司；中南大学	广东聚圣科技有限公司；湖南国拓机械有限责任公司

5.4 负极材料领域国内申请人及发明人关联分析

5.4.1 申请人合作网络分析

钠离子电池负极材料领域涉及对外合作申请的专利共计155项，涉及申请人177位。图5-18示出负极材料领域申请人专利合作申请网络。图中依据各申请人相互间专利合作申请次数，给出负极材料领域专利合作申请次数较多的申请人的合作申请网络。

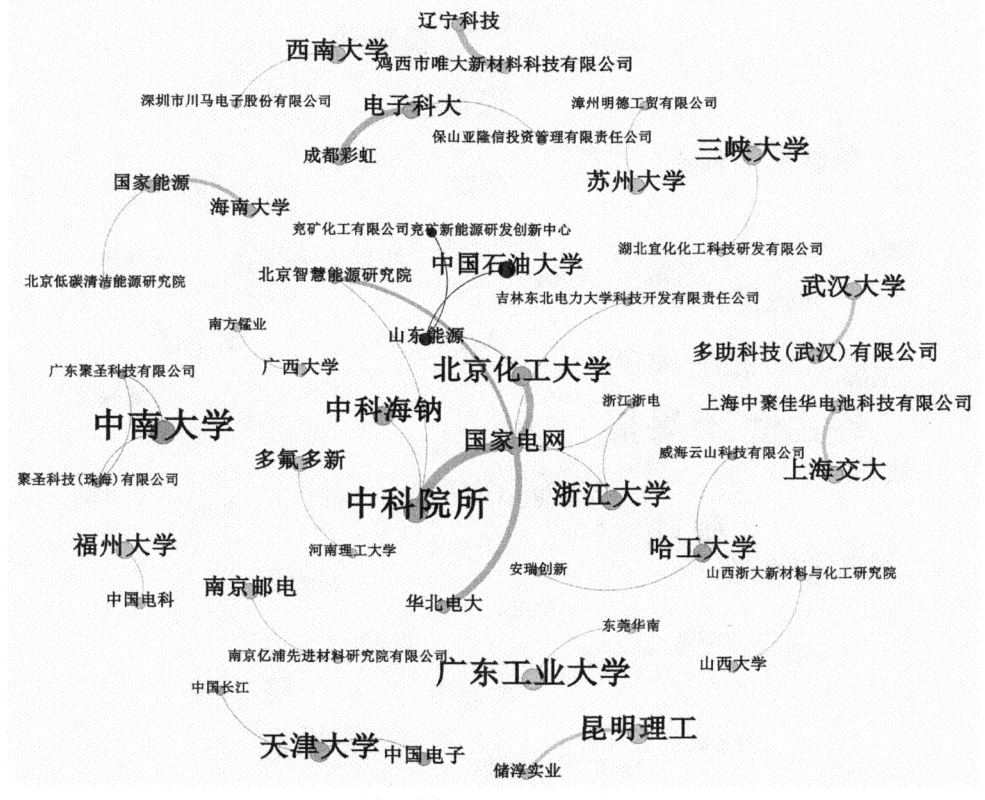

图5-18 负极材料领域申请人专利合作申请网络

从对外合作的频次上来看，中科院所与国家电网之间的合作频次最高，共有5项专利合作申请；从对外合作的广度上来看，国家电网与8家不同专利技术创新主体合作，合作主体的数量最多。除此之外，北京化工大学、华北电力大学、电子科技大学等参与专利合作申请的频次相对较高，其他专利技术创新主体对外合作频次相对较低，合作对象也相对较为单一。

5.4.2 发明人合作网络分析

在钠离子电池负极材料领域，重要申请人共申请了4440项专利，涉及发明人9143位。图5-19从发明人角度，依据各发明人相互间合作次数，给出负极材料领域合作次数多的发明人关联网络。

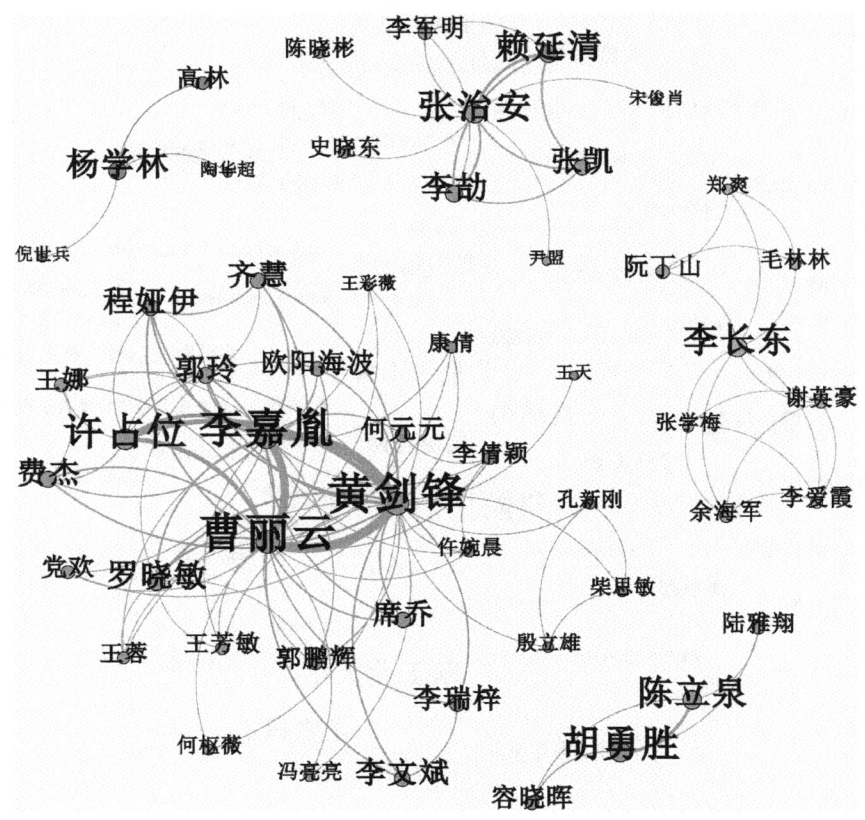

图5-19 负极材料领域发明人关联网络

从图 5-19 可见，负极材料领域的发明人团队的"区域化"现象明显，多个研发团队之间的发明人相互之间没有合作。主要的发明人团队包括：黄剑锋、曹丽云等（陕西科技大学）；胡勇胜、陈立泉等（中国科学院物理研究所）；赖延清、张治安等（中南大学）；李长东、余海军等（宁德时代）；杨学林、高林等（三峡大学）。

基于图 5-19 涉及的申请人，图 5-20 示出这些申请人的专利申请量与发明人数量的分布。陕西科技大学、中南大学负极材料的专利申请量、发明人数量均明显高于宁德时代，说明在负极材料领域，高校研发团队的专利布局活跃，企业申请人创新驱动的动力还有待提高，钠离子电池产业化进程还有较长的路要走。

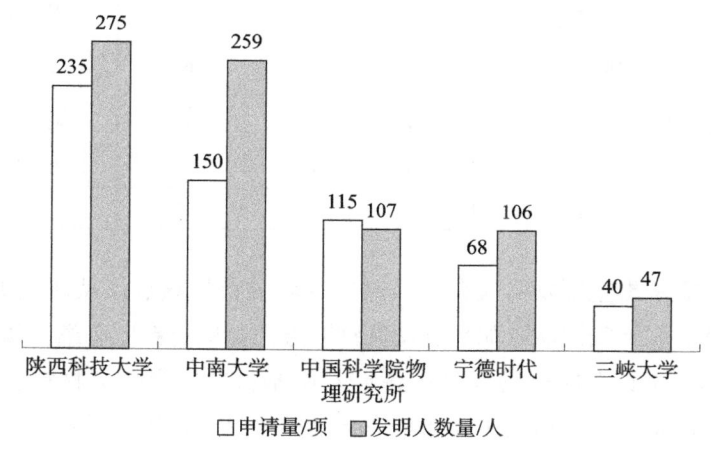

图 5-20　重要申请人的专利申请量与发明人数量分布

5.4.3　主要发明人的专利申请布局周期及布局热点比较

结合钠离子电池负极材料领域发明人的专利申请量，分别对重要申请人陕西科技大学、中国科学院物理研究所、中南大学、宁德时代、三峡大学的重点发明人黄剑锋、胡勇胜、张治安、李长东、杨学林进行对比分析，从专利申请量、专利授权量、专利申请布局周期入手，结合专利申请技术内容，以探究各发明人团队的研发实力及研发方向。

从表 5-21 中可以看出，陕西科技大学的黄剑锋团队在负极材料领域的专利申请布局持续时间为 8 年 3 个月，申请量最多，平均 1.8 项/月，授权专利占比 48.9%；而中国科学院物理研究所的胡勇胜团队的专利申请布局持续时间为 12 年，授权专利占比 51.6%，专利申请量为平均 0.43 项/月。黄剑锋团队在负极材料方面的研发成果产出频率最快；张治安团队所申请专利的授权率相对较高。尽管宁德时代李长东团队在负极材料领域的布局起步较晚，但该团队仅 3 年时间在负极材料领域就申请专利 47 项，专利产出速度很快，团队研发实力也不容小觑。

表 5-21 负极材料领域主要发明人专利申请布局周期及专利法律状态比较

申请人	重要发明人	专利申请布局周期	申请量/项	发明数量/项	授权量/件	审中量/件
陕西科技大学	黄剑锋	2015/1—2023/4	180	180	88	21
中国科学院物理研究所	胡勇胜	2011/9—2023/9	62	61	32	14
中南大学	张治安	2015/1—2023/6	55	55	42	8
宁德时代	李长东	2021/9—2023/6	47	47	8	38
三峡大学	杨学林	2016/1—2023/7	37	37	13	7

表 5-22 示出主要发明人在负极材料领域的布局热点。从研发方向上看，黄剑锋团队、张治安团队、胡勇胜团队针对五类负极材料所有细分领域均进行了专利布局；李长东团队的专利申请涉及碳基材料、合金类材料、转化类材料；杨学林团队的专利申请主要布局在合金类材料、转化类材料。

表 5-22 主要发明人在负极材料领域的布局热点 (单位：项)

重要发明人	发明人所属申请人	技术构成				
		碳基材料	钛基材料	合金类材料	转化类材料	有机材料
黄剑锋	陕西科技大学	65	1	138	108	5
胡勇胜	中国科学院物理研究所	17	4	35	31	2
张治安	中南大学	22	3	46	23	1
李长东	宁德时代	24	0	27	19	0
杨学林	三峡大学	6	3	34	22	0

黄剑锋所在发明团队在负极材料领域专利布局非常活跃。黄剑锋曾任陕西科技大学材料科学与工程学院院长，主要从事碳/碳复合材料、纳米材料的相关

研究，曾获得国家及省级的科技奖项，在 2010 年获得水热合成无机功能材料方面的省级科研奖项；2014 年获得无机复合材料的制备及改性方面的奖项；2015 年获得锂离子电池材料湿化学合成研究的奖项[1]。针对复合材料、纳米材料的研究在 2010—2015 年逐步过渡到储能材料领域。2007—2014 年黄剑锋还申请过 4 次国家自然科学基金，2007 年、2010 年、2012 年的申请主题涉及碳/碳复合材料及涂层领域，2014 年的申请主题涉及 $W_{18}O_{49}$ 纳米材料表面结构及其对光催化性能的协调机制研究。因此，黄剑锋团队较高的专利申请量离不开该团队在复合材料、纳米材料方面的研究基础。2019 年 7 月 7 日，黄剑锋被任命为陕西科技大学副校长[2]，此后更加大了对材料领域的科研力度。

政策支持方面，由于陕西省地理特点更适合太阳能、光能的使用及推广，2012 年陕西省政府发布的《陕西省战略性新兴产业发展"十二五"规划》[3]中提出，加强对太阳能、风能及相关组件的技术突破及项目实施。在"十三五"期间，陕西省发展和改革委员会还提出了《关于推进电能替代的实施方案》[4]，在该方案中提出"在可再生能源装机比重较大的电网，推广应用储能装置，提高系统调峰调频能力"。

陕西省所处的地理环境、陕西省的政策支持，以及国家自然科学基金的资助，都利于黄剑锋团队在钠离子电池领域的技术研发及专利布局。

---

[1] 参见百度百科：https：//baike.baidu.com/item/%E9%BB%84%E5%89%91%E9%94%8B/20125475？fr=aladdin。

[2] 参见陕西省教育厅：http：//jyt.shaanxi.gov.cn/news/renshirenmian/201908/23/16043.html。

[3] 参见陕西省人民政府：http：//www.shaanxi.gov.cn/zfxxgk/fdzdgknr/ghxx/sewgh/zxgh_2443/201207/t20120710_1661645.html。

[4] 参见陕西省发展和改革委员会网站：http：//sndrc.shaanxi.gov.cn/fgwj/gfxwj/jyuMja.htm。

第6章 结 论

综合分析钠离子电池领域全球专利竞争态势、中国专利竞争态势、重点技术、专利技术创新主体，得出以下结论：

1）自 2010 年以来全球钠离子电池技术创新飞速发展，专利申请量增幅较大，进入产业化初级阶段。

由于锂资源在地壳中储量少，全球分布不均，具有地域性，所以近年来锂矿的价格节节攀升。而钠元素储备丰富，地理分布均匀，成本低廉；再加上钠离子电池的性能相对锂离子电池具有受低温环境影响小、快充性能好、电化学性能和安全性高等优势，十多年来，随着各方在钠离子电池上的持续研发投入，钠离子电池技术获得了迅猛发展，专利申请从 2011 年的 100 多项上升至 2023 年的 2400 多项。

目前，正值全球大规模储能产业快速发展的时期，而钠离子电池作为锂离子电池的有效补充，未来可能是光伏分布式项目中化学储能电池的首选。钠离子电池将凭借其独特的优势在储能领域拥有广阔的用武之地，这也将是中国最好的机会，大有希望在全球范围内在钠离子电池领域率先实现商业化。从竞争格局来看，我国钠离子电池无论从基础研究、技术水平还是产业化推进速度都在国际上处于领先地位，且拥有钠离子电池核心技术和自主知识产权，已具备了先发优势。而且，国外企业在华专利布局力度不大，还未形成影响国内技术发展的壁垒，国内企业的创新发展空间很大。

钠离子电池技术及材料已逐步具备产业化的可能。2020 年 9 月中旬，中科海钠宣布钠离子电池已经实现量产；2021 年 6 月，由中国科学院物理研究所和中科海钠联合推出的全球首套 1MWh 钠离子电池光储充智能微网系统，在山西太原综改区正式投入运行，这标志着我国在钠离子电池技术及其产业化方面走在了世界前列。

同时，钠离子电池行业标准正在制定完善过程中。2024 年 3 月，国家市场监督管理总局对2项拟立项钠离子电池国家标准项目公开征求意见，分别是《电能存储系统用钠离子电池和电池组技术规范》和《电能存储系统用钠离子电池和电池组安全技术规范》，预计很快钠离子电池技术和材料体系可实现规范化，从而由小批量出货走向更大规模的产业化应用。

当然，在产业链的完善、产品系列的丰富、性能的成熟、标准的制定、市场的认可等方面，钠离子电池仍然有较长的路要走。

2）尽管国内申请人的专利申请量近几年增速明显，但与美日等发达国家相比，我国域外布局力度较弱，且具有核心技术的企业申请人相对较少，产业化基础相对薄弱。

十多年来，国内申请人在钠离子电池领域的专利布局获得了大幅增长，全球专利申请量远高于日本、美国等储能领域的技术强国，但中国申请人主要在国内进行专利布局，域外布局数量相对较少且布局申请人相对集中，主要是宁德时代、中科院所、中科海钠、华为等。中国申请人的域外布局力度远不如日本、美国等国家，这将不利于今后钠离子电池产品在全球的推广。

在华专利申请中，申请类型主要以发明专利申请为主，发明、PCT和实用新型分别占专利申请总量的88.8%、5.8%和5.4%。申请人以企业和高校为主，企业申请人的专利申请量占在华专利申请总量的49.2%。其中，国内企业的专利申请量占在华企业专利申请总量的88.8%，国内企业技术创新表现活跃。相比较而言，国内企业在国内的专利布局优势远高于国外企业，但具有核心技术的企业较少，主要有宁德时代、中科海钠等，企业申请人的专利申请比较分散。国内产业化发展的市场基础相对薄弱，还需逐步完善。

3）中国、日本、美国是钠离子电池产业未来主要的竞争市场，国内申请人需增强海外布局，扩大国内申请人技术领先优势的影响范围。

中国、日本、美国既是重要的专利技术来源国，同时也是重要的专利布局目标市场。全球在钠离子电池领域的专利申请90%源于中国、日本和美国申请人。日本和美国申请人除了重视本国的专利布局以外，还非常重视域外布局，日本申请人在全球27个国家/地区有专利布局，美国申请人在全球30个国家/地区进行了专利布局。

同时，中国、日本和美国也是最大的三个专利布局目的地，全球在这三个国家的专利公开量总和占全球专利公开量的78%。日本、美国的企业近年来逐步加强了钠离子电池技术在华专利布局，说明其对中国市场的重视。中国申请人在钠离子电池领域的国内专利布局具备领先优势，应将这种优势扩大，及早在美国、日本及欧洲等国家或地区进行专利布局，扩大技术影响范围。

4）钠离子电池的专利布局热点随时代在变迁，早期重点是电解质和负极材料，近期布局热点在于正极材料、负极材料及电极材料改性。

钠离子电池领域全球专利申请态势经历了 2010 年之前的缓慢发展期、2010—2019 年的第一快速发展期、2020—2023 年的第二快速发展期。在 2010 年之前，专利布局热点主要集中在电解质及负极材料上，电解质材料的研究是重点，超过专利申请总量的三分之一；在两个快速发展期的专利布局热点均是正极材料、负极材料及电极材料改性，电解质方面的研究比重在两个快速发展期逐步降低。

在钠离子电池领域，对电极材料的研究是核心，主要集中在负极材料、电极材料改性和正极材料三个方面，全球专利超六成是在研究电极材料。进一步地，在负极材料领域中，布局热点主要集中在合金类材料、转化类材料和碳基材料；碳基材料中，硬碳材料是布局热点，近六成的专利申请量是基于硬碳的研究成果申请的。在正极材料领域，超过一半的专利布局在过渡金属氧化物，聚阴离子化合物的专利布局接近三分之一，而聚阴离子化合物的研究以磷酸盐为主，超八成的专利申请都在研究磷酸盐类的聚阴离子化合物。对于电极材料改性，包覆改性和纳米化改性是布局热点，占到电极材料改性领域专利申请总量的3/4。

5）国内技术创新突出的省市主要集中在沿海地区和华中地区，广东的产业化基础相对较好。

国内专利申请量排在前列的省市有广东、江苏、浙江、北京、湖南，其专利申请总量占国内申请人专利申请总量的一半；排在前 10 的省市主要分布在珠三角、长三角和华中地区。

排在前三位的广东、江苏、浙江的申请人中以企业申请为主，如隶属于广东的广东邦普循环科技有限公司、隶属于江苏的塔菲尔新能源科技股份有限公司、隶属于浙江的湖州超钠新能源科技有限公司，三省的产业化基础相对较好；福建因宁德时代而使企业申请人的申请量相对较高，而陕西因陕西科技大学的技术贡献使其位列前 10。在北京申请人中，高校、企业及科研单位这三种类型的申请量相对比较均衡，北京理工大学是北京高校中申请量最多的，而中国科学院物理研究所是北京科研单位中申请量最多的。

6）国内创新主体在钠离子电池领域的专利申请质量在稳步提高，企业的有效专利维持年限高于高校和科研单位。

2013—2023 年，钠离子电池领域中国专利授权率整体呈上升趋势，国内申请人的专利授权率从 2013 年的 59.3% 提升至 2023 年的 88%，说明国内申请人在钠离子电池领域的专利申请质量有了较大提高。

从专利维持年限来看，高校的维持年限主要集中在 2~8 年，其平均维持年限为 5.2 年；企业的维持年限主要集中在 1~6 年，其平均维持年限为 3.9 年；科研单位的维持年限主要集中在 3~8 年，其平均维持年限为 6.3 年。企业的平均维持年限最长。由于国内申请人在钠离子电池领域的布局时间较晚，因此，维持年限较长的专利均来自国外申请人。

7）近年来钠离子电池领域的中国专利转让市场非常活跃，专利许可或质押情况较少，专利转让主要是高校或企业，而受让人多为企业。

钠离子电池领域的专利转让起步较早，2013 年开始出现第一件转让专利，其后专利转让量整体呈逐年波动性上升趋势，在 2022 年、2023 年的专利转让量分别达到 112 件、254 件，专利转让市场越来越活跃。截至 2023 年年底，转让专利量共计 532 件，其中发明 488 件，实用新型 25 件，PCT 为 19 件。主要转让人基本都是高校或企业，如中南大学、陕西科技大学、大连中比动力电池有限公司等，这些专利技术基本都流向了企业。

专利许可和专利质押数量很少。钠离子电池领域中国专利许可只有 25 件，专利质押只有 16 件。相比而言，专利转让量较许可量和质押量高出一个数量级，表明转让是目前钠离子电池领域专利运营最主要的方式。

8）企业通过与高校、科研机构的合作，以产学研结合方式快速完善产业链布局。

通过分析全球企业、高校及科研单位之间的合作申请网络，可以找到钠离子电池领域参与专利合作申请的重要申请人，如法国的国家科学研究中心，日本的住友公司、丰田公司、产业技术综合研究所等，韩国的蔚山科学技术院、SK 新技术株式会社，中国的中科院所、国家电网、电子科技大学、上海交通大学等。

通过分析住友公司的专利合作申请，可以看出，与住友公司合作的高校比较多，且每个高校都有自己的主攻研究方向。例如，与京都大学的合作方向主要为负极材料，特别是转化类材料；与东京大学的合作方向是过渡金属氧化物正极材料；与九州大学合作研究电极材料的掺杂改性技术；与东京理科大学除合作过渡金属氧化物正极材料的研究以外，还合作了负极合金材料的研发。住友公司正是通过与多家高校的联合研发，快速完善了其产业链专利布局。

9）国内现已具备产业化发展实力的企业是中科海钠、宁德时代，其各自有自己成熟稳定的研发团队。

中科海钠得到中国科学院物理研究所的技术和人才支撑，形成了以胡勇胜、陈立泉、戚兴国、李泓、唐堃等为核心，涉及149名发明人的研发团队，且从2011年起，每年都有专利产出，并成功在美国、日本、欧洲等国家或地区进行专利布局。同时，专利技术涉及钠离子电池所有一级技术分支，为产业链技术全面发展做好技术储备，从而走出具有自身优势的技术发展路线，且在2020年钠离子电池已经实现量产。

宁德时代2015年开始在钠离子电池领域进行专利布局，因其具有锂离子电池的产业化基础，钠离子电池技术发展很快，现在已形成具有431位发明人的研发团队，且发明人团队分布较为分散，呈现多团队研发的现象。以李长东、余海军等为代表的研发团队，在近几年研发活跃，专利产出量大，正处于上升期。而以梁成都、郭永胜为核心，刘倩、苏硕剑、林文光、王莹等为主力的研发团队，属于宁德时代早期研发钠离子电池技术的先头军，梁成都的技术贡献率达51.8%，布局热点在于正极材料及电极材料改性方面。

2021年7月，宁德时代正式推出第一代钠离子电池，叩响了钠电产业化的扳机，宁德时代强大的电池制造能力和上下游供应联动能力一定会加速钠离子电池在中国的产业化进展。随着各创新主体研发不断进步，头部厂商和传艺科技、鹏辉能源等企业量产后成本有望下降，这将推动钠电市场规模持续壮大，使应用场景不断丰富。

附　录　申请人归一化处理表

标准申请人	申请人
中科院所	Institute of Chemistry Chinese Academy of Sciences
	Institute of Physics Chinese Academy of Sciences
	Shenzhen Institute of Advanced Technology Chinese Academy of Sciences
	Shenzhen Institutes of Advanced Technology
	国家纳米科学中心
	上海硅酸盐研究所中试基地
	长三角物理研究中心有限公司
	中国科学院大连化学物理研究所
	中国科学院等离子体物理研究所
	中国科学院福建物质结构研究所
	中国科学院广州能源研究所
	中国科学院过程工程研究所
	中国科学院化学研究所
	中国科学院金属研究所
	中国科学院兰州化学物理研究所
	中国科学院理化技术研究所
	中国科学院宁波材料技术与工程研究所
	中国科学院青岛生物能源与过程研究所
	中国科学院山西煤炭化学研究所
	中国科学院上海硅酸盐研究所
	中国科学院上海微系统与信息技术研究所
	中国科学院深圳理工大学（筹）
	中国科学院深圳先进技术研究院
	中国科学院苏州纳米技术与纳米仿生研究所
	中国科学院物理研究所

续表

标准申请人	申请人
中科院所	中国科学院西安光学精密机械研究所
	中国科学院长春光学精密机械与物理研究所
	中国科学院长春应用化学研究所
	中科廊坊过程工程研究院
	中科院上海硅酸盐研究所
	インスティチュート・オブ・フィジックス ザ・チャイニーズ・アカデミー・オブ・サイエンシズ
住友公司	Sumitomo Bakelite Co
	Sumitomo Bakelite Co Ltd
	Sumitomo Chemical Co
	Sumitomo Chemical Co Ltd
	Sumitomo Chemical Company Limited
	Sumitomo Electric Ind Ltd
	Sumitomo Electric Industries
	Sumitomo Electric Industries Ltd
	Sumitomo Metal Mining Co
	Sumitomo Metal Mining Co Ltd
	Sumitomo Osaka Cement Co Ltd
	住友化学股份有限公司
	住友化学株式会社
	住友电气工业株式会社
	住友電気工業株式会社
	住友大阪セメント株式会社
	스미토모덴키교교가부시키카이샤
	住友电机工业株式会社
	住友化学
	住友金属矿业株式会社
	Sumitomo Chemical Company Ltd
	ソルヴェイ（ソシエテ アノニム）
	住友金属矿山株式会社
	스미또모 가가꾸 가부시키카이샤
	SUMITOMO ELECTRIC TOYAMA CO LTD

· 234 ·

续表

标准申请人	申请人
丰田公司	Daihatsu Motor Co Ltd
	Toyoda Chuo Kenkyusho Kk
	Toyota Central R D Labs Inc
	Toyota Central Res & Dev
	Toyota Central Res Dev
	Toyota Central Research Institute3609
	Toyota Industries Corp
	Toyota Jidosha Kabushiki Kaisha
	Toyota Jidosha Kk
	Toyota Motor Co Ltd
	Toyota Motor Corp
	Toyota Motor Engineering & Manufacturing North America Inc
	Toyota Motor Engineering Manufacturing North America Inc
	Toyota Motor Europe
	Toyota Motor Europe Nv/Sa
	丰田自动车株式会社
	丰田自动车工程及制造北美公司
	株式会社豊田中央研究所
	株式会社丰田自动织机
	丰田汽车公司
	TOYOTA IND CORP
宁德时代	Contemporary Amperex Technology Co Limited
	Guangdong Brunp Recycling Technology Co., Ltd.
	Hunan Brunp Ev Recycling Co., Ltd.
	Hunan Brunp Recycling Technology Co., Ltd.
	Hunan Brunp Recycling Technology Co., Ltd.
	Hunan Brunp Vehicles Recycling Co., Ltd.
	Jiangsu Contemporary Amperex Technology Limited
	广东邦普循环科技有限公司
	湖南邦普汽车循环有限公司
	湖南邦普循环科技有限公司

续表

标准申请人	申请人
宁德时代	江苏时代新能源科技有限公司
	宁德时代新能源科技股份有限公司
	时代电服科技有限公司
	宜昌邦普时代新能源有限公司
	宜昌邦普循环科技有限公司
	宁德时代新能源科技有限公司
太平洋水泥	TAIHEIYO CEMENT CORPORATION
	太平洋水泥株式会社
	TAIHEIYO CEMENT CORP
	다이헤이요 세멘토 가부시키가이샤
	太平洋水泥株式会社
	太平洋セメント株式会社
格瑞特巴奇	greatbatch w ltd
	wilson greatbatch ltd
	greatbatch ltd
	威尔格瑞巴奇公司
	Wilson Greatbatch Limited
	Wilson Greatbatch Technologies Inc
中科海钠	BEIJING HINA BATTERY TECHNOLOGY CO LTD
	北京中科海钠科技有限责任公司
	阜阳海钠科技有限责任公司
	溧阳中科海钠科技有限责任公司
	山西华钠碳能科技有限责任公司
产业技术综合研究所	独立行政法人产业技术综合研究所
	Nat Inst Of Adv Ind Technol
	Nat Inst Of Advanced Ind Scien
	National Institute Of Advanced Industrial Science And Technology
	National Institute Of Advanced Industrial Technology
纳米技术仪器	nanotek instruments inc
	纳米技术仪器公司（美国）

附录
申请人归一化处理表

续表

标准申请人	申请人
日本电气硝子	Agc Seimi Chemical Co Ltd
	Asahi Glass Co Ltd
	Nippon Electric Glass Co
	Nippon Electric Glass Co Ltd
	Seimi Chem Kk
	日本电气硝子股份有限公司
SK 新技术	sk 新技术有限公司
	sk 创新能源有限公司
	sk innovation co ltd
蔚山科学技术院	Unist Academy Industry Research Corporation
	Unist Ulsan Nat Inst Science Technology
	Unist（Ulsan Nat Inst Of Science And Technology）
	Unist（Ulsan National Institute Of Science And Technology）
	蔚山科学技术院
韩国科学技术院	korea institute of science and technology
	KOREA INSTITUTE OF SCIENCE AND TECHNOLOGY
	韩国高等科学技术研究所
	韩国科学技术研究院
法国国家科学研究中心	centre national de la recherche scientifique
	法国国家科学研究中心
	法国国家科研中心
塞拉曼技术	塞拉曼技术公司
	ceramatec inc
日立公司	Hitachi Cable
	Hitachi Cable Ltd
	Hitachi Chemical Co Ltd
	Hitachi Electronic Devices Co Ltd
	Hitachi Ferrite Electr Co Ltd
	Hitachi Ltd
	Hitachi Maxell
	Hitachi Maxell Energy Ltd

续表

标准申请人	申请人
日立公司	Hitachi Maxell Ltd
	Hitachi Metals Ltd
	Hitachi Nuclear Eng
	Hitachi Powdered Metals
	Hitachi Seisakusho Kk
	Hitachi Tool Eng
	Hitachi Vehicle Energy Ltd
	Hitachi
	株式会社日立制作所
Faradion	法拉典有限公司
	faradion ltd
东京理科大学	东京理科大学
	tokyo univ of science
	东京理科大学教育财团管理机构
	学校法人东京理科大学
福特汽车	福特全球技术公司
	Ford Global Technologies Llc
	Ford Motor Co
日产公司	日产汽车有限公司
	Nissan Chemical Industries Ltd
	Nissan Motor
	Nissan Motor Co Ltd
	日产自动车股份有限公司
三星集团	三星电子有限公司
	Samsung Display Devices Co Ltd
	Samsung Electronic Co Ltd
	Samsung Electronics Co
	Samsung Electronics Co Ltd
	Samsung Sdi Co Ltd
三菱公司	Kasei Optonix
	Mitsubihi Materials Electronic Chemicals Co Ltd

附录
申请人归一化处理表

续表

标准申请人	申请人
三菱公司	Mitsubishi Alum Co Ltd
	Mitsubishi Aluminium
	Mitsubishi Chem Corp
	Mitsubishi Chemical Corporation
	Mitsubishi Chemical Holdings Corp
	Mitsubishi Chemicals Corp
	Mitsubishi Denki Kk
	Mitsubishi Electric Corp
	Mitsubishi Gas Chemical Co
	Mitsubishi Gas Chemical Co Inc
	Mitsubishi Gas Chemical Company Inc
	Mitsubishi Gas Chemical Company，Inc.
	Mitsubishi Heavy Ind Ltd
	Mitsubishi Materials Corp
	Mitsubishi Materials Corporation
	Mitsubishi Motors Corp
	Mitsubishi Paper Mills Ltd
	Mitsubishi Plastics Inc
	Mitsubishi Shindoh Co Ltd
	Mitsubisi Gaz Kemikal Kompani Ink
	Shindoh Co Ltd
	三菱电机株式会社
国家电网	国家电网公司
	国家电网公司西南分部
	国家电网有限公司
	国网（宁波）综合能源服务有限公司
	国网北京市电力公司
	国网甘肃省电力公司
	国网甘肃省电力公司电力科学研究院
	国网甘肃省电力公司甘南供电公司
	国网河北省电力公司
	国网河北省电力有限公司

续表

标准申请人	申请人
国家电网	国网河南省电力公司电力科学研究院
	国网湖北省电力有限公司随州供电公司
	国网江苏省电力有限公司
	国网江苏省电力有限公司电力科学研究院
	国网辽宁省电力有限公司电力科学研究院
	国网内蒙古东部电力有限公司电力科学研究院
	国网山东省电力公司
	国网山东省电力公司青岛供电公司
	国网山东省电力公司泰安供电公司
	国网上海市电力公司
	国网浙江宁波市鄞州区供电有限公司
	国网浙江省电力有限公司
	国网浙江省电力有限公司电力科学研究院
	国网浙江省电力有限公司宁波供电公司
	国网浙江省电力有限公司温州供电公司
	国网浙江省电力有限公司舟山供电公司
	国网浙江综合能源服务有限公司
	全球能源互联网研究院
	全球能源互联网研究院有限公司
	浙江华电器材检测研究所有限公司
	中国电力科学研究院
	中国电力科学研究院有限公司
九州大学	Kyushu Univ
	Kyushu University
	Kyushu University National University Corporation
	Kyushu University504145342
	Kyusyu University
	Univ Kyushu
京都大学	Kyoto Univ
	Kyoto University
	Univ Kyoto

附 录
申请人归一化处理表

续表

标准申请人	申请人
众钠能源	江苏众钠能源科技有限公司
	镇江里钠能源科技有限公司
传艺科技	江苏传艺钠电科技有限公司
	江苏传艺钠电新材料有限公司
	江苏传艺钠离子电池研究院有限公司
	江苏智纬电子科技有限公司
雄韬电源	深圳市雄韬电源科技股份有限公司
	深圳市雄韬锂电有限公司
储淳实业	江苏电掣科技有限公司
	江苏风驰碳基新材料研究院有限公司
	上海储淳实业有限公司
赛纬电子	合肥市赛纬电子材料有限公司
	淮南市赛纬电子材料有限公司
	珠海市赛纬电子材料股份有限公司
湖南立方	湖南立方新能源科技有限责任公司
	湖南钠方新能源科技有限责任公司
香河昆仑	湖州昆仑亿恩科电池材料有限公司
	香河昆仑新能源材料股份有限公司
中央硝子	central glass co ltd
	中央硝子株式会社
	中央硝子有限公司
新宙邦司	深圳新宙邦科技股份有限公司
	Shenzhen Capchem Technology Co., Ltd.
湖州超钠	湖州超钠新能源科技有限公司
魁北克水电	魁北克水电公司
	Hydro Quebec
贵州振华	贵州振华新材料有限公司
	贵州振华义龙新材料有限公司
	贵州振华新材料股份有限公司
格林美股份	格林美股份有限公司
格林美高新	格林美高新技术股份有限公司
格林美能源	格林美（无锡）能源材料有限公司